Martin Bienerth | Marcel Heinrich

Alpengold

Kartoffeln und Käse aus den Bergen

...für Familie Fallen...

...alles Liebe...
floh

Andeer, 2024

Inhalt

- 8 Vorwort Martin Bienerth
- 12 Vorwort Dominik Flammer

Januar
- 19 Kartoffel – Mehrwert
- 21 Kartoffel – aufhören oder etwas ändern
- 22 Verbotene Kartoffelsorten – Vielfalt für alle
- 26 Käserei – Espresso und Milch
- 30 Koch – Rendez-vous von Bergkartoffel und Bergkäse

Februar
- 32 Bergkartoffel auf dem Weg in die Stadt
- 42 Butterflocken – Blüten der Milch
- 47 Wie kommt der Käse in die Stadt?
- 54 Koch – Kurt Röösli
- 56 Koch – Dominik Flammer

März
- 58 Kartoffel – bald ist Frühling
- 62 Käserei – Käse aus Nord und Süd
- 66 Käserei – Quark
- 71 Koch – Florian Schnurrer

April
- 74 Kartoffel – Ruhe vor dem Sturm
- 80 Kartoffel – Mutter Erde übergeben
- 90 Käserei – Weich- und Hartkäse
- 94 Koch – Amanda Theiler

Mai
- 96 Bauer und Kartoffel im Stress
- 104 Kartoffelblatt
- 108 Käserei – Maigold

Juni
- 114 Kartoffel – erfroren
- 118 Kartoffelblüte
- 129 Kartoffel – Sonnenwende
- 134 Kartoffel – Krautfäule
- 142 Käserei – Milchqualität und Weltmeisterschaft

Juli
- 144 Kartoffel – Hitze oder Fäule
- 148 Kartoffel – durstig – bewässern
- 154 Kartoffel – Hitze
- 156 Käserei – Ziger
- 162 Koch – Mama
- 166 Koch – Hansjörg Ladurner

August
- 168 Kartoffelfrüchte
- 170 Kartoffel – mulchen
- 176 Kartoffel – graben
- 180 Kartoffel – schütteln/ernten
- 186 Käserei – Käse vermarkten

September
- 188 Kartoffel – sortieren
- 192 Kartoffel – unerwünschte Quecke
- 194 Käse – rund um die Rinde
- 202 Käserei – Joghurt
- 208 Koch – Torsten Rönisch
- 210 Koch – Benedikt Joos

Oktober

- 214 Herbstgedanken
- 216 Kartoffel – Fruchtfolge
- 218 Kartoffelknospen
- 222 Milch – Bergblumen inklusive
- 226 Andeerer Käserei gestern und heute
- 228 Koch – Andreetta Schwarz
- 231 Koch – Freddy Christandl
- 236 Koch – Sabina Heinrich

November

- 238 Kartoffel – die innere Uhr
- 240 Kartoffel und Kuh
- 242 Kartoffel – Ruhezeit
- 244 Kartoffel – Nachtschattengewächs
- 248 Käserei – Andeerer Arve
- 250 Käserei – Käse im Salzbad
- 252 Koch – Andreas Caminada

Dezember

- 256 Kartoffel – Winterschlaf
- 258 Kartoffel – seltene Spezie
- 260 Kartoffel – im Streik
- 262 Käserei – Käsepflege
- 268 Koch – Werner vom Berg

270 Kartoffelporträts

- 275 Désirée
- 277 Blaugelbe Stein
- 279 Ditta
- 281 Ostara
- 283 Baselbieter Müsli
- 285 Parli
- 289 Granola
- 291 King Edward
- 293 Corne de Gatte
- 295 Blauschalige Bristen
- 297 Vitelotte Noir
- 299 Highland Burgundy Red

301 Käseporträts

- 306 Andeerer Bergrahmmutschli
- 308 Andeerer Cremant
- 310 Andeerer Gourmet
- 312 Andeerer Traum
- 314 Andeerer Schmuggler
- 316 Andeerer Christall
- 318 Andeerer Rustico
- 320 Andeerer Granit
- 322 Andeerer Via Spluga
- 324 Andeerer Viamala
- 326 Andeerer Birke
- 328 Andeerer Ziger

- 330 Köche – Anschrift
- 331 Autoren
- 332 Impressum

mh 《…》
Marcel Heinrich, Kartoffelbauer, spricht

Vorwort

Früher war für mich eine Kartoffel einfach nur eine Kartoffel. Meine Mutter kochte Kartoffeln für uns zum Mittagessen, manchmal mit Fleisch, selten mit Fisch, aber immer mit viel Gemüse. Später musste ich Kartoffeln kaufen gehen und lernte, dass es festkochende und mehlige Kartoffeln gab. Und ich erinnere mich, wie im Keller gegen den Frühling die langen Triebe aus dem Kartoffelsack gewachsen sind, wie meine Mutter die Triebe beim Zubereiten der «Mittagskartoffeln» abgebrochen hat, wie die Kartoffeln manchmal schon schrumpelig waren und sie daraus die besten Kartoffelpuffer machte. Gleichzeitig höre ich noch, als wäre es gestern gewesen, wie sie im Frühling auf die Frühkartoffeln gewartet hat und diese kaum erwarten konnte. Meine Mutter kochte immer Kartoffeln, der Topf war immer voll. Erst gab es Salzkartoffeln oder Kartoffelbrei, vom ersten Rest am anderen Tag Bratkartoffeln und am dritten Tag Kartoffelsalat.

Später, als ich auf die Alp ging und mir im Herbst den dreimonatigen Essensplan für den kommenden Sommer ausdachte, war immer auch ein Sack Kartoffeln mit dabei, entweder von irgendeinem Bauern aus dem Allgäu oder einem Bergbauern aus Graubünden. Während des Sommers gab es dann auch schon bald frische, junge und kleine Kartoffeln, die «Schweinekartoffeln» von unseren Bauern, die sie uns auf die Alp brachten. So sind sich Kartoffeln und Käse immer wieder begegnet, beide im Käsekeller gelagert. In meiner Erinnerung gehörten beide schon immer zusammen wie ein kulinarisches Liebespaar. Auf der Alp lernte ich dann auch haushalten und kochen. Schnell musste es meistens gehen, das Kochen, denn es war viel Arbeit und keine Zeit für aufwändige Essenskreationen. Und viel musste es auch sein, die Töpfe und Teller mussten voll sein, denn Arbeitstage von morgens um 4 Uhr bis abends um 21 Uhr waren normal, und das braucht Energie.

Aber Kartoffeln waren noch immer nur Kartoffeln, für Energie und Kraft, um den Alltag zu bewältigen.

Noch später, als das Essen und dessen Genuss für mich immer wichtiger wurden, lernte ich immer wieder neue Geschmäcker kennen. Ich lernte, dass Milch nicht gleich Milch und Käse nicht gleich Käse ist. Und heute weiß ich auch, dass Kartoffeln nicht gleich Kartoffeln sind. Ich bin begeistert von den Farben, den Formen, der Konsistenz und dem Geschmack. Als Wald- und Wiesenknipser durfte ich sie die vergangenen zwei Jahre begleiten mit Fotoapparat und Stift. Vom Saatgut über das Wachstum, die Ernte und die Lagerung bis auf den Teller habe ich spannende Momente erlebt. Mein Leben ist reicher, vielfältiger und bunter geworden, und dafür bin ich Marcel Heinrich so dankbar. Er ist der Kartoffelbauer, der über dreissig verschiedene Kartoffelsorten im Berggebiet anbaut. Auf seinem Hof stehen noch immer Kühe, die im Sommer auf die Alp gehen, die er früher noch gemolken hat, aber heute nur noch als Mutterkühe hält. Er hat noch immer eine enge Beziehung zu Milch, Fleisch, Butter und Käse, und seine entdeckte Liebe zu Kartoffeln hat nun auch mich gepackt…

Idealist, Erzeuger, Verarbeiter, Vermarkter, Gebraucher
Es braucht sie alle, damit das System funktioniert. Einer hat eine Idee, der Idealist. Einer hat das Wissen und die Technik, der Erzeuger. Einer kann die Produkte weiterverarbeiten, der Verarbeiter. Einer kann kommunizieren und verkaufen, der Vermarkter. Und dann braucht es noch Konsumentinnen und Konsumenten, die diese Urprodukte ins Herz schließen und mit ihrem Genuss fördern.

Floh (Martin Bienerth)

Von der Hexenknolle zum Heilandskraut

Wie die Kartoffel in die Schweiz und hier zum Käse kam

Was hat man mich verspottet, gescholten, verdammt, als ich in die Schweiz eingewandert bin. Einen Namen habe ich in den deutschsprachigen Kantonen trotz der vielen Frotzeleien und des Gespötts dennoch umgehend erhalten, erst noch einen völlig neuen und mir bis damals unbekannten. Nur die italienischsprachigen Schweizer ließen mir mehr oder weniger meine Identität und nannten mich nicht viel anders als die Menschen in meiner Urheimat: Patatl hatten mich die Azteken getauft. Zum Namen Herdöpfel muss ich so um 1700 gekommen sein, so genau kann ich mich da nicht mehr erinnern, ab so ungefähr jener Zeit dürfte ich erstmals in Schweizer Boden eingetaucht sein. Möglicherweise hatten die Deutschschweizer mich aber gar nicht getauft, sondern meinen Namen aus dem Französischen übersetzt, abgeleitet von den Äpfeln der Erde, den Pommes de terre. Eh bien, also war der Name für mich gar nicht mehr so ungewohnt, aber für jene schon, die mir den Herdöpfel angehängt hatten. Denn eigenartigerweise schimpften sie mich lange Zeit noch Saubrot oder Schweineknolle. Sie schienen mich lange nicht wirklich zu mögen. Ein Teufelskraut sei ich mit unheimlichen Hexenkräften, Bäuche soll ich blähen, Albträume verursachen. Männer und Frauen soll ich verderben, hieß es damals, ja selbst Kinder soll ich vergiftet haben. Und die wenigen, welche an mich glaubten und die mich in ihrem Söldnergepäck etwa aus Irland oder aus Frankreich ins Land schmuggelten, mussten manche Anfeindung und manches Gespött über sich ergehen lassen. Ja selbst die Kinder der ersten Erdapfelbauern mussten Demütigungen hinnehmen. In die hintersten Schulbänke soll man sie verbannt haben, damit die Kleinen der Getreidebauern nicht neben den Herdöpfelfressern sitzen mussten. Und das alles auch dann noch, als sich längst verbreitet hatte, dass ich nur im rohen Zustand ein ungenießbarer und auch ziemlich giftiger Geselle bin, derweil ich gekocht eigentlich all meine negativen Seiten ablege und nur noch Freude verbreite.

Selbst im reifen Secondo-Alter habe ich in vielen Teilen des Landes noch immer Streitigkeiten ausgelöst, meine Anhänger und meine Gegner gingen mit den Fäusten aufeinander los. Ausgerupft wurde ich in Nacht- und Nebelaktionen. Klammheimlich haben meine Feinde die Schweine über die Felder meiner Freunde getrieben.

Achtlos warfen mich die feinen Damen auf den Mist, nachdem sie sich zuvor an den prächtigen Blüten erfreut hatten. Und wie man damals gelegentlich auch noch vermeintliche Hexen verbrannte, übergaben sie auch mich dem Feuer. Hungrige Kinder haben mich aber wieder herausgefischt, als schienen sie besser zu wissen, was viele damals noch nicht mal ahnen wollten: Werde ich im Feuer gegart, können mir auch meine Feinde nicht mehr widerstehen. Doch viele mussten trotzdem erst leidvoll hungern, bevor sie mich zu akzeptieren begannen. Dann aber hoppla, im Nullkommanichts hoben sie mich plötzlich in den Stand des Messias – als «Heiland der Armen» begannen sie mich in Zürich zu feiern. Was mir gar nicht bewusst war, bis das der Biograph meiner Schweizer Geschichte, Roger Peter, vor wenigen Jahren erst in einem wundervollen und spannenden Buch minutiös nachrecherchiert hat.

Mein Wandel von der Hexenwurzel zur Heilandsknolle wäre aber kaum möglich gewesen, wären da nicht ein paar gescheite Berner und andere Herren gewesen, die sich so etwa vor 250 Jahren mit meiner Herkunft zu beschäftigen begonnen hatten und mit all meinen Vorzügen im Anbau und in der Ernährung. Ohne die Vorarbeit dieser patriotischen Ökonomen hätte wohl auch der Hunger an meinem damals schlechten Ruf nicht viel zu ändern vermocht.

Langsam nur ging meine Leidenszeit vorbei, fast ein Jahrhundert nach meiner Ankunft erst begann man sich im ganzen Land mit mir anzufreunden und mich für meine Vielseitigkeit zu loben. Nicht, dass ich mich nicht geehrt fühlte, als man gar zu erzählen begann, eine Kartoffel im Hosensack nütze etwa gegen Rheuma. Auch wenn ich bis heute nicht daran glauben mag. Und daran, dass man meine Stärke als Alkoholspender im Übermass missbraucht hat, dafür kann man mich wohl nicht verantwortlich machen. Wie man allerdings auf die Idee kam, mich gar zu einem Pulver zu verarbeiten, mit dem man Kaffee ersetzen wollte, ist mir heute noch schleierhaft. Doch was man mit mir macht, kann ich nicht beeinflussen. Ich passe mich an, kann gar nicht anders, das liegt in meiner Natur. Jeder hat ein Anrecht auf mich und wie er es nutzt, das ist seine Sache. Viel Fantasie hatten diejenigen allerdings noch nicht, die mich in Zeiten der Not

kennengelernt hatten. Sie behandelten mich, wie sie es mit meinen
Vorgängern gemacht hatten, der Hirse und dem Hafer. Gekocht wurde
ich vor allem in Wasser und in Milch, etwas gesalzen, zerstoßen und
zermantscht. Sie wussten es damals nicht besser, nach Jahrhunderten der
Mus-Fresserei konnten sie sich nichts anderes vorstellen. Dann haben
sie damit begonnen, mich auf dem Ofenbänklein in Scheiben geschnitten
zu trocknen – wie hat es da oft gestunken, in unmittelbarer Nähe zu
dürftig ausgewaschenen Windeln und feuchten Stallschuhen. Vollständig
gedörrt hat man mich zu Mehl verarbeitet und so in Suppen gerührt
oder mich mit Weizen und Roggen zu Brotlaiben verknetet und so in den
Ofen geschoben. Oder man hat mich mit Schweineblut vermischt
und in Wursthäute gedrückt. So kam ich in Graubünden gar zu meinem
wohl edelsten Namen: Tartuffel, so wie mein duftender Schollennachbar, den nur die Hunde oder Schweine finden. Liongia da tartuffels nennen
sie in der Südschweiz die Würste heute noch, an denen ich teilhaben
darf. (Möglich, dass der Respekt in den rätischen Landen vor mir auch
dazu geführt hat, dass ich in meinen ältesten Formen und meiner ganzen
Vielseitigkeit auf dem Hof von Sabina und Marcel Heinrich im Bündner
Albulatal mein bisher wohl schönstes Asyl gefunden habe.)

Einige Zeit hat es in der Schweiz allerdings gedauert, bis man in einigen
wenigen Küchen begriffen hat, dass ich mich auch außerordentlich gut mit
heißer Butter und hitzigem Öl vertrage. Die Zürcher waren es dann
aber vor allem, die mir zu einem meiner Schweizer Lieblingsgerichte verhalfen. Als «brötläti Herdöpfel» verbreitete ich mich von hier aus über
das ganze Land und wurde zusehends zur Rösti und damit für lange Zeit in
vielen voralpinen Gegenden zum Frühstücksfavoriten. Dies allerdings,
bevor mich mehr als ein Jahrhundert später die Nahrungsmittelindustrie gar
in genormte Röstiförmchen presste, mich als Röstikroketten vermarktete
oder mich in Fertigröstibeutel abpackte.

Wann aber meine große Liebe zum Schweizer Käse begonnen hat, weiß
ich leider nicht mehr so genau. Schwach erinnere ich mich, dass es
in Glarus gewesen sein dürfte, wo ich so um 1697 erstmals in Berührung
mit Schweizer Erde kam und mich in einem Sommer vermehren durfte.
Im Herbst kam ich dann erstmals auf den Tisch und neben mir lag ein grünlicher, mir damals doch etwas unvertraut riechender Käse, von dem sie
mit einer Reibe grüne Flocken über mich schabten. Bis heute pflegen der grüne
Glarner und ich eine innige Freundschaft. Im Luzerner Entlebuch, in
Schwyz und in Uri kam ich einige Jahre später erstmals in Berührung mit
harten und nach Alp duftenden Käsen und auf den Bündner Alpen roch

nicht nur ich nach Rauch und Feuer, sondern auch die trockenen und harten Molken-Zigerchen, die man mir zur Seite stellte. Vermählt haben mich aber auch die Leute ob und nid dem Walde mit am Feuer geschmolzenem Käse, bis heute ist mir ihr Bratkäse ein treuer Begleiter geblieben. Und die Walliser gehörten zu den Ersten, die den so geschmolzenen Käse mit einem Messer über mich schabten. Französische Einwanderer begannen mich in Luzerns Nobelhotels in feinen Scheiben zu gratinieren, belgische Köche schnitten mich in feine Stäbchen und ließen mich in heißem Öl brutzeln, bis sie mich knusprig gebacken wieder auftauchen ließen. Irgendwo im Wallis verkochten sie mich mit Lauch, Äpfeln und mir damals noch unbekannten Gewürzen aus Indien zu einer Füllung für einen schmackhaften Kuchen, den sie Cholera tauften, obwohl man mich hier oben früher als Pestillenz-Knolle bezeichnet hatte. Meine heute aber beliebteste Form, da dürften viele meiner Freunde in der Schweiz mit mir einig gehen, habe ich als Gschwellti gefunden, als gekochte Pellkartoffeln, die mit Butter, Käse, eingelegten Gurken und vielen anderen Zutaten genossen werden. Da will ich mich aber auch ein wenig selber rühmen, was man mir nach einem jahrhundertealten Überzeugungskampf wohl zugestehen wird: Es hat zwar einige Zeit gedauert, aber als Gschwellti dürfte ich es mehr als drei Jahrhunderte nach meiner Ankunft möglicherweise zu einem der beliebtesten und weitverbreitetsten Gerichte der Schweiz überhaupt gebracht haben. Und wenn ich dann noch als «Gschwellti de luxe» auf den Tisch komme, in all meiner Vielfalt und gemeinsam mit unzähligen und großartigen Käsen der besten Schweizer Käsekünstler, dann bin ich auf einem Höhepunkt meines schon Jahrhunderte dauernden Weges angelangt.

Dominik Flammer

Vom Mehrwert
der Kartoffeln

nuar

mh 《 Bereits meine Eltern bauten Kartoffeln an. Wir haben den Anbau dieser anspruchsvollen Kultur fortgesetzt und 2003 auf den Bioanbau von seltenen Kartoffelsorten gewechselt.
Die Vermarktung in die Gastronomie war immer etwas undankbar. An der anfänglich schwierigen Zusammenarbeit waren aber auch wir schuld, denn wir hatten Mühe, den Mehrwert unserer biologischen und mit viel Handarbeit angebauten Bergkartoffeln zu erklären.

Wie fast jede Woche im Winter war ich auf Liefertour in eine nahe Tourismusdestination. Eine Treppe runter, 30 kg Kartoffeln auf dem Buckel, Türe rein, Lieferanteneingang, Hektik in der Küche, niemand bemerkt mich, ein Schritt zur Seite, ich stehe im Weg, ein Koch mustert mich kurz, meine Kleider sind voll Erde, der Zeitpunkt ungünstig, warten. Endlich sieht mich der zuständige Koch. Ein kurzer Gruß. Wieder warten. Dann die Anweisung, wohin ich die Kartoffeln bringen soll. Noch einmal eine Treppe runter. Ein kleines Licht in der Ecke des viel zu kleinen Vorratsraumes. Da eine große Kiste mit Kartoffeln, sie passt auf den Beschrieb. Daneben aufgerissene leere Säcke mit kaum lesbarer Schrift, Kartoffeln aus Holland, konventionelle, vermutlich behandelt mit Keimungshemmern. Zu diesen Kartoffeln soll ich nun meine biologischen Bergkartoffeln tun?! Am liebsten hätte ich meine Kartoffeln wieder nach Hause mitgenommen. Aber jetzt, wo ich schon da bin: Sack öffnen, Kartoffeln in die Kiste leeren, nein, das kann es nicht sein. Unglücklich gehe ich wieder die Treppe hoch, wieder warten, ich stehe wieder im Weg am Rande der kleinen Küche. Nach weiteren 5 Minuten, man beachtet mich nicht, überlege ich mir zu schreien, um auf mich aufmerksam zu machen, denn ich brauche eine Unterschrift, bevor ich «abhauen» kann. Endlich habe ich sie, schnell nach Hause, mit gesenktem Haupt, im Stolz verletzt gehe ich die Treppe hoch. Da muss sich etwas ändern, nein, das kann es nicht sein, keine Wertschätzung für so ein gutes Produkt.

Entweder aufhören oder **etwas ändern.**

2009 hat das Bundesamt für Landwirtschaft

fünf von uns

angebaute Kartoffelsorten verboten.

Corne de Gatte, Highland Burgundy Red, Patate Verrayes, Roosevelt und Vitelotte Noir. Laut Bundesamt für Landwirtschaft (BLW) muss jede Acker- und Futterpflanze im Sortenkatalog eingetragen werden. Voraussetzung ist, dass sie ‹neu›, ‹unterscheidbar›, ‹homogen› und ‹stabil› und schweizerischen Ursprungs ist. Diese Voraussetzungen hatten viele alte Gemüsesorten nicht erfüllt. Das Saatgutgesetz beruht auf bilateralen Verträgen mit der EU. Pro Specie Rara hatte die Befürchtung, dass es sich um eine ‹Ausmerzung› alter Sorten zugunsten moderner Hybriden handeln könnte. Was nützen über 1000 Kartoffelsorten, wenn sie sich geschmacklich und optisch kaum voneinander unterscheiden? Bereits 2010 wären rund 150 alte Gemüsesorten vom Markt verschwunden.

Rebellen

Highland Burjundy Red

Corne de gatte

Patate vervages

Roosevelt

Vitelotte Noir

Damals bauten wir bereits im sechsten Jahr «verrückte» Bergkartoffeln an. Endlich hatten wir mit der Corne de Gatte einen geschmacklichen und optischen Ersatz für das extrem Krautfäule-anfällige Acht-Wochen-Nüdeli. Unzählige Rückschläge im Anbau und in der Vermarktung waren überwunden, und nun das. Niemals hätte ich damals freiwillig auf den Anbau dieser Sorten verzichtet und kaufte alles verfügbare ‹verbotene Saatgut›, um es 2010 anzubauen, und das war viel, denn niemand hatte zu diesem Zeitpunkt den Mut, auf die betroffenen Sorten zu setzen. Ich war bereit zu kämpfen! Glücklicherweise war die Unterstützung groß. Pro Specie Rara reichte

über 10 000 Unterschriften ein mit der Forderung

‹Vielfalt für alle›,

was scheinbar auch die Beamten vom Bundesamt für Landwirtschaft beeindruckte. Auch diverse Beiträge von Journalisten halfen uns. Auf jeden Fall wurde der offene Kampf auf dem Acker vermieden und die drohende Verarmung unseres Speisezettels verhindert.»

Es ist gegen 9 Uhr. Der Espresso kommt aus der Sennerei, die Milch dampft auf dem Herd. Jetzt 20 Minuten allein dasitzen und den Morgen genießen, mein Frühstück genießen. Das ist das Höchste. Mein geliebter Kaffee mit duftender weißer Milch. Ich nehme einen kleinen Schluck Espresso, er schmeckt bitter, lasse ihn in meinem Gaumen kreisen und schlürfe etwas Milch, die noch süßer ist als sonst.

Kaffee und Milch vermischen sich. Bittersüß ist das Ganze, die beiden neutralisieren sich und in wenigen Sekunden ist der Hochgenuss vorbei. Brot, Butter, Konfitüre, Honig, Quark, Käse, sie alle gehören zum Frühstück und gehören zu einem guten Start in den Tag.

Espresso trifft dampfende Milch

Was soll es zum Mittagessen geben? Ich koche jeden Tag, entweder für Maria und mich oder für alle, die an diesem Tag in der Sennerei und im Laden arbeiten. Leider kann ich nie das kochen, worauf ich Lust habe. Die abgelaufenen Lebensmittel im Laden schreiben das Menü.

Der Laden ist meine

Vorratskammer.

Milchprodukte sind immer da, das ist ein großes Privileg. Trockenprodukte gibt es ebenfalls. Das Obst und das Gemüse kommen aus dem Bioladen in Thusis.

Einmal beim Frühstück kam mir die Idee mit den Köchen. Sie kochen in der Regel nach Plan. Diesmal bekommen sie einen Korb voll Milchprodukte und Bergkartoffeln und dürfen daraus spontan etwas kochen. Die Produkte sind allen vertraut. Es war eine wunderbare Zeit,

hinter die Kulisse
von Profiköchen zu schauen

und die kulinarische Vielfalt zu genießen, die ich nicht beschreiben kann. Ich war schlicht überwältigt von so viel Kreativität und Leichtigkeit.

Bergkartoffeln auf dem Weg in die Stadt

Februar

Es sind schon fast drei Jahrzehnte her, seit ich auf Alp Rischuna hoch oben auf einer Felskante über dem Lungnez sass. Ich war erledigt vom melken, Stall putzen, hüten, zäunen, käsen und buttern. Unser Lagerfeuer brannte, wir waren fast zu müde zum Essen, aber etwas zwischen die Zähne und in den Magen gab es immer. Und dann die tiefen Töne, sie kamen von der anderen Talseite. Es waren die Open-Air Festivals im Val Lumnezia.
Zehn Jahre später machte sich Marcel Heinrich von seinem Hof Las Sorts bei Filisur auf den Weg ins Val Lumnezia und traf dort zum ersten Mal Angelique Kidjo.

Wir sitzen frühmorgens im VW-Transporter auf dem Weg nach Zürich.

Wir reden über uns, die Vergangenheit, die Musik. Und beide lieben wir sie, Angelique Kidjo, und beide lieben wir auch Pink Floyd, schon unser Leben lang. Und dann sagt Marcel: «*Ich liebe sie, die Churfirsten, darf ich laut aufdrehen?*» Und er dreht laut auf, wir schweben in der Morgendämmerung Zürich entgegen, wir sind auf dem Weg zu unseren Kunden. Wir fühlen uns gut.

Die Churfirsten sind weiß bis zum Walensee, die noch nicht grünen Wiesen sind leicht bereift, bepudert, und aus dem Lautsprecher tönt von Pink Floyd «Shine On You Crazy Diamond» von der Platte «Wish You Were Here». Eine Kombination aus Vergangenheit und Gegenwart, von Träumerei und Realität, von Erinnerung und Alltag.
Marcel erzählt mir von einem Großverteiler und der Kartoffelsorte Parli, schaut zum Himmel und sagt: ❮ *Ich bin schon immer ein Idealist gewesen.* ❯ Wir träumen weiter und er erzählt mir, wie er damals mit dem Viehanhänger mit Kartoffelkisten beladen nach Zürich gefahren ist und sich immer wieder die Frage gestellt habe, ob das der richtige Weg sei. Er hat seinen Markt von null an aufgebaut, Kunde um Kunde,

Erfolg und Misserfolg
wechselten sich ab,

so ist das eben. Aber du musst durchhalten, weitermachen, durchhalten, weitermachen, nur so kommen die Kartoffeln in die Stadt.

In Richterswil, im wunderschönen Dorfladen von Hans Preisig, ist unser erster Halt:

Wir liefern **Kartoffeln und Käse.**

Die enorme Vielfalt an Farben und Formen, Geschmacksrichtungen und Kocheigenschaften der Bergkartoffeln überforderte anfänglich viele Spitzen- und Hobbyköche. Aus diesem Grund hat sich die Zusammenarbeit mit dem ehemaligen Kunden, Spitzenkoch und Genusstrainer Freddy Christandl, ergeben. Der Bergbauer und der Spitzenkoch ziehen inzwischen schon seit ein paar Jahren am gleichen Strick. Er hat zu den Kunden ein kollegiales Verhältnis und kennt viele von ihnen aus früheren Zeiten, als er noch selbst aktiv als Koch arbeitete. Das ist ein nicht zu unterschätzender Vermarktungsvorteil.

Vertrauen
ist ein wichtiges Instrument,

wenn es um die Direktvermarktung geht.

An diesem Morgen besuchen Freddy und Marcel Gastronomen im Großraum Zürich. Es werden Erfahrungen ausgetauscht, Probleme besprochen und Geschichten erzählt. So kommen sich Stadt und Land, Bauer und Koch, Produzent und Konsument näher und die Bergkartoffeln erhalten ihre verdiente Wertschätzung.

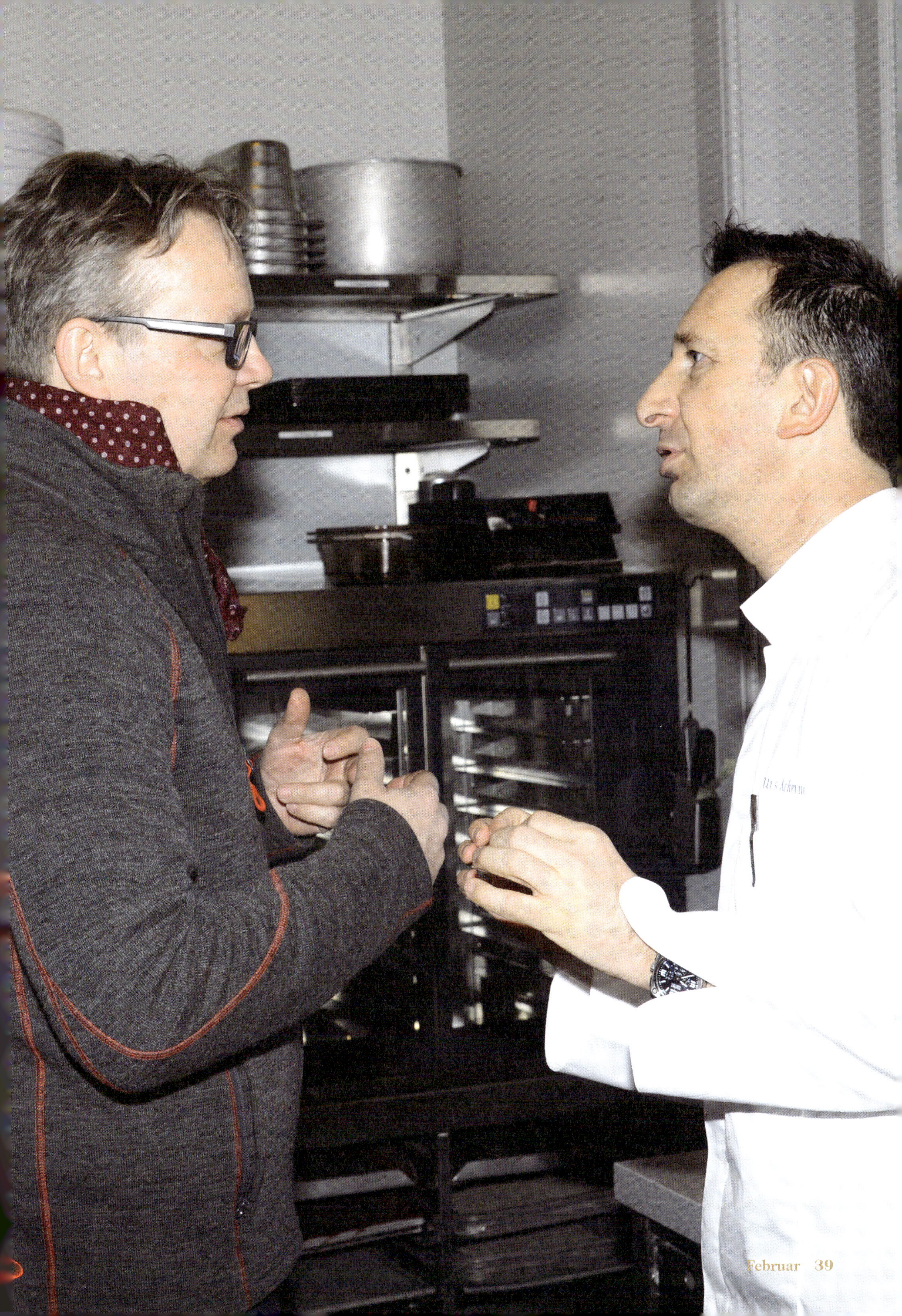

Ob Versicherungsgesellschaft, Klinik oder traditionelles Restaurant, die Stoßrichtung ist bei allen gleich, sie möchten möglichst viel in der eigenen Küche produzieren und saisonale Gerichte anbieten. Die gelebte Nachhaltigkeit kommt den Gästen jeden Tag und dem Betrieb letztendlich irgendwann selbst zu Gute.
Jan Hoffmann vom Café Boy hat

am liebsten
Kartoffeln direkt aus der Erde,

nicht vorsortiert, gewaschen oder geputzt. Er möchte die Erde noch riechen können. Das machen für ihn noch richtige Kartoffeln aus.

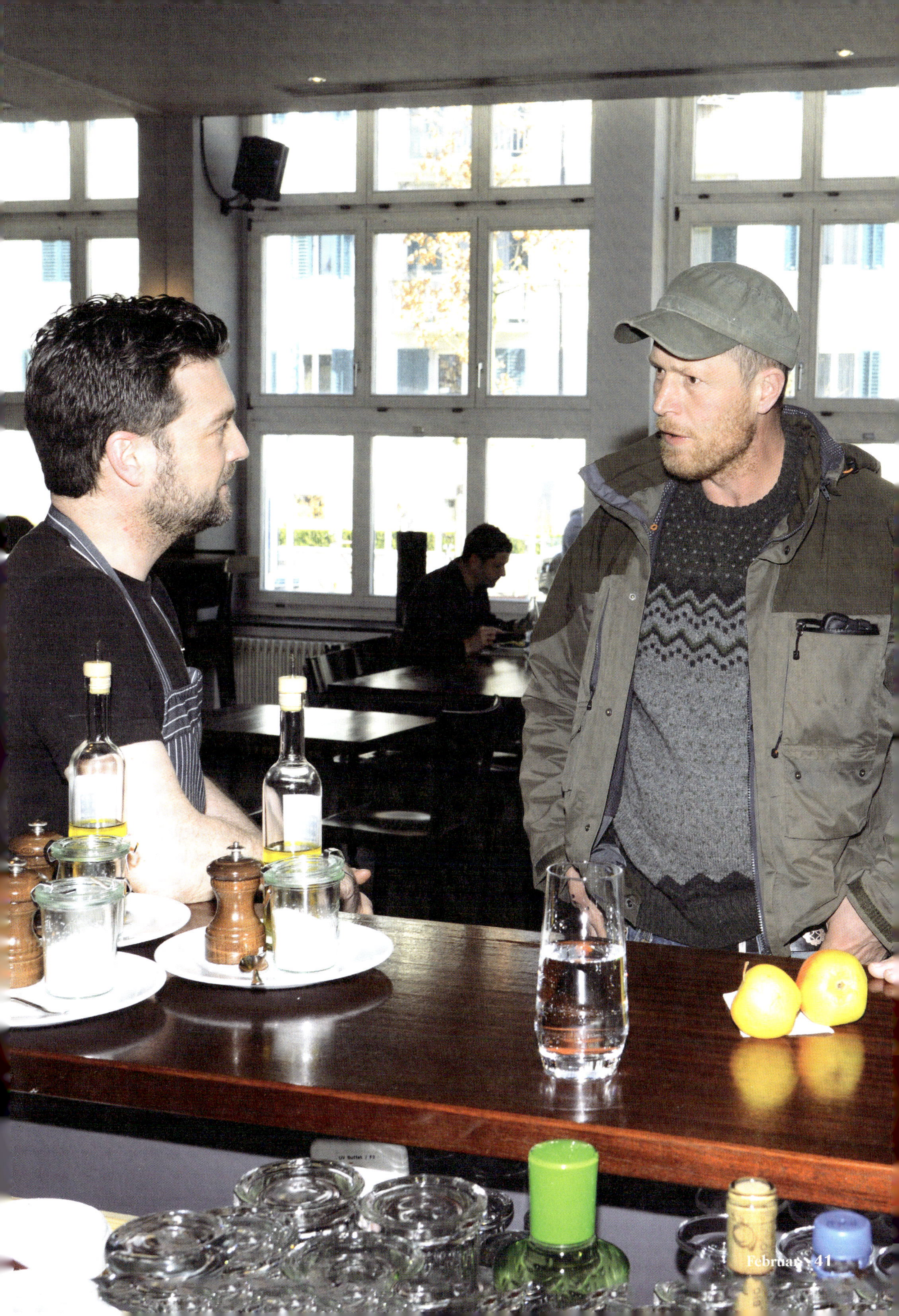

Butter flocken
sind die Blüten der Milch

Als wir in Andeer 2001 angefangen hatten, mussten wir jedes Jahr 5000 kg Rahm ins Unterland in die Industrie abliefern. So wollte es das System, ein furchtbares System, wenn man erst einmal dahinter gesehen hat. In den darauffolgenden Jahren haben wir den Rahm nach und nach in der eigenen Sennerei verarbeitet oder in Splügen verbuttert. Seit 10 Jahren fließt kein Tropfen Rahm mehr in die Industrie.

Februar 43

44 Käse

Schneeflocken tanzen am Himmel. Maria wird zum Buttern nach Splügen fahren.

Unsere Sennerei ist zu klein zum Buttern.

Wir haben kein Butterfass. Den Rahm hat sie in den letzten Tagen gesammelt und erhitzt. Nach dem Mittagessen haben wir vier Rahmkannen ins Auto gewuchtet. Die Straßen sind schneebedeckt, und Splügen liegt auf 1400 m ü. M. Unser Auto ist kein gutes Winterauto, und bei viel Schnee mache ich mir stets Sorgen. Maria hat beim auswärtigen Buttern auch die Möglichkeit, sich mit ihrem Berufskollegen Jürg Flükiger auszutauschen und Probleme fachlicher, betrieblicher und personeller Art zu diskutieren. Diese Kontakte schätzt und pflegt sie sehr.

Es ist bereits dunkel, es hat aufgehört zu schneien. Ich bin erleichtert. Maria kommt mit einer vollen Ladung Butter nach Hause. Kiste um Kiste haben wir in den Kühlraum getragen. Dort härtet er aus, bevor er als «Goldklumpen» in den Gefrierfächern verschwindet.

46 Käse

Von Oktober bis Juni häufen wir Butter an, bis 500 kg.

Im Sommer, wenn die meisten Kühe auf den Alpen sind, haben wir so wenig Milch, dass der gewonnene Rahm als Frischrahm verkauft werden kann. Von Juni bis Oktober bauen wir unseren kleinen privaten Butterberg wieder ab.

Wie kommt der Käse in die Stadt?

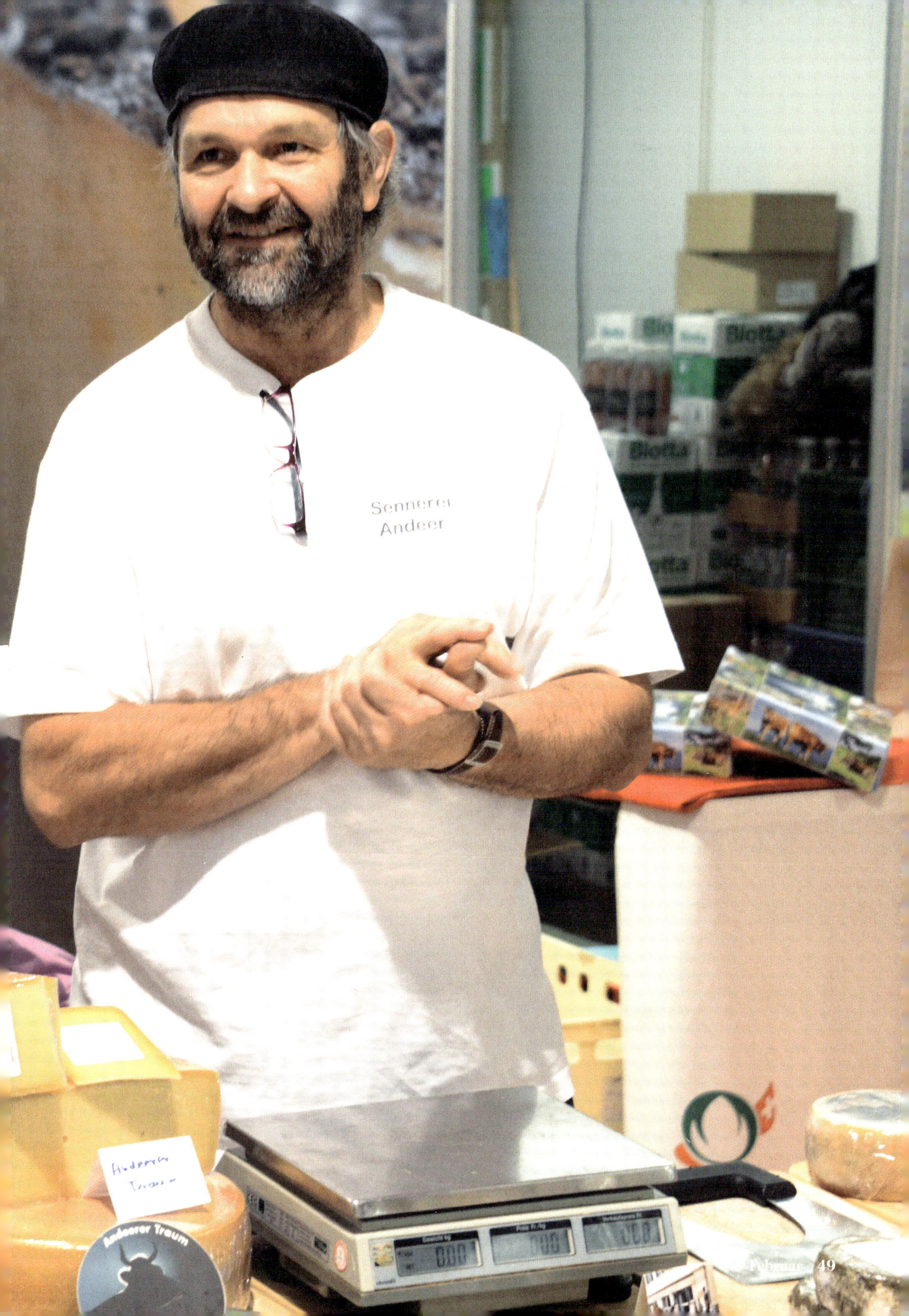
Sennerei
Andeer
Andeerer Traum

50 Käse

Urs Reichen: «*Freunde haben mir von Maria und Floh berichtet. Sie kannten meine Geschäftsphilosophie und wussten, dass ‹Chäs & Co.› gute Käse von beseelten Käsern sucht, die mehr als einfach einen Bündner Bergkäse herstellen. Nichts gegen Bündner Bergkäse. Ich liebe alles, was aus den Bergkantonen kommt. Aber die Produkte müssen den unverwechselbaren Charakter eines Produzenten, eines Dorfes oder eines Tals haben. Es kann nicht sein, dass Bergkäse aus dem Val Müstair, aus dem Bergell oder eben aus dem Schams gleich aussieht und gleich schmeckt. Maria und Floh haben alles gegeben, unverwechselbare Käse herzustellen, aus Rohmilch, aus Vollmilch, mit Fettsirtenkulturen und einer liebevollen Affinage im eigenen Keller. Ich war glücklich, den Andeerer Gourmet nach Zürich mitnehmen zu können! Diese Produkte lege ich nicht einfach auf die Theke eines Fachgeschäfts, da gibt es Geschichten dazu und*

irgendwann stehen diese Städter in der Sennerei Andeer

und möchten sich noch mehr inspirieren lassen von dieser Kraft aus den Bergen. Irgendwie muss man sich ja auch wieder erden können, wenn man in der Hektik einer Stadt arbeitet und lebt.»

Urs Reichen hält liebevoll einen Laib Andeerer Traum in den Händen, eine ältere Schwester des Andeerer Gourmet. Mit Urs Reichen durften wir unsere Selbstvermarktung und Direktvermarktung in Andeer starten und ausbauen, er begleitet uns bis heute und kommt wöchentlich selbst vorbei, um Käse von den Sennereien Splügen, Sufers und Andeer in die Stadt zu bringen, um sie von dort aus weiterzuverteilen.

Aus den Anfängen

Bevor wir die Sennerei 2001 übernommen hatten, wurde die Milch ins Unterland in die Industrie geliefert, weil die Bauern für die Sennerei keinen Nachfolger finden konnten. Im ersten Jahr führten wir die Sennerei und den Laden wie unsere Vorgänger. Wir beobachteten die Milch, die Bauern und die Dorfbevölkerung. Sehr schnell merkten wir, dass wir im Dorf als Ausländer willkommen waren, dass die Bauern freundlich waren und dass die Milch gut war. Gute Milch bedeutete für mich als Vermarkter, dass die Milch in Käseform auch noch nach sechs bis zwölf Monaten einen Geschmack ausbildet, der immer besser wird, dass sich die Aromen der Kräuter, Blüten und Samen im Käse widerspiegeln. Ebenso schnell merkten wir, dass das ganze System für uns nicht stimmte und später auch für die Bauern nicht stimmen konnte. Beste Milch thermisieren und entrahmen und daraus einen Käse herstellen müssen, der nicht den Namen Andeer tragen durfte, das war nicht unsere Welt.

Den ersten Vollmilchkäse aus Rohmilch

stellten wir im April 2003 her, und genau an diesem Tag kam der Käsehändler Urs Reichen aus Zürich zu uns in den Laden und in die Sennerei. Urs Reichen meinte früher schon einmal im Gastrojournal vom 13. Juni 2002: «*Käse kann nie besser sein als die Milch, aus der er gemacht wird. Und die Milch kann nur gut sein, wenn auch das Futter erstklassig ist. Richtige Blumen und Kräuter, nicht dieses Löwenzahn-Hahnenfuß-Einheitsgelb, das üblicherweise die Wiesen verseucht.*»

Vier Monate später kam er erneut vorbei, er versuchte den ersten Rohmilchkäse aus Vollmilch und war begeistert. Der Andeerer Gourmet war geboren. Urs Reichen knüpfte Kontakte zu Globus, und wir konnten liefern. Die ersten Direktvermarktungsversuche waren erfolgreich. Einmal im Monat fuhr ich morgens um 4 Uhr nach Zürich und brachte die Käselaibe zu unserem Händler. Die Qualität war gut, der Absatz stieg, der Keller war zu klein, die Lagerprobleme wurden größer.

Februar 53

Kurt Röösli

Rösti-Cordon-bleu

Maria und ich fahren über den tief verschneiten Julierpass. Wir sind auf dem Weg ins Hotel Waldhaus in Sils. Der Kofferraum ist vollgepackt mit Käse fürs große Käsebuffet, ein paar Kartoffeln und Büchern.

Auch Kurt Röösli wird aus den mitgebrachten Milchprodukten aus unserer Sennerei und den Bergkartoffeln spontan ein Gericht zaubern. Er entscheidet sich für Rösti aus Röseler-Kartoffeln, gefüllt mit Andeerer Rustico, garniert mit einem Spiegelei und begleitet von einem Salat und einem frisch gemixten Apfelmilchshake mit Zimt und Zucker. Rösti wie anno dazumal steht bei ihm stets nach einer Bergtour auf dem Programm, wenn seine Frau Sissi in Salzburg weilt.

Die Röseler werden 20 Minuten in der Schale gekocht und danach ungefähr 5 Minuten in den Gefrierschrank gelegt, bevor sie geschält, auf der Röstiraffel gerieben und mit Salz, Muskatnuss und Schnittlauch gewürzt werden. Etwas Butter in einer Bratpfanne erwärmen, die Hälfte der Kartoffeln einfüllen, dünne Scheiben von Andeerer Rustico daraufegen, mit den restlichen Kartoffeln bedecken. Rösti goldgelb braten, wenden und fertigbraten.

Rööslis Röseler-Rösti

ist in 5 Minuten fertig.

Röösli: *«Das mit dem Rösti-Cordon-bleu ist eine witzige Geschichte… Mein Grosi in der Länggrügg im Flühli im Entlebuch war eine Bauernfrau, die elf Kindern das Leben geschenkt hat. Ich habe sie zeitlebens sehr bewundert und geliebt.*

Aus meiner Kindheit und den Erlebnissen auf dem Bauernhof kommt meine Wertschätzung für diese Lebensart und das Arbeiten mit der Natur. Ein Erlebnis, das tief in meine Kindheit zurückgeht, ist eben unter anderem ihre Rösti. Wenn es Käse und Gschwellti gab, wurde immer die doppelte bis dreifache Menge Kartoffeln gekocht, und zwar richtig weich. Die überzähligen Kartoffeln wurden im Herbst und Winter zwischen die Doppelverglasung im Küchenfenster gelegt, das alles andere als dicht war. Zwei bis drei kalte Tage reichten, damit die Kartoffeln zum Teil schon angefroren und entsprechend fester und aromatischer waren. Nicht nur konnte man aus den angefrorenen Kartoffeln sehr lange Späne hobeln – für mich ist das ein Muss –, die Rösti war auch viel aromatischer.»

Flammer Dominik

Gschwellti de luxe

Es ist Mittag, ich treffe Dominik Flammer in seiner Wohnung
in Zürich. Meine Mitbringsel sind rasch ausgepackt: Milch, Rahm,
Sauerrahm, Butter, Ziger, Joghurt, Quark, drei verschiedene
Andeerer Käsesorten und zwei verschiedene Kartoffelsorten, mein
Korb aus Andeer. Dominik hat auch einen Korb: Döschen,
schlanke und flachgedrückte Fläschchen, Gläschen, verschiedene
Pfeffer und Öle.
Die Kartoffeln werden aufgesetzt, es gibt Gschwellti de luxe
der Sorten Agria und Roosevelt. Mit dem Mörser zerdrückt er die
verschiedenen Pfeffersorten mit sanftem Druck.

Der Pfefferduft
erfüllt den Raum.

Ich stecke meine Nase tief in die Mörser, tauche ein, tauche
ab und tauche wieder auf aus einer mir bis jetzt verschlossenen
Welt. Dominik erzählt, dass die Schärfe in der Schale sitzt,
das Parfüm, das Flüchtige jedoch im Kern, im Pfefferkern.
Für die Kräuterbutter wird die zimmerwarme Butter mit gemör-
sertem, geräuchertem Steinsalz, Tasmanischem Pfeffer, Zitronensaft und Fenchelpulver gewürzt.
Die Kartoffeln sind gar, der Ziger geschnitten, Öle und Pfeffer
stehen bereit, nun wird alles auf einem Teller sehr einfach und
stilvoll arrangiert.
Dominik meint, jedes Restaurant könne so auf hohem Niveau mit
wenig Zutaten aus der Region und Gewürzen aus aller Welt
ein Menü kreieren, das einfach zuzubereiten ist, sich jeder leisten
kann und wunderbar schmeckt dank besten Zutaten.

März
Bald ist Frühling

Kartoffel: «Unsere biologische Uhr beginnt zu ticken, wir wollen uns fortpflanzen. Wir öffnen unsere Augen bereits im Keller, wenn wir den Frühling riechen, wenn der Wind im Albulatal trotz Schnee einen sanften Hauch von Wärme und Leben in den Keller bringt, werden wir aus dem Winterschlaf geweckt, einige Sorten früher, andere später, zum Beispiel die gemütliche Corne de Gatte. Sie liebt den Winterschlaf, die Feuchtigkeit, die wohligen 5 °C im Keller. Sie braucht ein paar Wochen Wärme, Licht und Feuchtigkeit, bis die Mutterknolle die Augen öffnet.

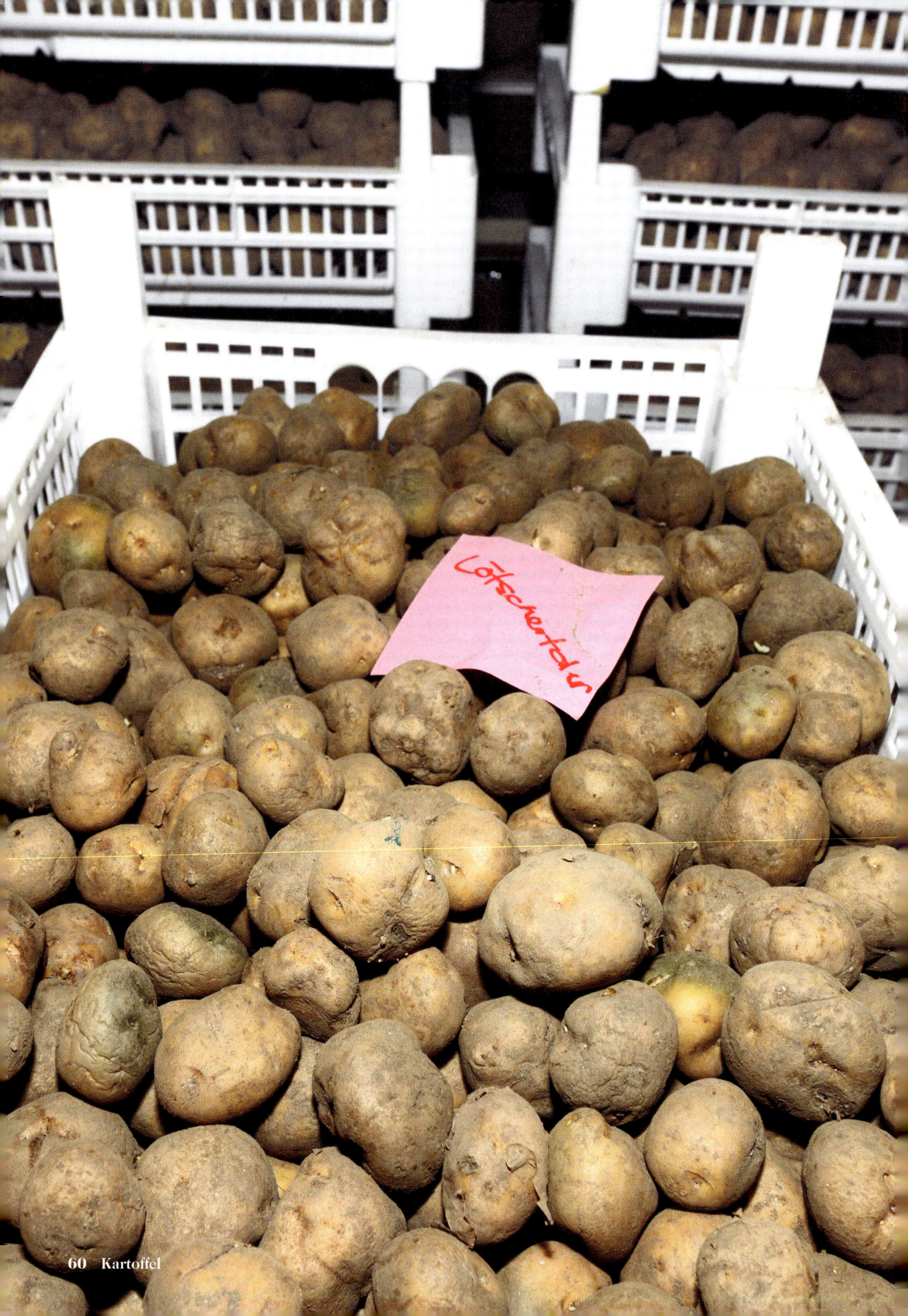
Lötschentaler

Für einen frühen Bergfrühling legen uns Bauer und Lehrling in Vorkeimkisten, wo wir auf 10 °C aufgewärmt, befeuchtet und beleuchtet werden. In diesem Wohlfühlklima bekommen wir kurze, farbige, starke Keime.

Unsere Keime sind **giftig.**

Das ist eine wunderbare Einrichtung der Natur, damit wir nicht gefressen werden. Es gibt viele, die unseren zarten Keimen an den Kragen gehen wollen.

Wir freuen uns auf die warme, feuchte Erde, in der wir uns vermehren können. Wir haben einen Vorsprung. Der Bergsommer ist kurz. Nicht selten verlieren mitten im Sommer die warmen Bergsonnenstrahlen ihre Kraft, sie werden weggeblasen, von einer lebensfeindlichen Bise verdrängt, welche die Kälte bis tief in die Erde schickt und uns im Wachstum hemmt.

Das Fortpflanzen ist unser wichtigster Auftrag. Im Boden schlagen wir Wurzeln und bilden Knollen. Wir wachsen der Sonne entgegen. Wir bilden Blattgrün, wir bauen körperfremde in körpereigene Stoffe um, wir wollen so viel Energie wie möglich aufnehmen.»

Käse: «Zehn Jahre waren wir im Käsekeller unter uns und wurden geschmiert und immer wieder gewendet und mit Wasser abgerieben und von lästigem Schimmel befreit. Bei den jungen Käsen ist noch Salz im ‹Putzwasser›, bei uns ist es reines Wasser, das nach dem Waschen von ein paar Käselaiben auch nicht mehr so klar ist, es wird rotbräunlich wie unsere Haut, unsere Rinde.
Und plötzlich, so Mitte des letzten Jahres, hat der Senn ganz junge Käse zu uns in den Steinkeller gebracht, zu uns alten, die wir meist in Gesellschaft von drei bis fünfzehn Monate alten Käsen sind. Wir wussten nicht so recht, was das soll, und haben geduldig abgewartet. Einmal in der Woche werden wir hier im alten Käsekeller geschmiert, vom Schimmel befreit und mit Wasser gewaschen, damit wir nicht zu stark austrocknen. Als dann der Käse-Affineur kam, hat er alle geschmiert, nur unsere neuen Nachbarn nicht. Der Chef hat noch extra einen Zettel aufgehängt: ‹Andeerer Viamala bitte nicht schmieren.›
Schon nach zwei Wochen hatten die jungen Käse in meiner Nachbarschaft weißen Schimmel, der so schnell wuchs, dass die Käselaibe schon nach drei Wochen einen richtigen weißen Pelz hatten, als wollten sie sich vor der Kälte und dem Austrocknen schützen. Vier Wochen später hat der Chef die Käse gedreht, einfach nur gedreht, und die waren schon fast am Brett angewachsen. Etwa sechs bis acht Wochen später hat er sie wieder gedreht und die Bretter gewechselt. Jetzt war der schöne weiße Schimmel nicht mehr so schön weiß, er war zum Teil dunkel und hatte schwarze Flecken. Es wuchsen rote, blaue und gelbe Schimmelpartien, unglaublich.»

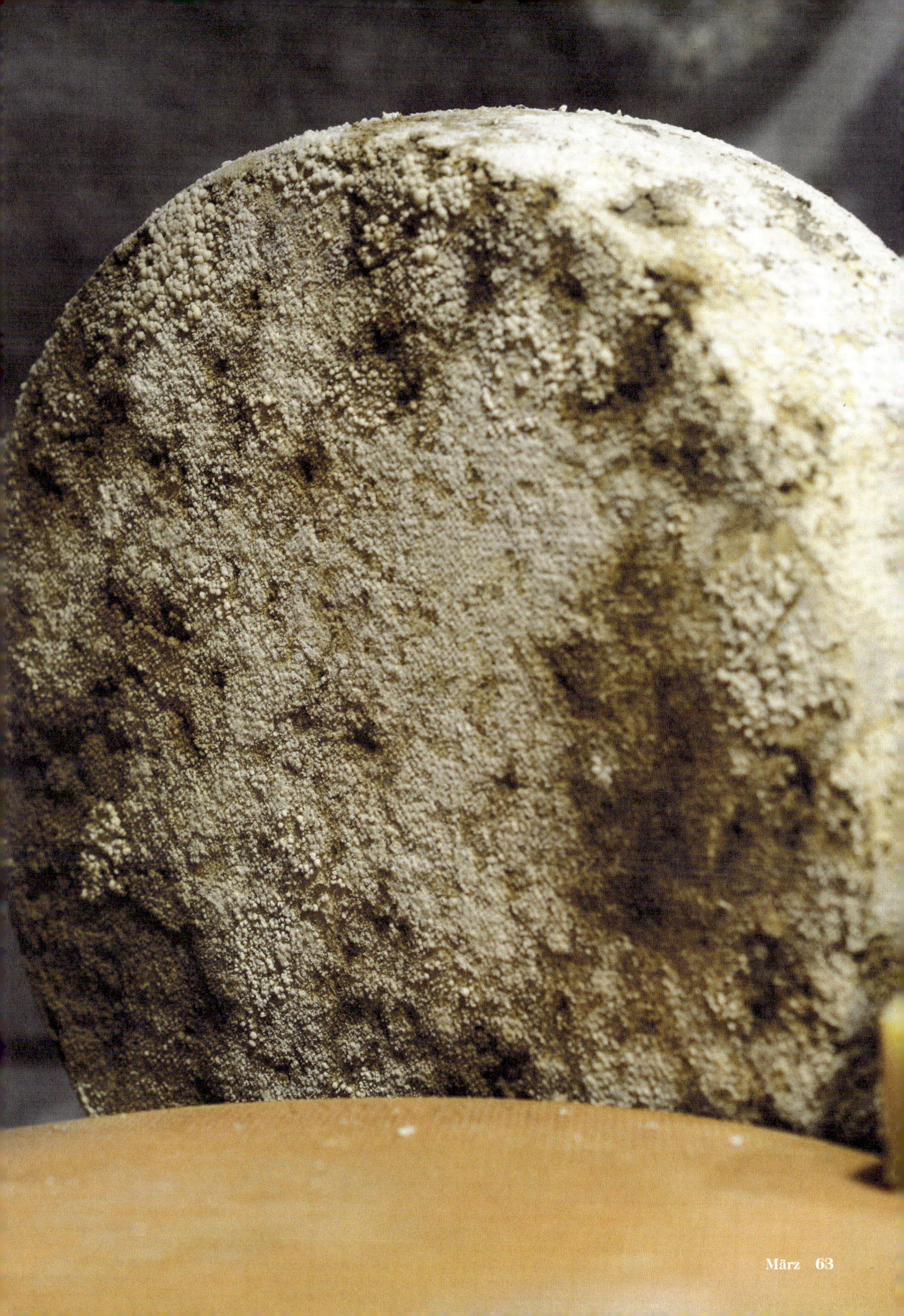

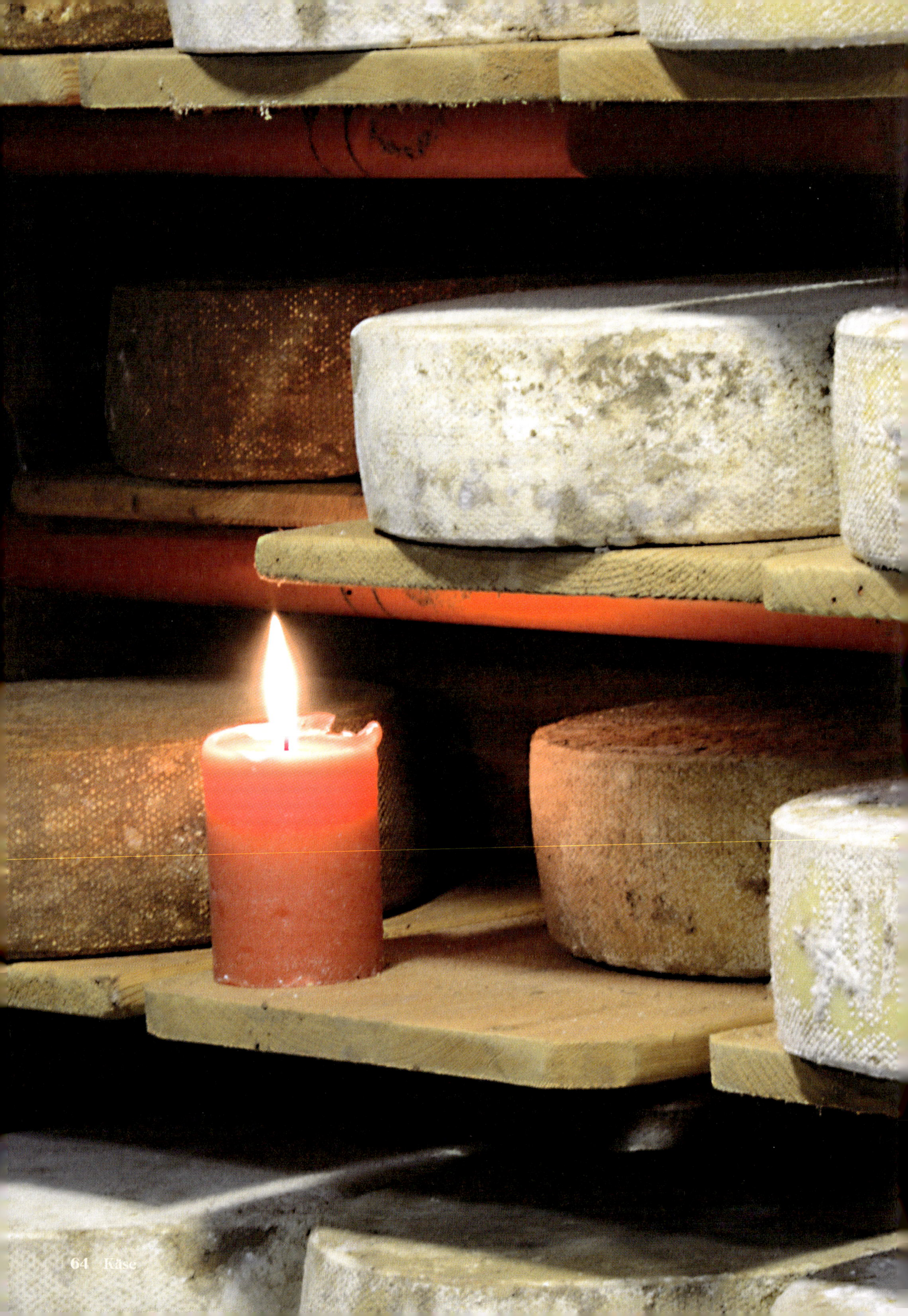

Der Alpenhauptkamm ist in Andeer Wetter- und Sprachgrenze und auch Kulturgrenze. Diese Kulturgrenze gibt es auch im Käsekeller: Im Norden von Europa sind die Menschen korrekt, streng und im Dialog eher zurückhaltend. Alles hat seine Ordnung, alles muss sauber sein, und hier wird manchmal auch übertrieben. Im Norden werden die Käse gewaschen, da darf ja nichts Fremdes sich einnisten, kein Schimmel, außer er sei gewollt. Im Süden sind die Menschen viel lockerer, wärmer und verspielter, und das hat auch Einfluss auf die Käsekultur.

Im Süden dürfen auf den Käsen alle Schimmel wachsen,

die wollen und können. Auf den Marktplätzen im Süden Europas finden wir alles Mögliche und Unmögliche bezüglich Formen, Farben und Konsistenz der Käse. Wenn das ungesund wäre, wären die Südländer ja schon längst ausgestorben. Im Süden nennt man die Käsereife ‹Naturkäse oder naturgereifte Käse›. ‹Wir finden sie im Alpenraum im Tessin, im Bergell und im Puschlav.› So oder ähnlich erklärt der Chef Besuchern die Kulturunterschiede zwischen geschmierten Käsen und unseren neuen Freunden, den naturgereiften Käsen. Im Süden gibt es ja auch überall den Mascarplin, einen gereiften Ziegenziger. Unser Kellerchef hat einen Vollmilchziger aus Kuhmilch ins Salzbad gelegt und lässt ihn auf Brettern liegen, bis er nach vier Wochen verschimmelt ist. Er nennt ihn Tschigrun, das romanische Wort für Ziger.

Quark

Es dampft im Pasteur, die Milch ist zwecks Pasteurisation auf 74 °C erhitzt worden. Bevor sie in 40-Liter-Kannen abgefüllt werden kann, muss sie auf 30 °C abgekühlt werden. Maria rührt die Bakterienkultur «Säurewecker» unter die Milch.
Nun ruht die Milch 24 Stunden. In dieser Zeit wird sie sauer und dick, am Rand wird bereits ein wenig Molke austreten. Die nun 25 °C warme Masse wird mit tiefen Schöpfern vorsichtig in Tücher gefüllt und aufgehängt.

März 67

In den nächsten 6 bis 8 Stunden tropft die Molke ab, die Masse wird immer dicker und es entsteht Quark. In 3-kg-Eimern wird der Rohquark mit dem Stabmixer fein aufgemixt. Abnehmer des Quarks sind Hotels und in kleineren Einheiten die Endverbraucher.

Quark bezeichnet man oft auch als Frischkäse.

In unserer Sennerei gewinnen wir aus 10 kg Milch rund 4 kg Quark, der Rest ist Quarkmolke.

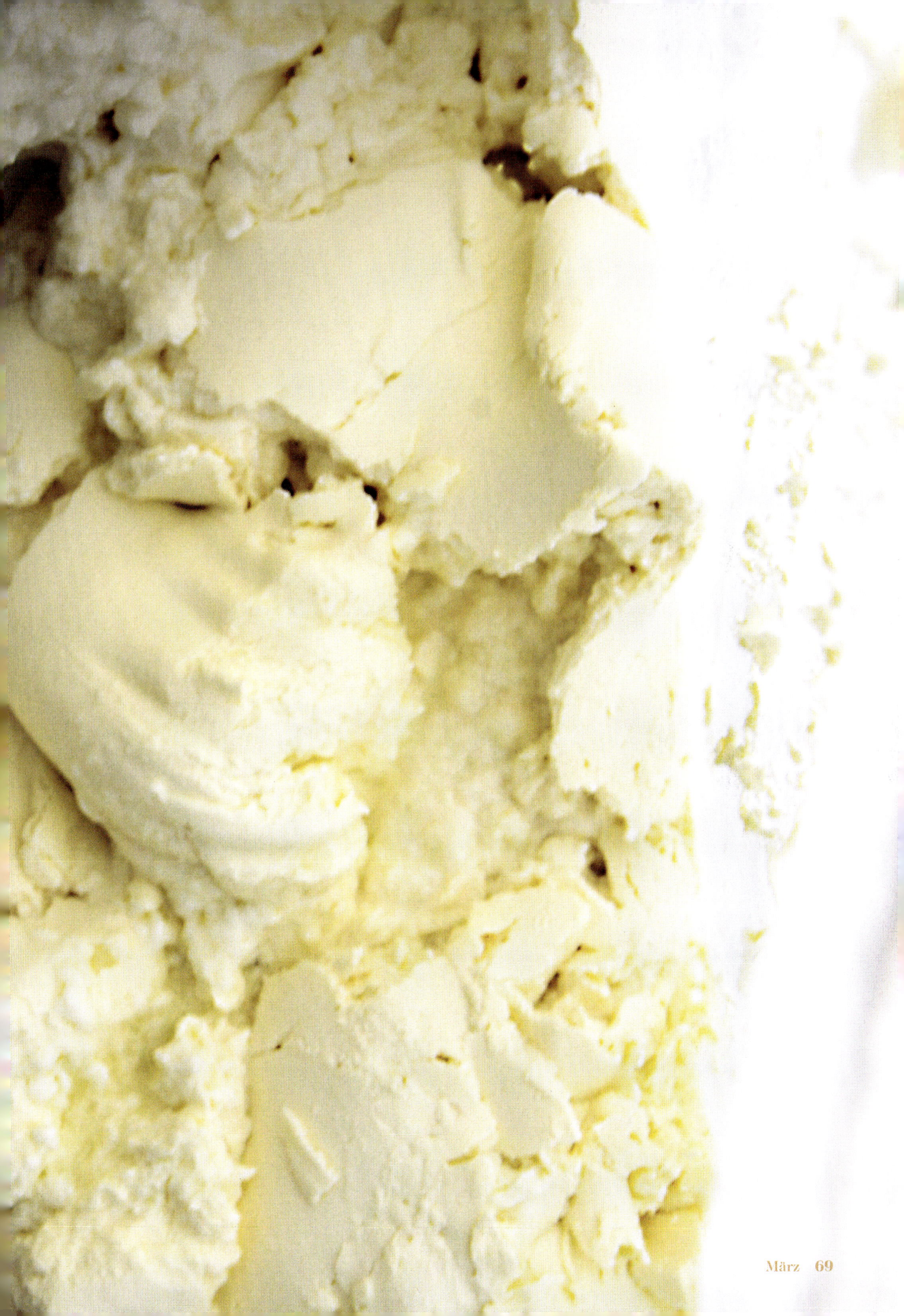

Bei der Übernahme der Dorfsennerei wollte ich rasch etwas produzieren, was mich an zu Hause erinnerte, das war die «Quarkspeise». Samstags gab es bei uns im Allgäu sehr oft Nudelsuppe und als einzigem Tag in der Woche ein Dessert, und das war eine Quarkspeise. Meine Mutter, eine echte Berlinerin, teilte eine bestimmte Menge Quark in drei Teile, mixte den ersten Teil mit Zucker, Eigelb und Vanille, den zweiten Teil mit Zucker und Erdbeerkonfitüre und den dritten Teil mit Zucker und Kakaopulver. Dieser wunderschöne Dreiklang hat sich in meinem Kopf eingebrannt. Er kann im Laden gekauft werden. Zusätzlich gibt es noch Orangen- und Heidelbeerquark. Alle Sorten laufen sehr gut im Laden, aber

nicht als Quarkspeise, sondern als Crème de la Crème,

damit die Tessiner und die italienischen Gäste unsere Quarkmischungen auch ein wenig verstehen.
Als Kinder sind wir mit dem Löffel durch die verschiedenen Quarkfarben gefahren und haben Gemälde gemalt, trotz Mutters Anweisung, mit dem Essen nicht zu spielen.

März 71

Florian Schnurrer

Kartoffel und Meeresfrüchte

Während der Fahrt nach Flims wird es immer diesiger, Grund ist eine partielle Sonnenfinsternis. Im Korb sind diverse Molkereiprodukte und die Kartoffelsorten Rote Emmalie, eine wirklich rote Kartoffel, Corne de Gatte, eine gelbbraune Kartoffel, und schwarze Truffs, auch Vitelotte Noir genannt. Mir bleibt noch genug Zeit für ein Fotoshooting. In einem Brunnen unterhalb Bargis werden die Kartoffeln gewaschen; sie müssen heute Modell stehen.

> Florian: «Wenn ein neuer Lehrling kommt, siehst du sofort, ob er Feuer in den Augen hat oder nicht.»

Florian schneidet schwarze Truffs und Rote Emmalie in feine, dünne Scheiben, legt sie auf ein Blech und pinselt sie mit Öl ein. Auf die Rote Emmalie legt er Kresse und deckt sie mit einer zweiten Scheibe Emmalie zu. Dann ab ins Rohr. Eine große Emmalie und eine Corne de Gatte werden in der Schale mit Fleur de Sel und Olivenöl vakuumgegart. Diese Garmethode garantiert eine optimale Schonung des Eigengeschmacks. Florian: *«Ich weiß noch nicht genau, was es wird, das Bild ist erst im Entstehen.»*
Rasch zaubert er eine kalte Suppe. Apfel, Gurke, Sauerrahm, Milch und Orangenpfeffer werden dafür gemixt. Florian:

«Abfall gibt es eigentlich in der Küche nicht,

ich kann aus allem etwas machen.» Die Kartoffelschalen werden im Öl goldbraun gebrutzelt. Sie sind knusprig und haben erstaunlich viel Aroma: Kartoffelaroma. Florian: *«Schon mit 4 Jahren habe ich bei der Oma den Hocker zum Herd gezogen und dann oben irgendwo mitgerührt».*
Drei Riesenkrevetten wandern in eine Pfanne mit Bratbutter. Aus dem Bratfond wird später mit Rahm und Gemüsebrühe eine Sauce gerührt.
Die gekochte Corne de Gatte wird geschält, durch die Presse gedrückt und mit Joghurt zu Kartoffelstock vermischt, angereichert mit gesalzenen Zigerwürfelchen. Kartoffelstock mit Ziger ist mal was anderes. Die Emmalie wird ungeschält längs halbiert und als Unterlage für die Riesenkrevette verwendet.
Florian: *«Meine wichtigsten Gewürze sind Salz, Pfeffer und Zitrone. Die Produkte sollen ihren Eigengeschmack behalten.»*

Anfang April

Die Ruhe vor dem Sturm

Noch sind die Saatkartoffeln zum Vorkeimen im Keller.

mh «Ich kann es kaum erwarten, bis der Boden warm genug ist. Sobald ich aktiv werden kann, wird die Angst vor der vielen Arbeit rasch verflogen sein. Ich freue mich!»

April '75

Mitte April

Oislas liegt mitten in einem Auenwald

Oislas soll übersetzt «Insel» heißen.
Man kann Oislas auch anders interpretieren, steht doch
am Wegrand eine schön geschnitzte Eule.

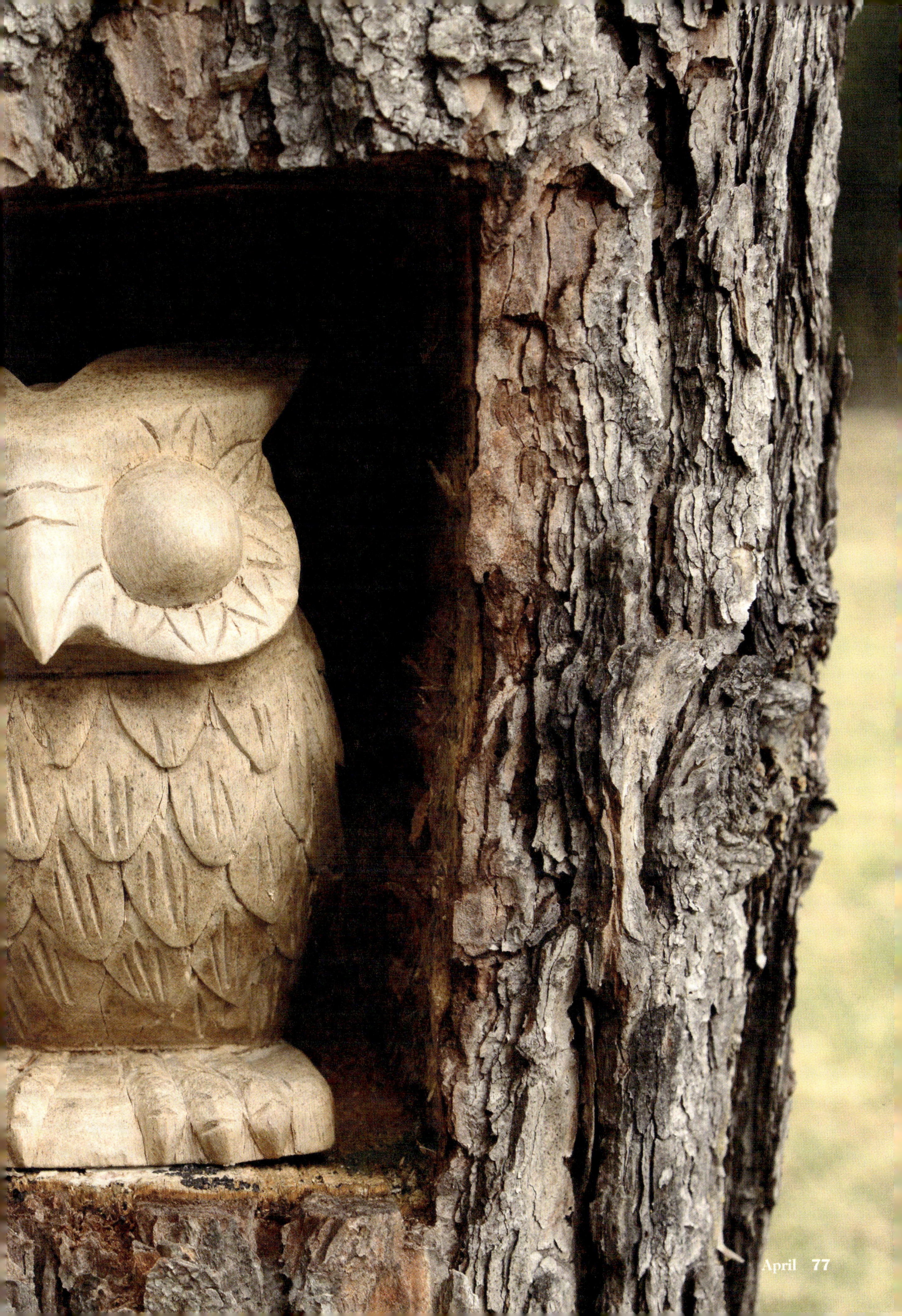

Wir befinden uns hier
in einer Art

Auenlandschaft,

durch die der Albula-Bach fließt. Noch letztes Jahr war hier
eine Wiese. Nun ist die Grünfläche zum ersten Mal
gepflügt worden und der Acker ist bereit für die Kartoffeln.

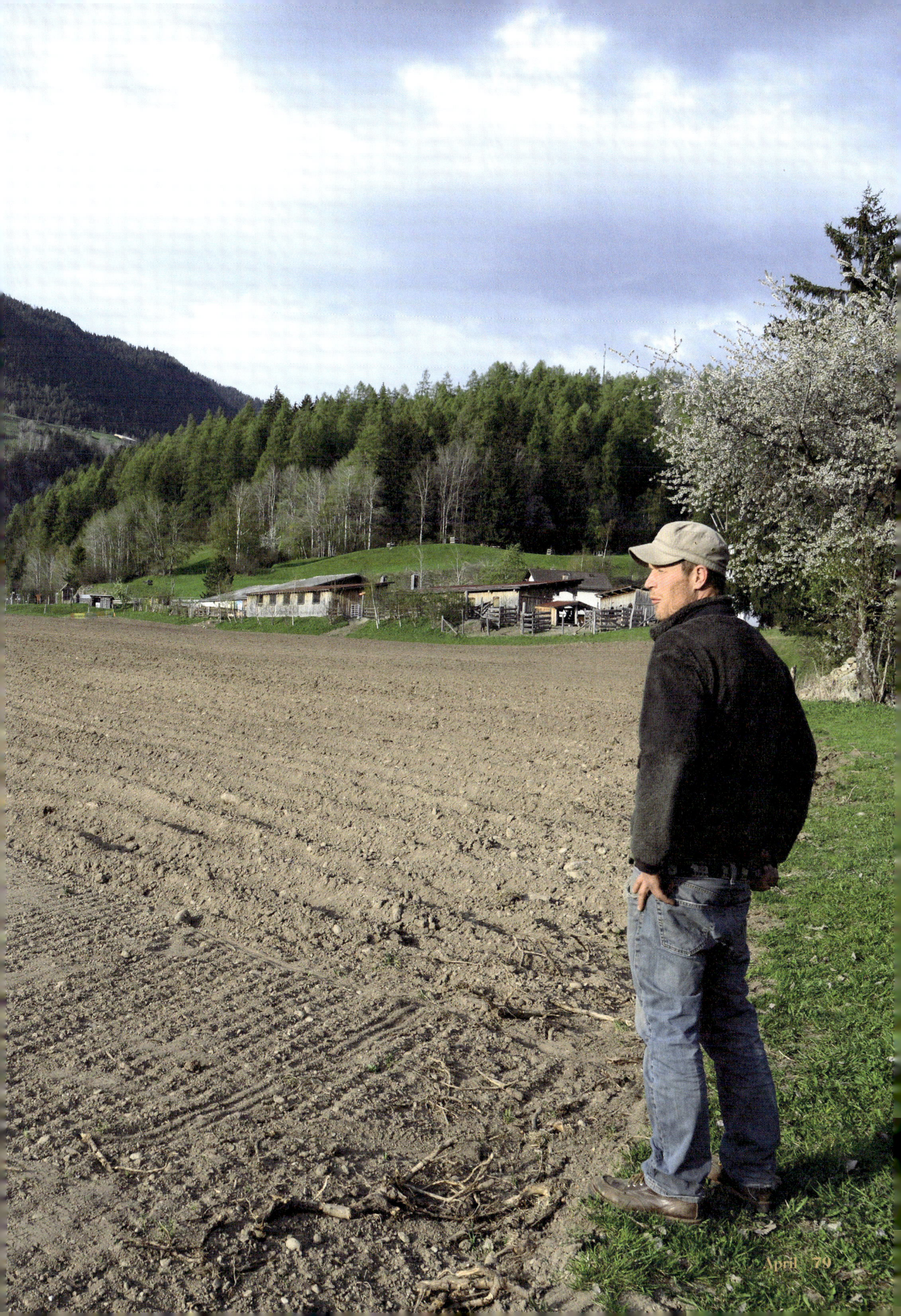

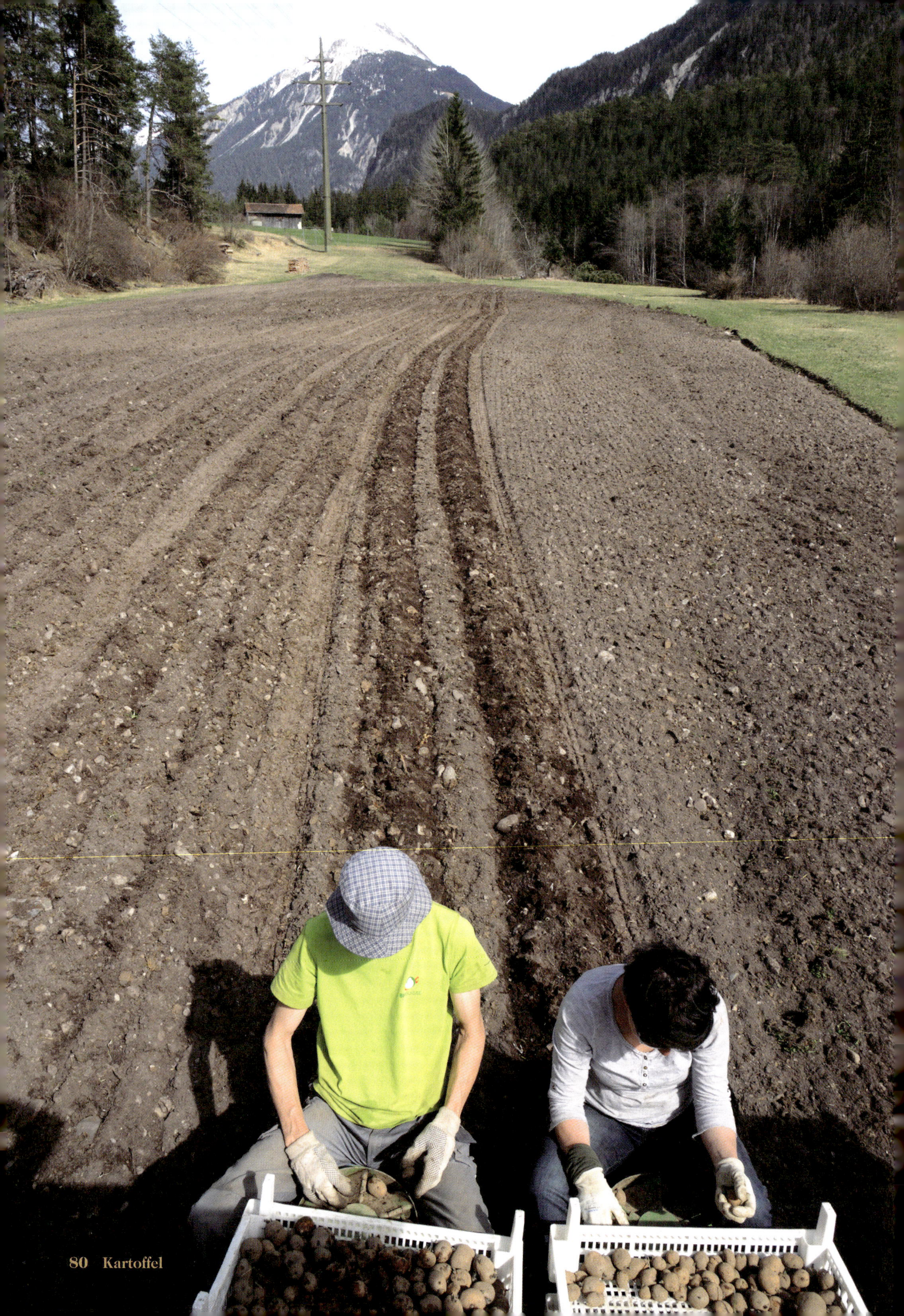

Ein Vierergespann

beim Kartoffellegen

Der Ton ist ruhig und gleichmäßig. Am Steuer des Traktors sitzt Marcel Heinrich. Seine Frau Sabina und der große Marcel sitzen auf Hockern hinter dem Traktor und Dario Simmen, der Lehrling aus Splügen, sorgt für Kartoffel-Nachschub. Die beiden auf dem Hocker «speisen» die rotierende Lochscheibe mit Saatgut, einzeln, stets im gleichen Abstand werden die Kartoffeln in eine Art Pflugschare gelegt. Zwei runde Blechscheiben decken sie mit Erde zu; es entstehen die charakteristischen Ackerfurchen. Ab jetzt ist das Schicksal der Kartoffeln in den Händen von Mutter «Erde» und Vater «Wetter». Auf dem Acker werden schon bald Granola, Ostara, Ditta und Highland Burgundy treiben.

82 Kartoffel

Kaum Mutter «Erde» übergeben,
und jetzt...

Vorbei ist es mit der Ruhe. Die Kartoffeln sind gierig nach Wasser und Nährstoffen. Aber der Boden ist trocken, es hat schon länger nicht mehr geregnet. Doch dank der Mutterknolle haben die feinen weißen Fäden Kraft genug zum Wachsen. Aber auch die Keime sind aktiv, sie recken und strecken sich in die andere Richtung.

Die Steine sind

Fluch und Segen

Die Äcker hier im Albulatal sind Schwemmland. Das Wasser ist weg, die Steine sind geblieben. Als Kinder mussten wir früher tagelang Steine auflesen, kleine, große und riesengroße. Die Größten unter ihnen kann man nicht einfach stemmen und in die Schaufel vom Traktor laden, nein, der Traktor muss sie aus dem Boden drücken. Dafür wird eine kleine Ecke des Ackers freigegraben und dann wird mit der Traktorschaufel gedrückt, bis der Stein an der Oberfläche ist und aufgeladen werden kann. Ganz einfach ist das nicht. Wenn der große Brocken auf der Schaufel liegt, ist das eine Genugtuung. Steine machen Maschinen kaputt, deshalb muss viel Arbeit von Hand gemacht werden.
Ein Fluch!

Die Steine sind aber auch ein Wärmespeicher. Es gibt immer wieder Kälteeinbrüche, in dieser Zeit wachsen die Pflanzen weiter dank den vielen «Kachelöfen», welche die Wurzeln umgeben.
Ein Segen!

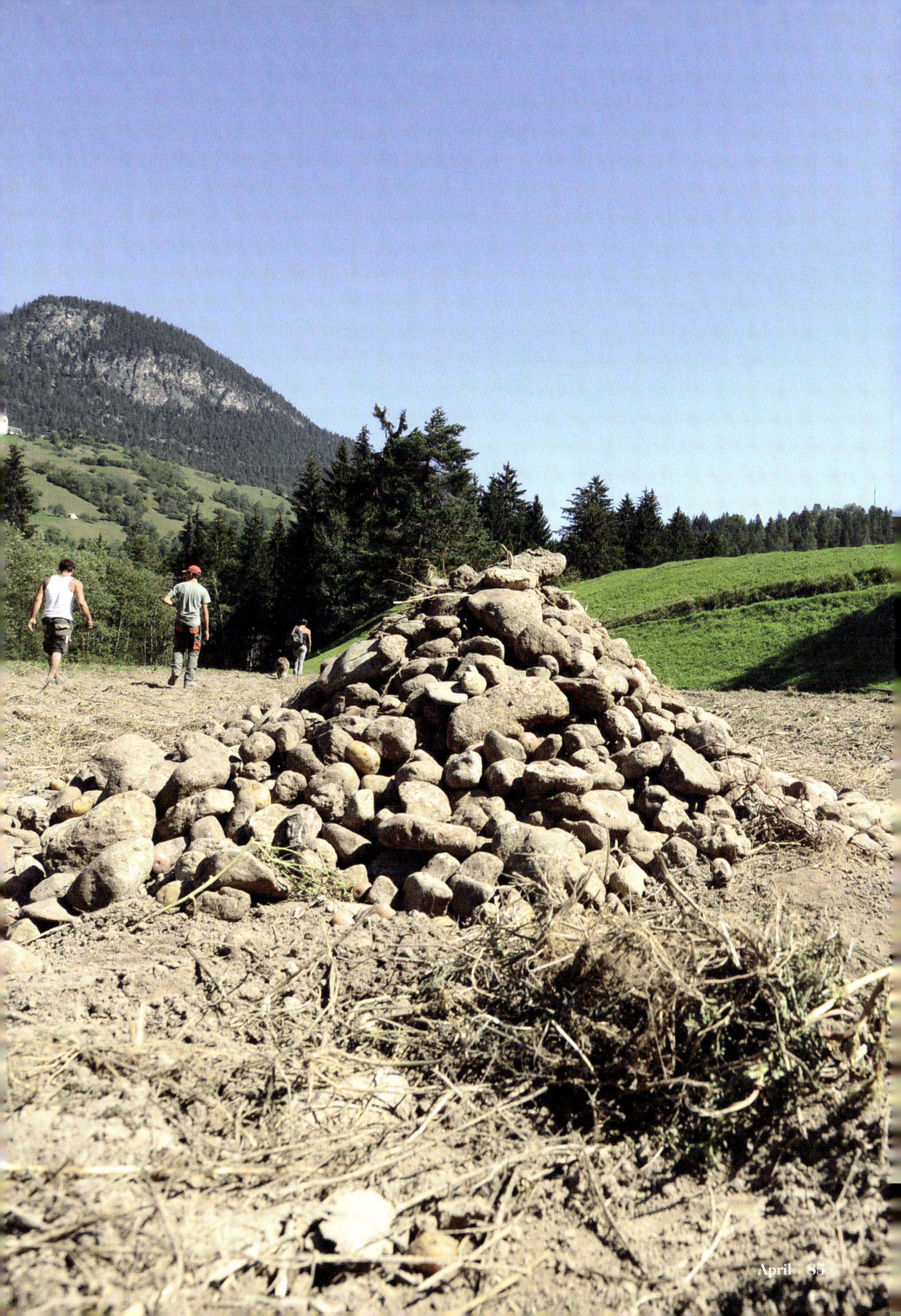

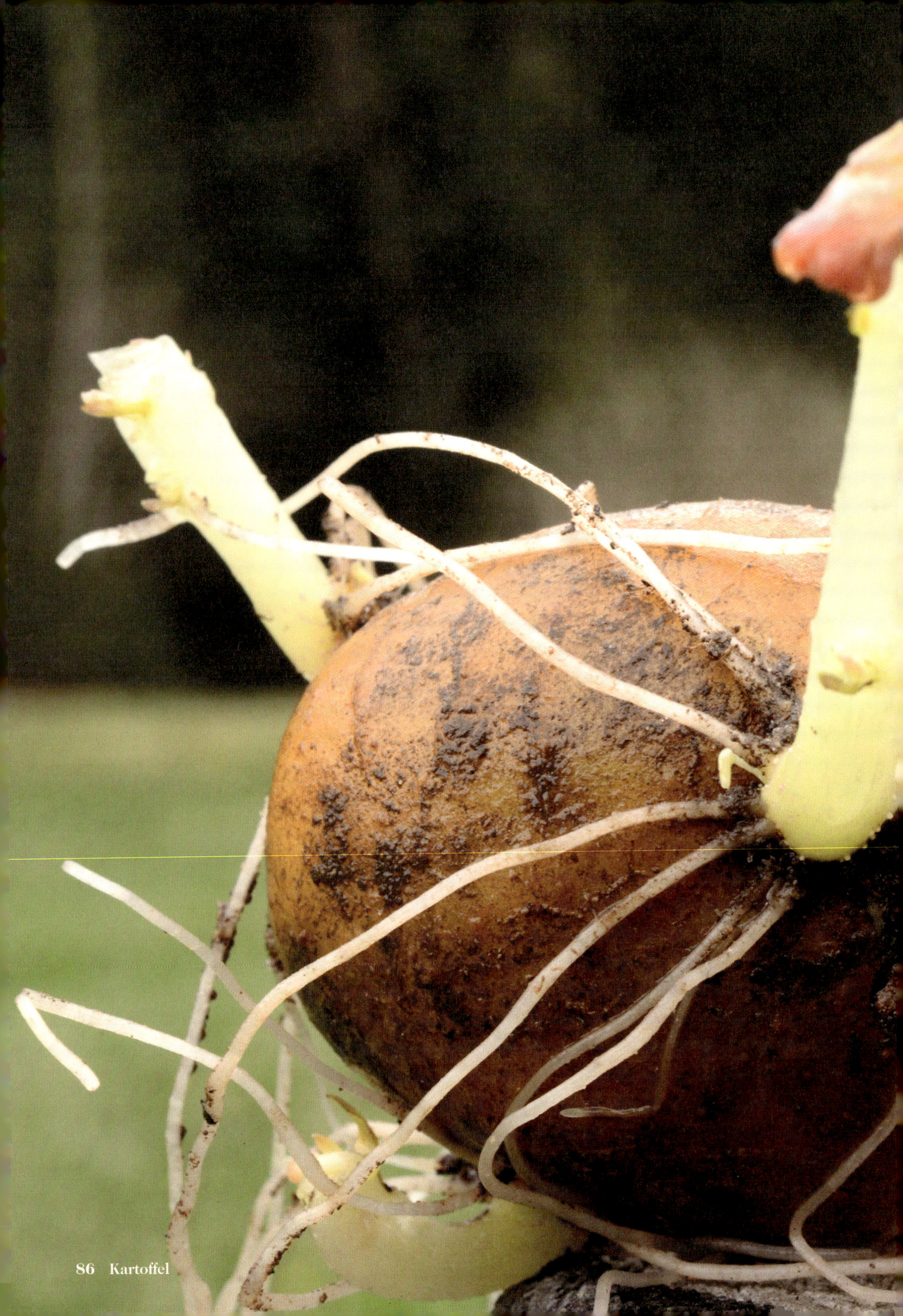

Ende April

Wie es wohl den Kartoffeln in der Erde geht?

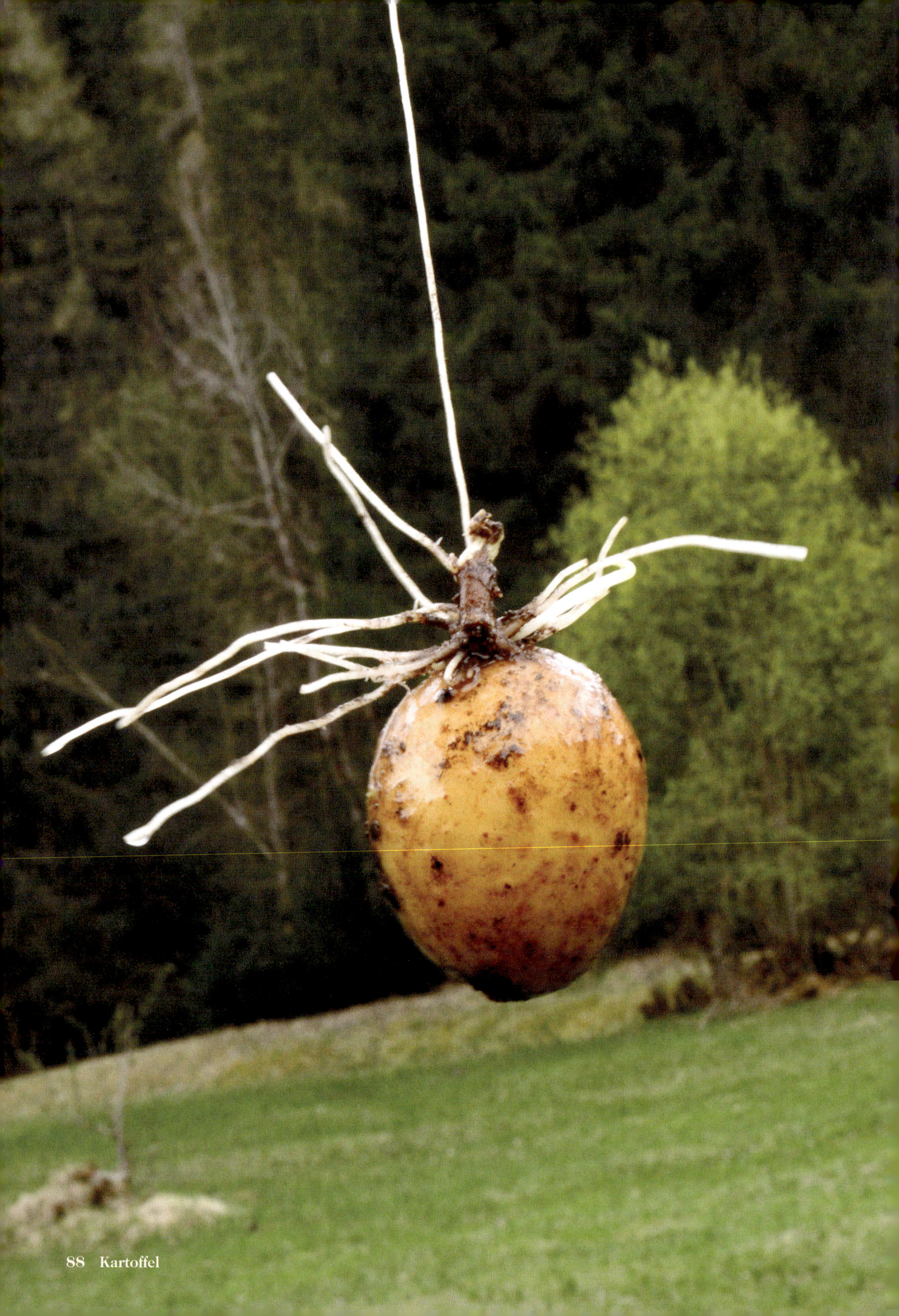

Der Kartoffelacker ist schön gehäufelt, noch blinzeln keine grünen Triebe oben auf der Furche. Der Acker ist mit einem doppelten Weidezaun gegen die Hirsche geschützt. Wie sich wohl die Kartoffeln in den letzten zwei Wochen entwickelt haben? Wegen der Trockenheit braucht es zum Graben in der Furche einen Eimer voll Wasser. Vorsichtig werden die Wesen aus dem Boden gehoben. Sie haben einen dicken Bauch, dünne Beinchen, blasse, dicke Arme und einen kleinen grünen Kopf. Es ist alles bereit zum Wachsen in die Erde und in den Himmel, in die Tiefe und in die Höhe und auch in die Breite. Ich bin begeistert von Mutter Natur. Das Speicherpaket ruht und schläft im Winter, um im Frühling zu wachsen und sich zu einer großen, schönen Pflanze zu entwickeln.

Erde und Himmel

Den Kartoffeln auf dem Oislas-Acker kann die Kälte nichts anhaben. Das Saatgut wurde hier später gesetzt als auf den anderen Äckern, wo jetzt Alarm herrscht. Eine Wetterspannung, ein Wettersturz ist im Anmarsch, die Nullgradgrenze wird auf 1200 Meter sinken. Stürme entstehen, zwei Wetterfronten wollen um die Vormachtstellung am Alpenhauptkamm kämpfen. Kartoffelbauer Marcel Heinrich und seine Mitarbeiter haben schon ein paar Äcker mit Vlies abgedeckt, und zwar jene, wo schon grüne Spitzen der Kartoffelpflanze zu sehen sind. Wenn die Kälte die grünen Spitzen trifft, verzögert sich die Ernte um zwei bis drei Wochen. Und wenn es öfter zu Kälteeinbrüchen kommt, schwächt das die Pflanzen empfindlich.

Weich- und Hartkäse

Ein Käse ist nichts anderes als haltbar gemachte Milch. Auf jeden Fall fast, wenn man den sogenannten Kulturfaktor nicht vergisst, denn Käse ist ja auch ein Kulturgut. Haltbarmachen hat immer mit Gewinnen, dem Kampf ums Leben, dem Kampf ums Überleben zu tun. In einem lebendigen Raum wollen alle Lebewesen nur das eine, sich fortpflanzen, sich vermehren, ihre Art erhalten. Beim Käse ist das nicht anders. Der Mensch hat entdeckt, dass man die Milch, ein Lebenselixier, haltbar machen kann.

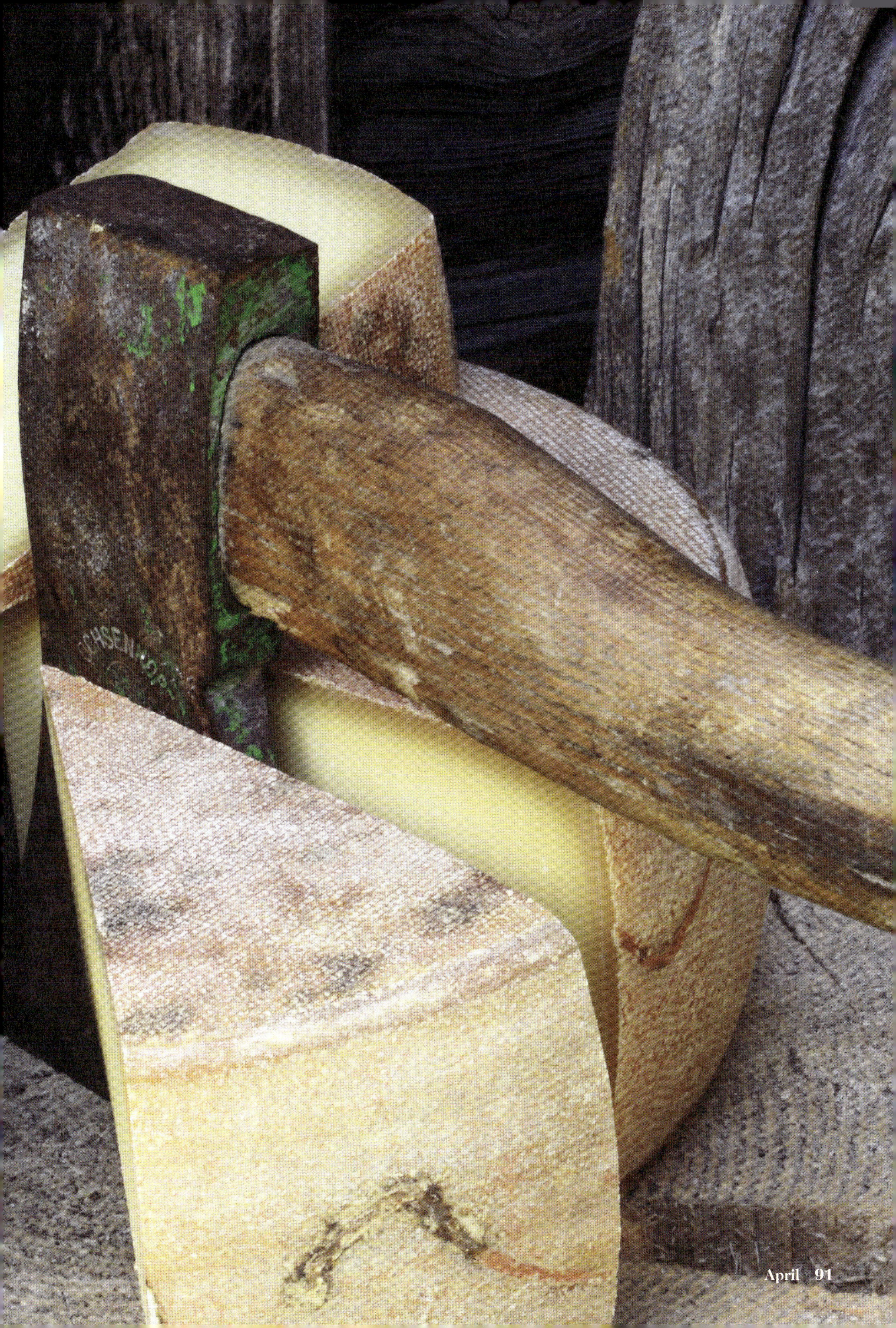

Lebensfeindlich sind zum Beispiel

Trockenheit,

Säure und Salz. Aber genau das geschieht beim Käsen. Bakterienkulturen verwandeln den Milchzucker in Säure. Beim Käsungsprozess wird der Milch Wasser entzogen, und für die Haltbarkeit kommt am Schluss Salz dazu. Je mehr Wasser man dem Käse entzieht, desto härter wird er und desto länger ist er lagerfähig. Die Rinde ist hart, sehr hart sogar. Weichkäse dagegen enthält mehr Wasser als Hartkäse. Das steuern Käserin und Käser über die Temperatur, den Druck und die Zeit. Ob es ein Frischkäse, Weichkäse, Halbhartkäse (= Schnittkäse) oder Hartkäse ist, hängt vom Wassergehalt in der fettfreien Trockenmasse ab. So steht es in schlauen Büchern, und so lernen es auch die Käserlehrlinge.

Im Käsekeller in Andeer lagern alle Arten von Käse, zum Beispiel der Andeerer Weichkäse (Weißschimmelkäse mit Camembert-Kulturen), der Andeerer Gourmet (Halbhartkäse), der Andeerer Granit (Hartkäse).

Die Rinde schützt den Käse und sie ist gleichzeitig eine natürliche Verpackung. Die Verpackung kann man essen. Aber Achtung, die Käserinde sollte man nur essen, wenn man weiß, wo der Käse herkommt und wenn die Rinde ganz natürlich durch die Käsepflege entstanden ist.

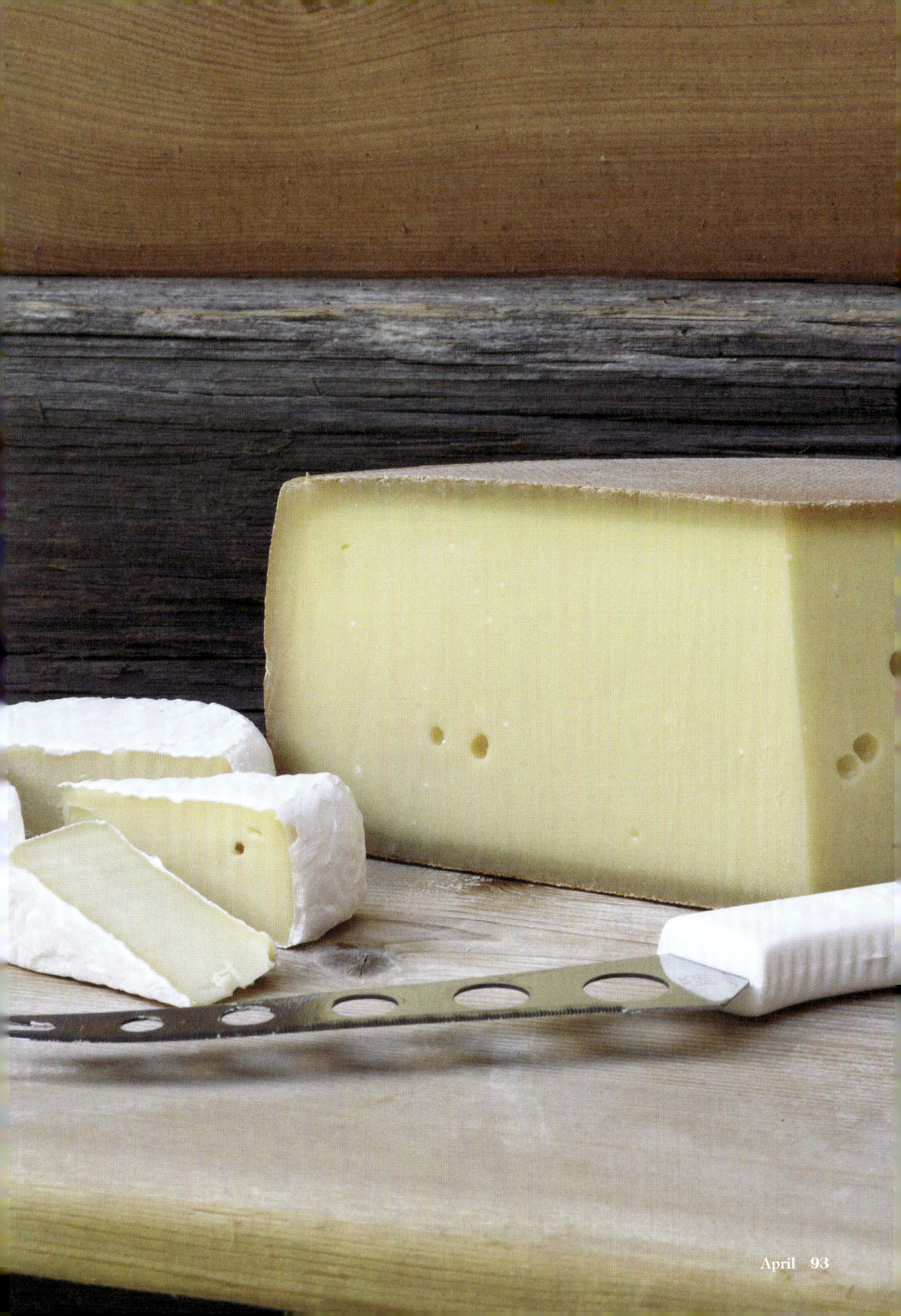

Amanda Theiler

Ende April blühen in Almens/Domleschg der Löwenzahn und die Kirschbäume. Die weiße Mütze vom Piz Beverin reicht noch weit ins Tal hinunter. Wir sind in der Küche von Amanda Theiler im Restaurant Landhus. Im Warenkorb sind neben Sennereiprodukten die Blaue Schwede, die Vitelotte Noir, die Rote Emmalie und die Corne de Gatte.

Die Köchin hat sich für

Pommes Anna

entschieden: Die Andeerer Butter wird bei schwacher Hitze sanft geschmolzen. Die Kartoffeln werden geschält und in dünne Scheiben geschnitten, mit flüssiger Butter, frischem Thymian und Salz gemischt und in feuerfeste Schalen geschichtet und im Ofen bei mäßiger Hitze gebacken. Dazu gibt es in Butter gedünsteten Cima di Rapa, die mit frischem Thymian, fein geriebener Zitronenschale und feinen Peperonciniringen gewürzt und mit wenig Weißwein abgelöscht wird. Der Kartoffelgratin wird auf vorgewärmte Teller gestürzt. Der Cima di Rapa kommt dazu, ebenfalls ein Zigerdreieck, das den Piz Beverin darstellt.

Amandas Geschichte
Ihre ersten Kochversuche hat sie mit 10/11 Jahren gemacht. Wenn ihre Mutter zur Arbeit ging, hat sie Betty Bossi hervorgenommen und irgendetwas daraus gekocht. Im Kochbuch stand 20 Minuten Kochzeit, doch sie hatte das Vorbereiten und Rüsten nicht mit eingerechnet. Und so war das Essen noch lange nicht fertig, wenn die Mutter nach Hause kam. Wenn Grosi für die Familie kochte, durfte man immer probieren, es gab sehr oft Eintopf mit Erdöpfel.

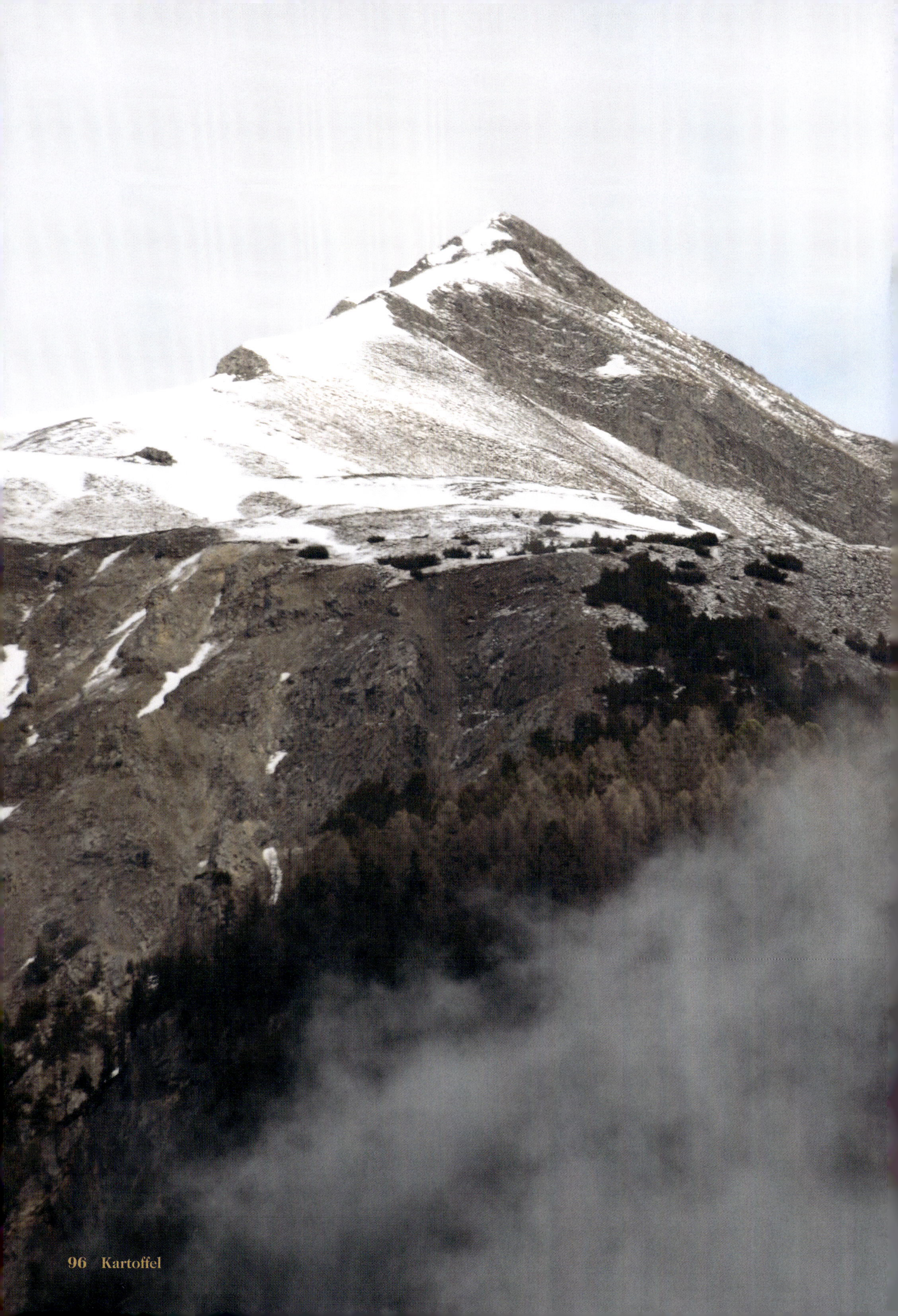

Mai

Bauer und Kartoffeln im Stress

mh « *Ein paar Handvoll ‹verrückte› Saatkartoffeln waren es im Jahr 2003. Heute können Tonnen von Speisekartoffeln geerntet werden. Der Weg war steinig, es gab Rückschläge, aber auch Erfolge.*

Leidenschaft,
harte Arbeit und Durchhaltewille

waren notwendig. Es vergeht kaum ein Tag, an dem ich nicht an die Kartoffeln denke. Die intensivste Zeit ist jeweils vom Frühling bis in den Herbst, vom Setzen der Saatkartoffeln bis zur Ernte. Im Bio-Bergkartoffelbau gibt es viel Handarbeit. Entsprechend groß ist die Verbundenheit mit dem Produkt, der Kartoffel. Bei Wetterkapriolen, zum Beispiel bei Kälte, Hitze oder Trockenheit, leiden Bauer und Kartoffeln. Aber es gibt auch viele schöne Momente: Ich freue mich, wenn das Kraut prächtig wächst und voller Lebenskraft ist.

Mai 99

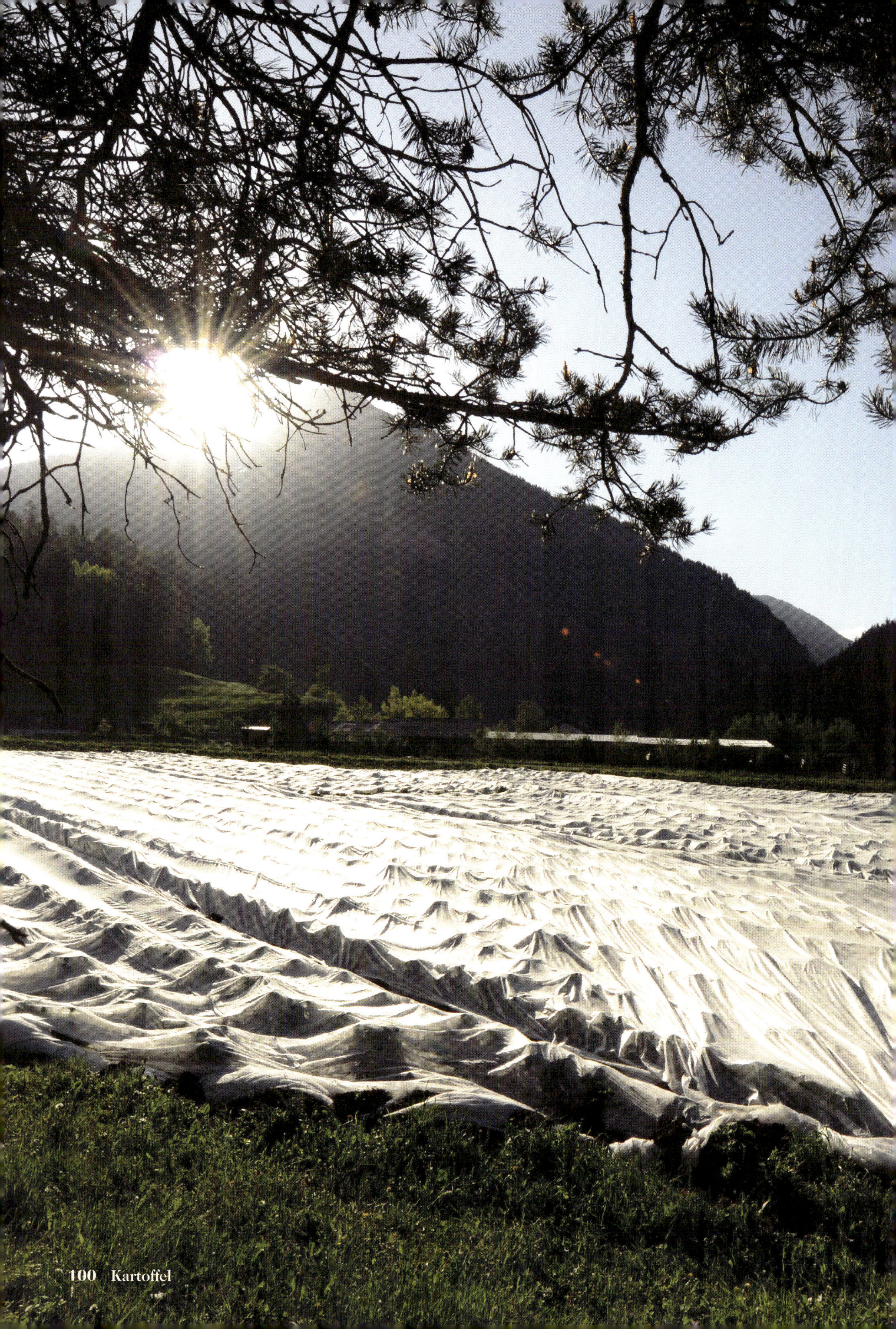

So nah sind Freud und Leid:

Laut Wetterprognose kann es in höher gelegenen Alpentälern in Muldenlagen Bodenfrost geben. Den Unterländer wird das nicht weiter kümmern. Ich habe physischen und psychischen Stress. Physischen Stress, weil in wenigen Stunden möglichst alles zugedeckt werden muss. Psychischen Stress, weil ich nicht weiß, was der Morgen bringt.

Wie frostig war die letzte Nacht? Haben auch die zugedeckten Pflanzen gelitten? Jene ohne ‹Decke› hat der Frost mit einer feinen Eisschicht überzogen. Was das heißt, wird man rasch sehen, wenn die ersten Sonnenstrahlen auf die Pflanzen fallen und die Eisschmelze die zarten Blätter verbrennt und braun verfärbt.

Kartoffel

Wenn das Feld mehr braun als grün ist, tröste ich mich damit, dass die Natur dafür verantwortlich ist und ich alles Menschenmögliche gemacht habe. Es hätte ja noch viel schlimmer sein können.

Natürlich habe ich immer wieder Zweifel.

Haben wir die Kartoffeln zu früh gesteckt oder zu stark vorgekeimt, oder hätte man bis spät in die Nacht auch die restlichen Pflanzen noch mit Vlies oder Erde zudecken müssen? Wenige Tage später sehe ich, dass die zuvor vor Gesundheit und Lebensfreude strotzenden Pflanzen plötzlich gestresst sind. Dieser Stress überträgt sich unweigerlich auch auf mich. Werden sich die Pflanzen erholen? Haben sie noch genug Widerstandskraft, um sich gegen die Krautfäulnis zu wehren? Werden die Knollen noch wachsen, wenn sie so viel Kraut verloren haben? Die Freude ist groß, wenn sich die Pflanzen erholen. Bis zum nächsten Stresstest. »

Das
Kartoffelblatt

«Es haben nur wenige Kartoffel-Landsorten überlebt. Viruskrankheiten verringern die Erträge, alte Sorten können sich nur mit Mühe auf Dauer halten. Neue, virusfreie Saatkartoffeln sind ertragreicher als alte, befallene Sorten. Im 20. Jahrhundert holte man in einigen Regionen die Saatkartoffeln für die Talbetriebe von Kartoffeln, die auf den Maiensäßen angebaut wurden.»

Das schreibt Peer Schilperoord. Er lebt in Alvaneu Dorf, ganz in der Nähe vom Hof Las Sorts und kennt Sabina und Marcel schon seit Jahren. Er beschäftigt sich schon lange mit den Kulturpflanzen der Schweiz und hat die wunderbare Broschüre «Kulturpflanzen in der Schweiz – Kartoffel» verfasst. Ich habe einen Bruchteil einer Welt voller Schönheit und Überraschungen kennenlernen dürfen und bin tief beeindruckt. Ein Blatt ist wie eine Haut, ein Organ, ein Kraftwerk für die ganze Pflanze.

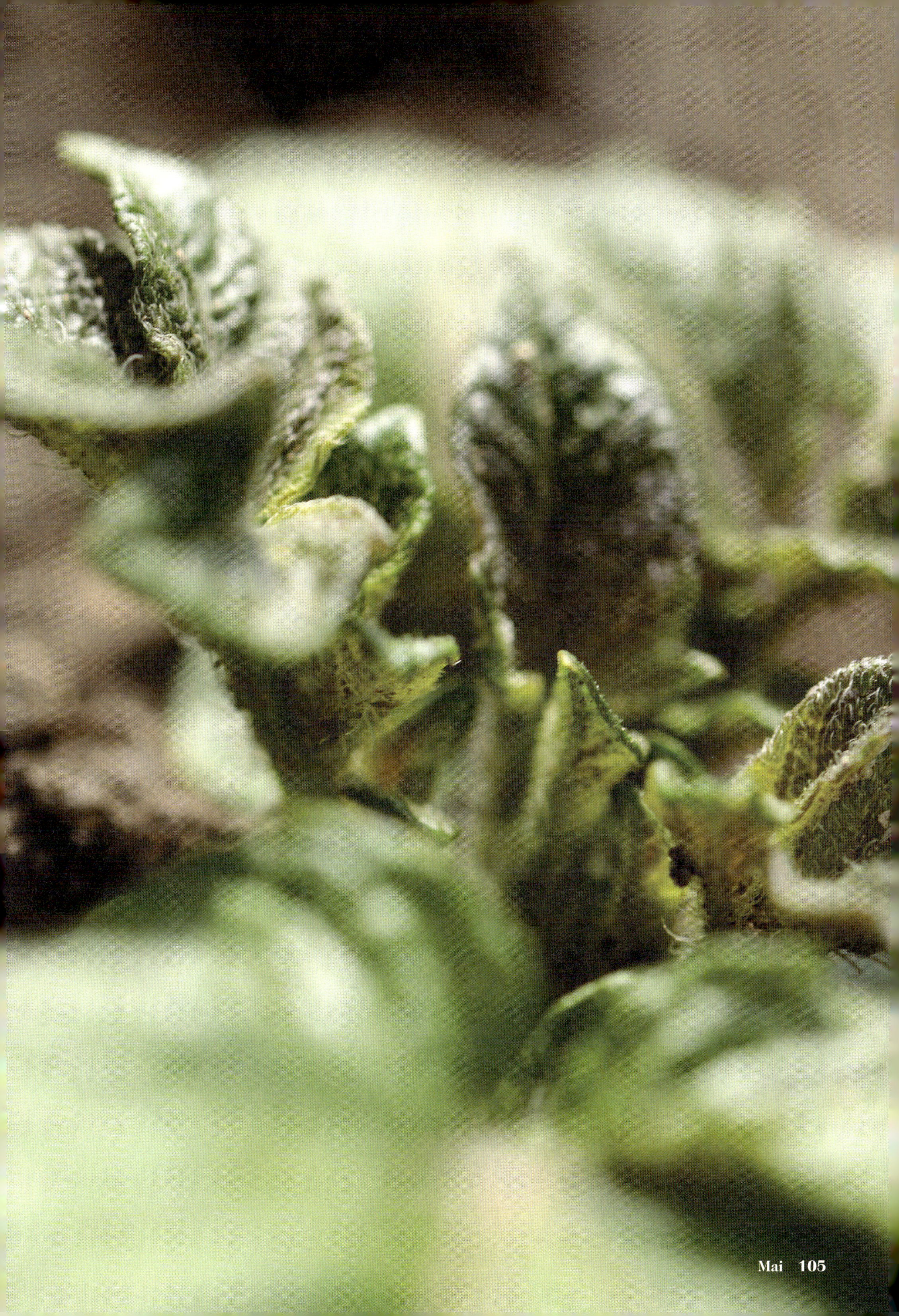

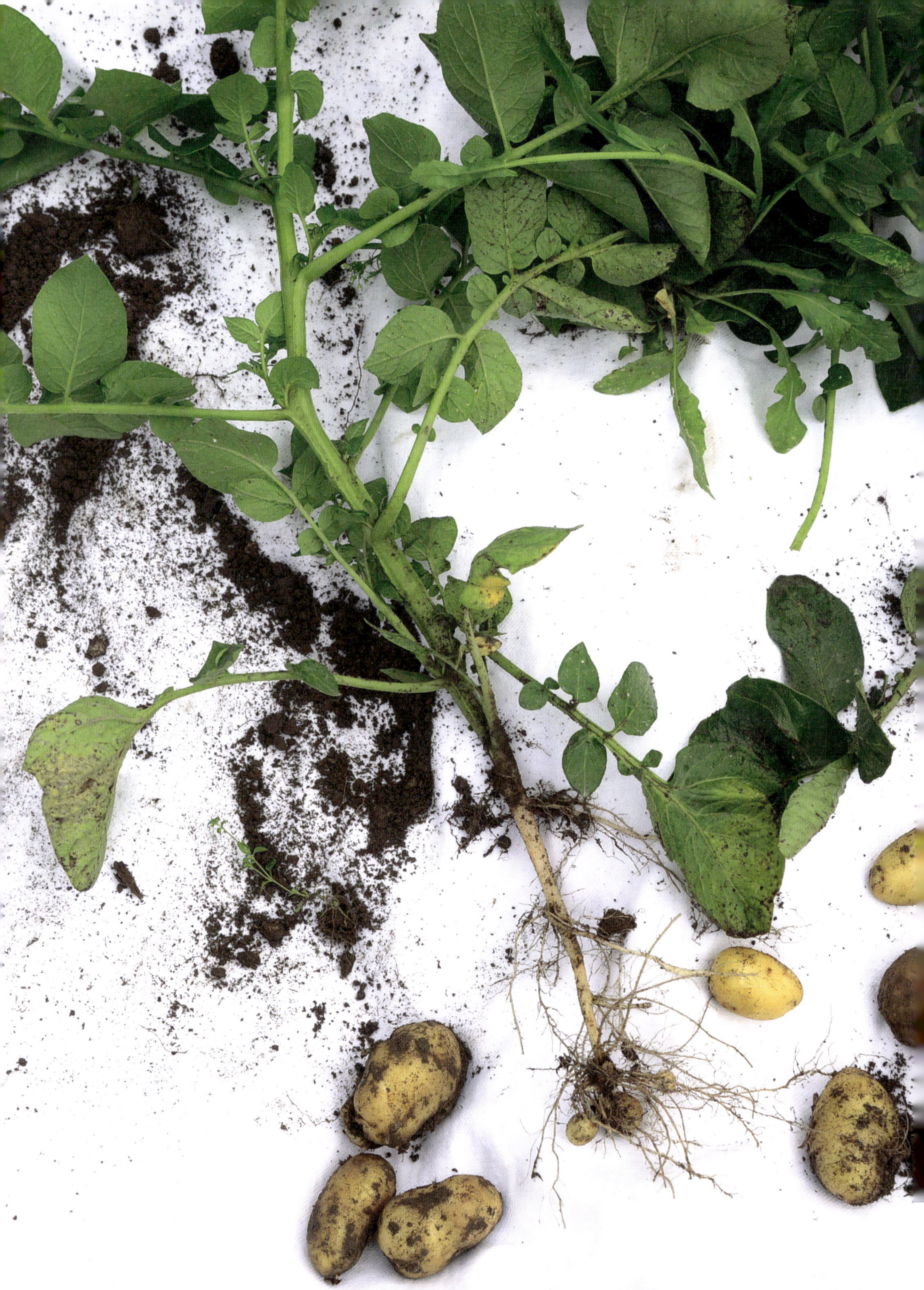

Etwas Botanik
(Peer Schilperoord)

«Kartoffeln sind krautige Pflanzen, die über 1 Meter hoch werden können. Ihre Standfestigkeit ist gering. Der Stängel ist vierkantig, teilweise geflügelt. Unterirdisch bildet die Pflanze knollentragende Ausläufer. Sie überwintert als Knolle. Frost bringt das Laub zum Absterben. Die wechselständig stehenden Blätter sind unpaarig gefiedert und kurzstielig. Sie werden 10 bis 30 cm lang und 5 bis 15 cm breit.

Die Teilblätter sind leicht bis stark behaart, stehen sich gegenüber oder sind wechselständig, oft von unterschiedlichster Form und Größe.

Die größeren, früher veranlagten Teilblätter haben zum Teil eigene Blattstiele und sind zwischen 2 bis 10 cm lang und 1 bis 6 cm breit. Sie sind eiförmig bis länglich-eiförmig und an der Spitze zugespitzt bis stark zugespitzt.

Die kleineren Teilblätter besitzen eine stumpfere Spitze, sie haben eine eher herzförmige Basis, sind meist ei- bis kreisförmig und haben einen Durchmesser von 2 bis 15 mm. Der Blattgrund geht nahtlos in die Stängelleisten über.

Die beiden Vorblätter an der Basis der achselständigen Seitensprosse können die Gestalt von stängelumfassenden Blattöhrchen annehmen und so sich in die Gesamtgestalt des Blattes einfügen, sie können aber auch die Gestalt kleiner Fiederblätter annehmen oder fehlen.

Der Übergang vom Blattbereich zum Blütenbereich ist sprunghaft. Es gibt keine Hochblätter, die zwischen den Stängelblättern und den Kelchblättern vermitteln. Die Blüten stehen in trugdoldenförmigen Blütenständen, sie ragen gerade noch aus dem Blattbereich heraus. Die Blütenstandstiele sind 5 bis 15 cm lang und behaart, die Blütenstiele selber sind ebenfalls behaart und 3 bis 35 mm lang.»

Maigold

108 Käse

Die Maibutter
ist eine besondere Butter.

Wenn die Kühe im Frühling nach einer langen Stallzeit auf die Weide dürfen, frisches Gras fressen und so richtig springen dürfen, widerspiegelt sich diese Energie in der Milch. Sie riecht anders, sie schmeckt anders und sie reagiert anders beim Käsen. Für die Käserin ist die Umstellungszeit vom Winter zum Frühling die schwierigste. Die Kulturen spielen verrückt wie die Kühe, das Lab reagiert anders, der Bruch im Kessi fühlt sich anders an, ein Wechsel eben, der ein paar Tage dauert. Danach läuft wieder alles rund.

Jeden Monat mache ich ein- bis zweimal Bratbutter.

Im Mai öfter.
Die Nachfrage ist erfreulich.

Die Bratbutter von der Frühlingsbutter respektive von der Maimilch ist intensiv gelb, goldgelb wie flüssiges Gold. Diese Bratbutter riecht auch anders, aber vielleicht ist das auch nur Einbildung. Von der Milch zur Butter: Durch langes Stehen oder Zentrifugieren wird aus der Milch Rahm gewonnen. Und aus Rahm wiederum wird Butter gewonnen. Sie besteht mehrheitlich aus Fett und enthält aber auch noch Wasser und Eiweiß. Wenn Butter erhitzt wird, spritzt sie. Grund ist das Wasser. Nach einer Weile wird sie braun, dann schwarz, Grund ist das Eiweiß, das verbrennt und zu Kohlenstoff wird.

Bratbutter

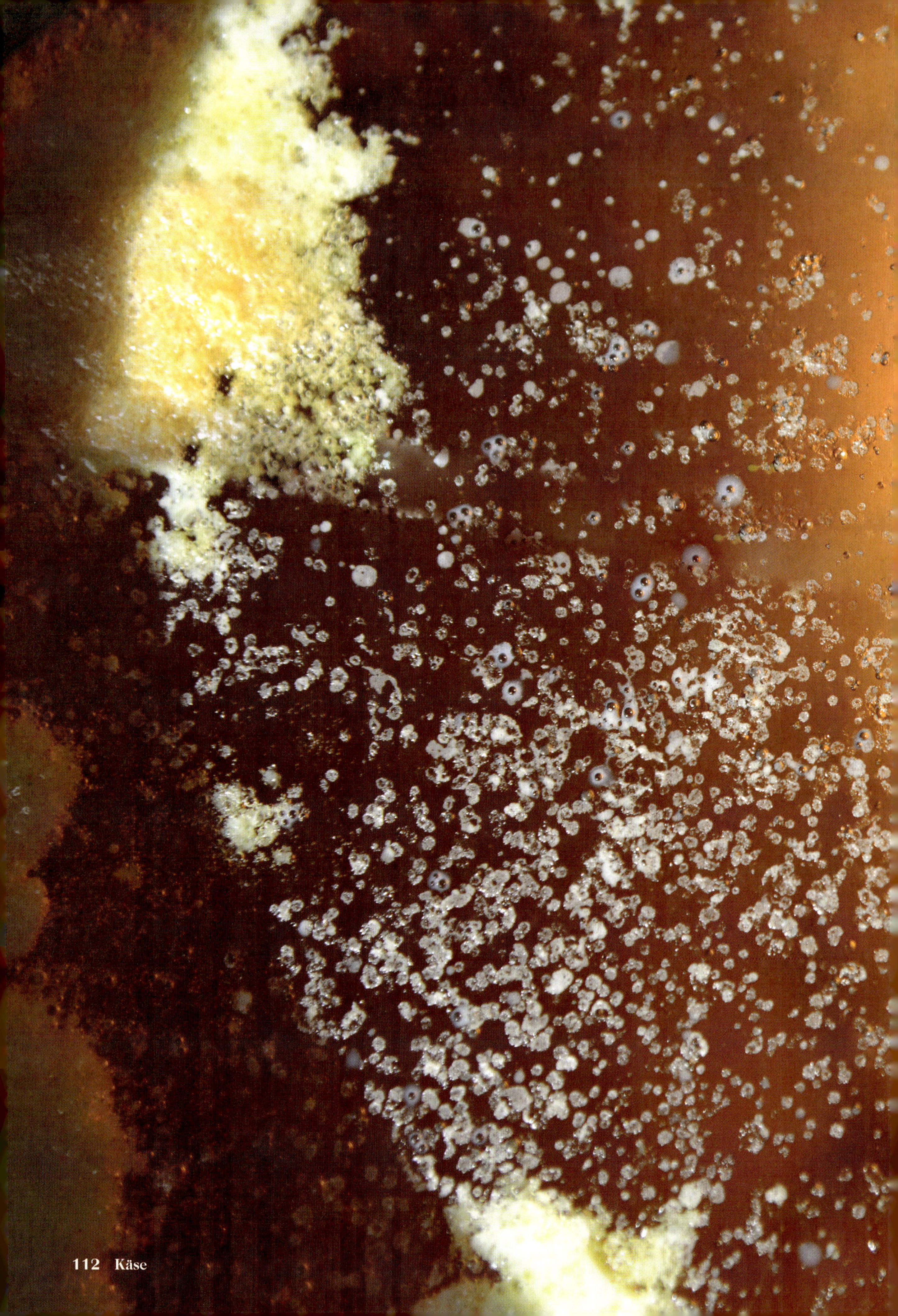

Wenn die Butter dagegen in einem Topf langsam erwärmt wird, tritt das Butteröl aus den Butterkügelchen aus. Der Mantel der Butterkügelchen besteht aus Eiweiß. Dieses Eiweiß schwimmt auf der Oberfläche und kann mit einem Sieb abgeschöpft werden. Auf dem Topfboden sammelt sich ein weißlicher Schlamm, der aus Wasser und Eiweißresten besteht. Er kann für Suppen und Saucen verwendet werden. Nach stundenlangem Schmelzen fließt die Butter in die Gläser.

So gelb ist sie,
dass es auch Gold sein könnte.

Erstarrtes Butteröl, Butterfett, Butterschmalz, Bratbutter, geklärte Butter, Ghee ist viele Monate bis über ein Jahr haltbar. Weil reines Butteröl kaum Wasser, Zucker und Eiweiß enthält, gibt es auch keinen Nährboden für Lebewesen wie Bakterien.

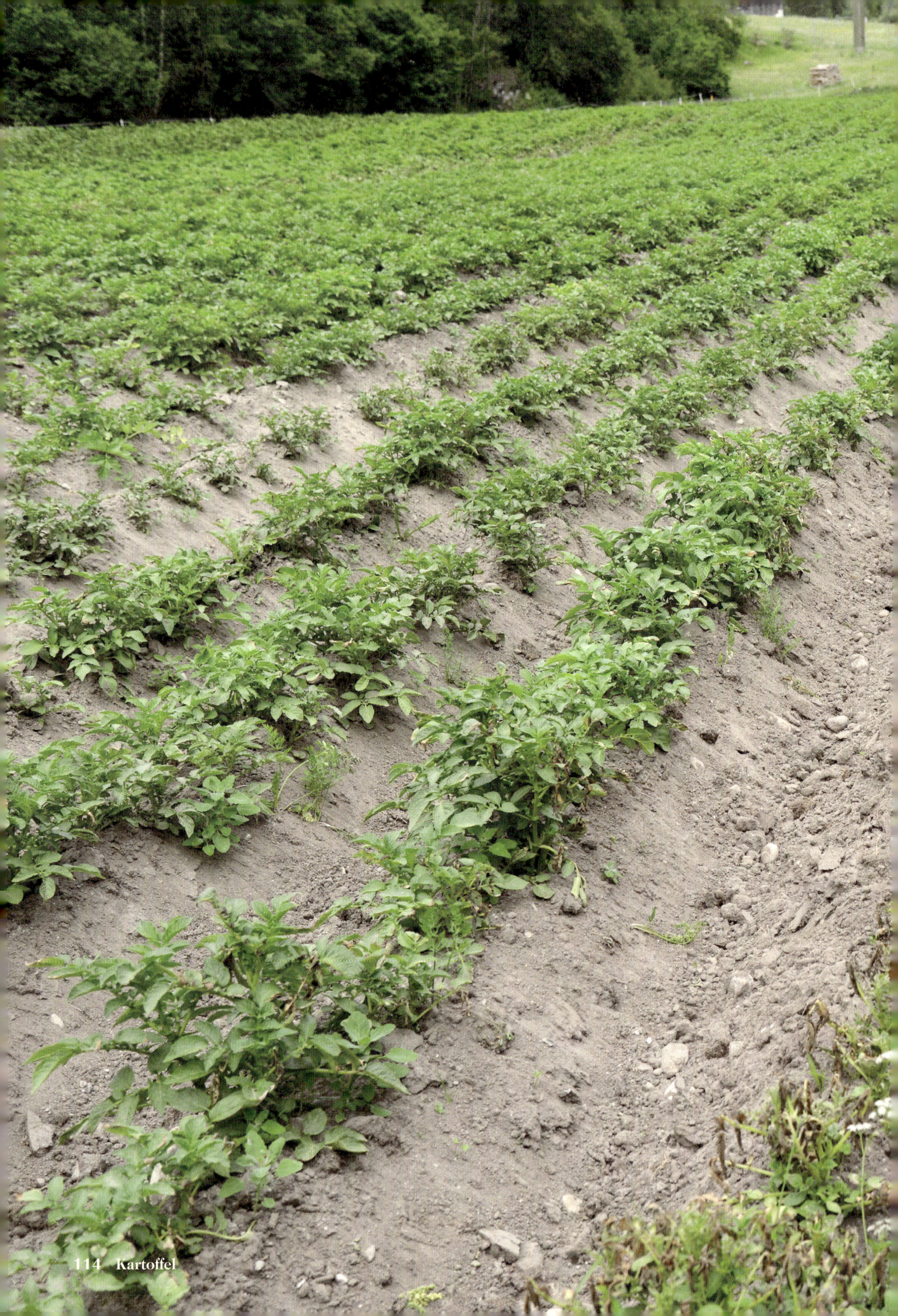

Anfang Juni
Erfroren

Es hat viele Tage geregnet, endlich gibt es eine kleine Verschnaufpause. Bis auf 1000 Meter soll es schneien. Marcel und sein Team haben das Vlies auf den Pflanzen entfernt und beiseitegezogen, man weiß ja nie. Wenn es viel Schnee gibt, würden die Pflanzen unter dem Vlies erdrückt. Der Schnee kommt nicht, aber es gibt viel Niederschlag, es wird kalt und der Nachthimmel ist wolkenfrei. Marcel und seine Mitarbeiter decken in einer Feuerwehrübung bis spät in die Nacht alle Äcker wieder zu, das war ihr Glück. Überall dort, wo kein Vlies war, sind die kleinen Kartoffelpflänzchen erfroren. Die Pflanzen sehen aus, als wären sie vertrocknet oder verbrannt. Das ist

ein Anblick,
der einen richtig traurig macht.

mh « *Die Kartoffelpflanzen können so einen Schlag verkraften. Sie werden jedoch geschwächt, haben aber hoffentlich dank der Knolle im Boden genug Reserven, um sich zu erholen. Es gibt möglicherweise kleinere und weniger Kartoffeln und der Erntetermin könnte später sein. Aber das Jahr ist ja noch nicht vorbei, es kann noch viel geschehen.* »

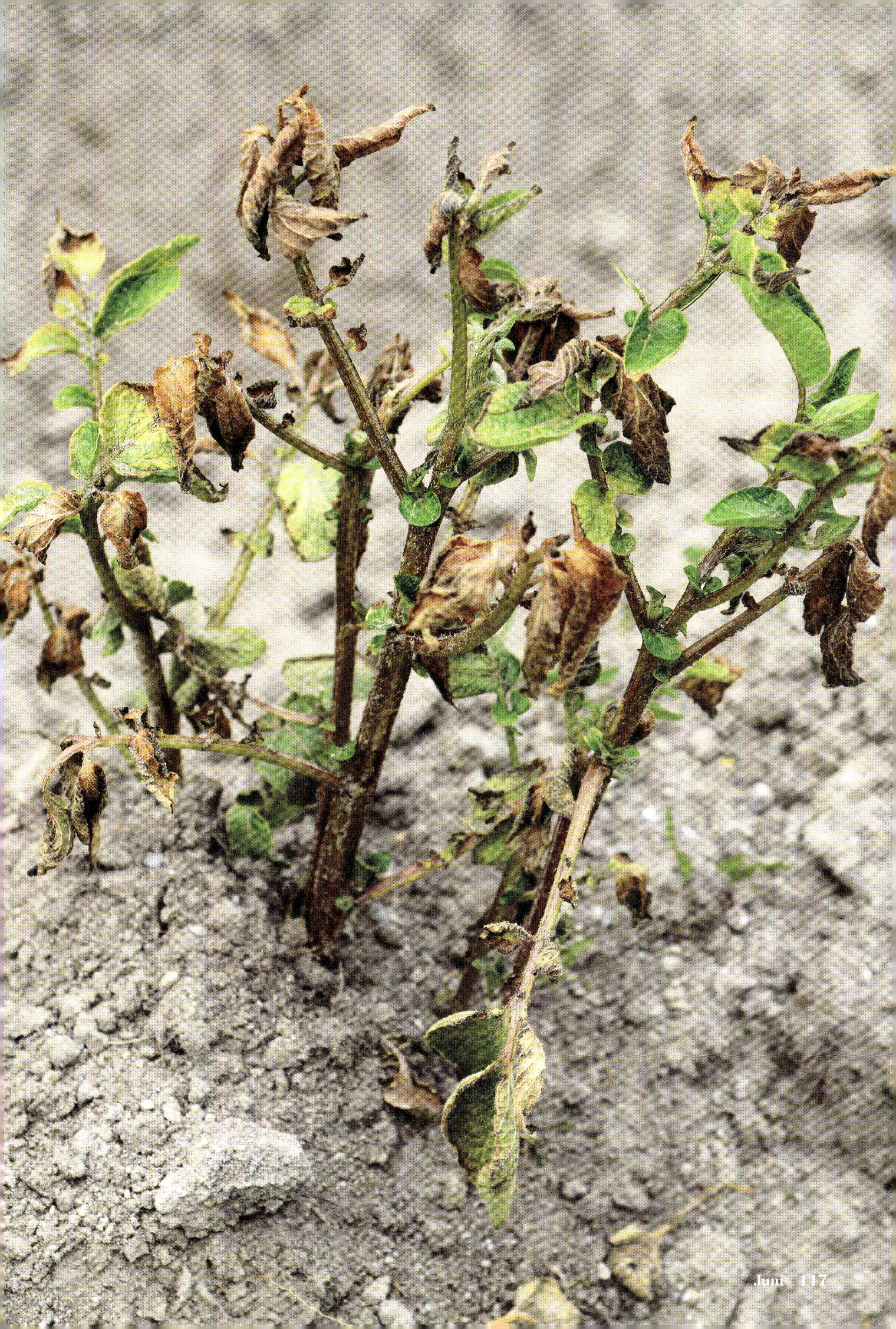

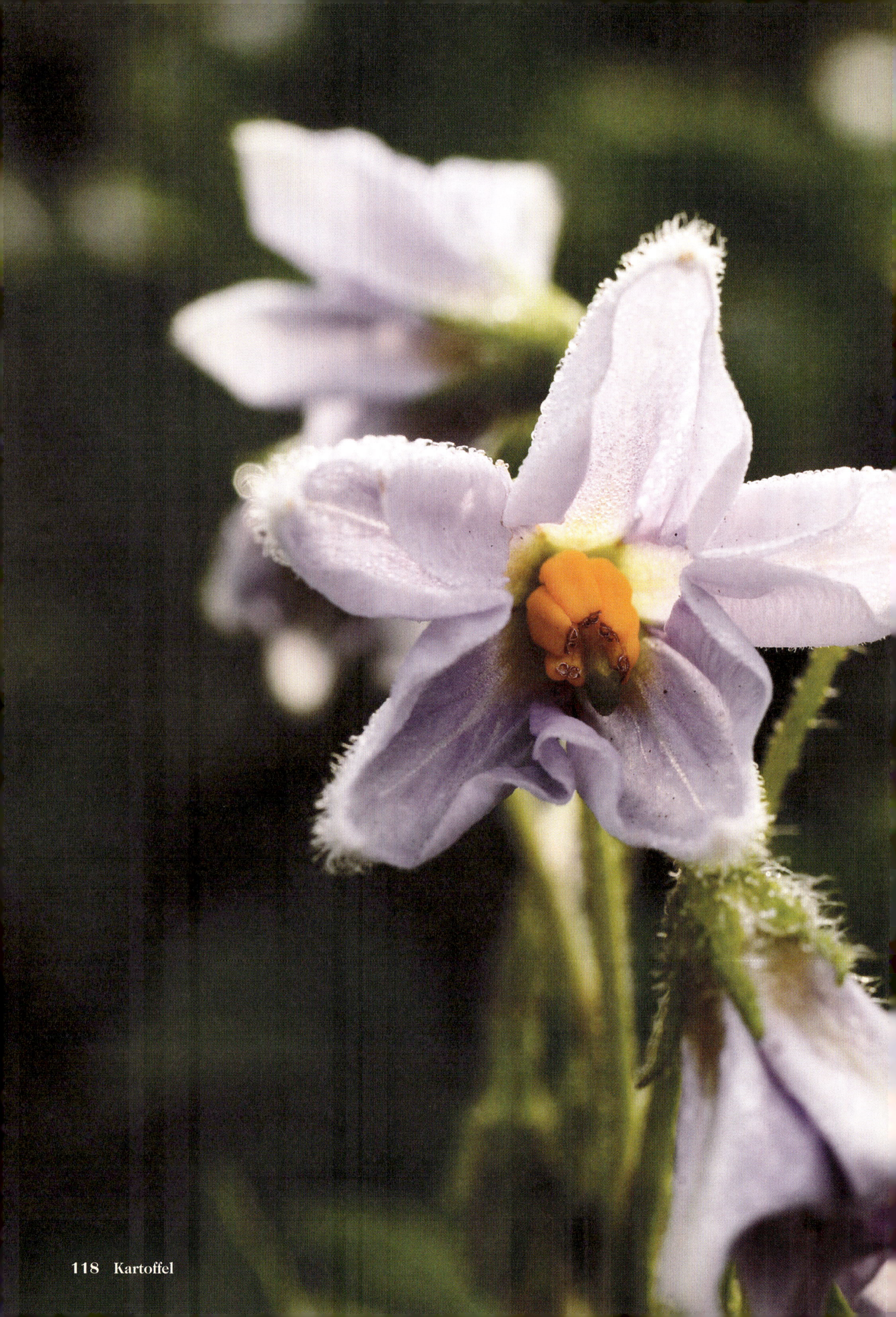

Mitte Juni

Kartoffelblüten

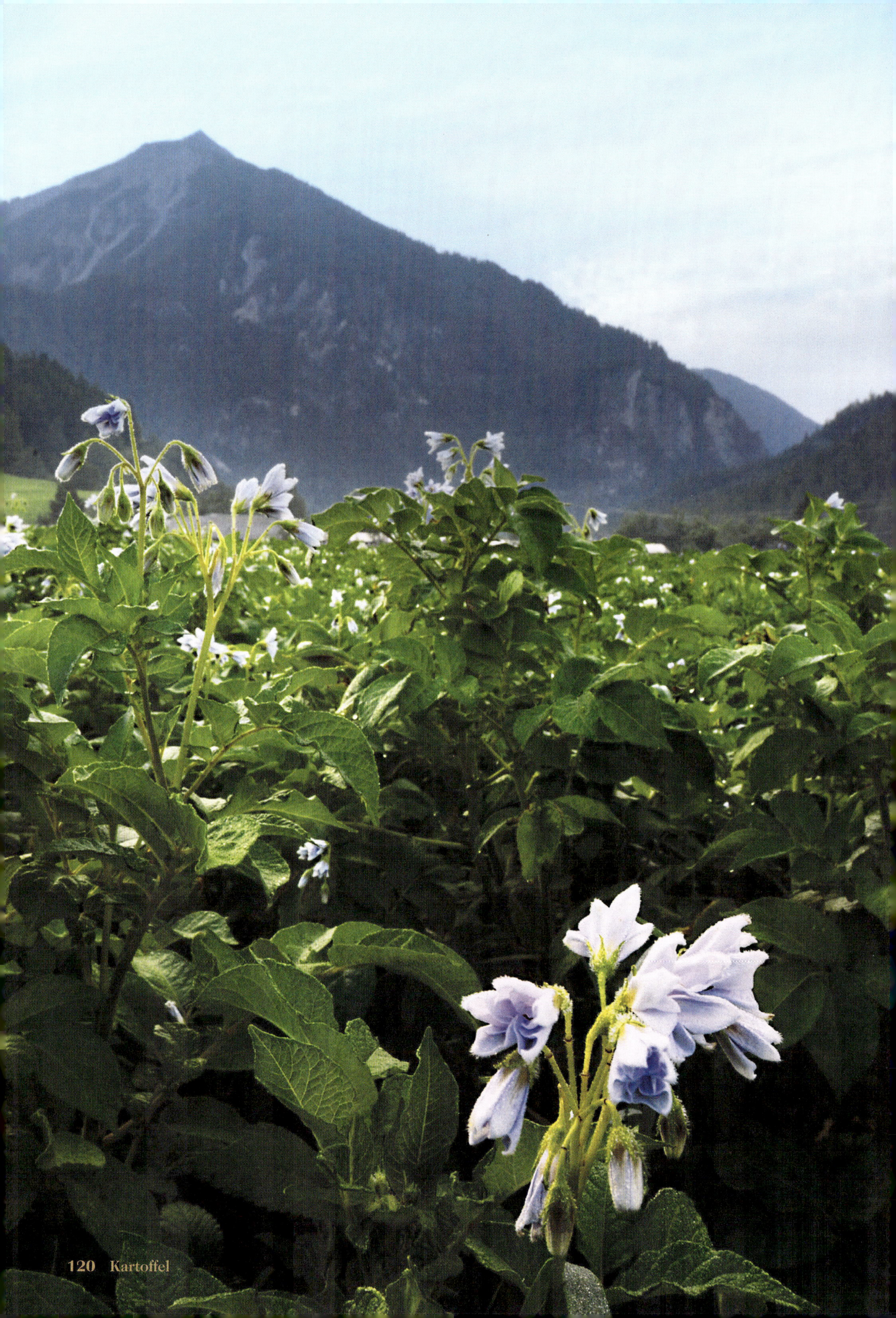

mh «*Laut der Literatur begehrte man in der Schweiz die Kartoffel zuerst wegen ihrer schönen Blüten und pflegte sie als Topfpflanze. Erst hundert Jahre später, Anfang 18. Jahrhundert, wurde sie als Speisekartoffel angebaut. Die aus den Blüten wachsenden oberirdischen Früchte verursachen Bauchschmerzen und führen zu Vergiftungen. Am französischen Hof trug Marie-Antoinette, Königin von Frankreich, auf Bällen einen Kartoffelblütenkranz als Haarschmuck. Ich kann mir vorstellen, dass die Menschen früher so sehr von der Schönheit der Blüte geblendet waren, dass sie nicht auf die Idee gekommen sind, dass das*

wahre Gold
unter der Erde liegt.

*Wir bauen 40 Kartoffelsorten an und werden mit vielen tollen Blüten verwöhnt: Es gibt weiße, blaue und rote Blüten und dazwischen viele Nuancen. Die Blüten sind für mich so etwas wie eine vorgezogene Ernte. Was gibt es Schöneres, als wenn man als Bauer auf den Acker kommt und er in voller Blüte steht. In diesem Moment sind die Rückenschmerzen vom Tragen der Kartoffelsäcke vergessen. Der braune Acker hat sich in ein farbenfrohes Meer verwandelt. Auch wenn die Blüten materiell nicht von Bedeutung sind, sind sie doch eine Belohnung. Oben die Blume und unten kräftiges, gesundes Kraut. Was für eine Stimmung, wenn die Sonne untergeht und die letzten Sonnenstrahlen den Acker und die Berge berühren: **Für solche Momente bin ich Bergackerbauer geworden.**
So schnell das Blütenmeer da war, so schnell verschwindet es wieder. Der Acker wird wieder grün, später gelb, braun, die Ernte steht schon bald vor der Tür.*»

Es hat aufgehört zu regnen. Mit Schlafsack und Kamera bin ich unterwegs zu den Kartoffeln. Das Licht ist gut, die Luft klar, die Farben berauschend.
Die großen Rindertracks sind unterwegs. Sie bringen die Tiere auf die vielen Alpen. Ich begegne ihnen auf der Autobahn und den Landstraßen. Ich bekomme Alpweh. Ich verspüre ein Ziehen in der Magengegend und habe Sehnsucht nach der Baumgrenze.
Die Alpenrosen blühen. Am Splügenpass finde ich jedes Jahr die ersten. Auch die Kartoffeln blühen.

Den Blüten
gehören die kommenden Tage,

von früh morgens bis abends, wenn das Licht gut ist. Ich möchte eintauchen in ihre Welt von Farben, Formen und Gerüchen. Die Botaniker sprechen von Kelchblättern, Blütenblättern, Stempel und Staubgefäßen. Kartoffelblüten hatten früher Königinnen und Prinzessinnen verführt. Heute sind es nur noch die Insekten, d.h. die Hummeln, die Blüte für Blüte besuchen, den Nektar ernten und dabei die Blüten bestäuben und befruchten. Doch das wissen sie nicht – oder vielleicht doch?
Am Abend gehe ich von Acker zu Acker und stehe inmitten der kräftigen Kartoffelpflanzen. Ich berühre mit meinen Fingern und Augen zum ersten Mal bewusst die Blüten. Sie sind schön, sie sind wunderschön, sie unterscheiden sich in Größe, Farbe und Form. Ich bin in einer neuen Welt. Am Abend liege ich auf einer Bank vor dem Tipi auf dem Hof Las Sorts, schaue in den Sternenhimmel, bis mich die Augen brennen und ich müde in den Schlafsack krieche. Sterne und Kartoffelblüten vermischen sich in meinen Wachträumen, ich bin überaus glücklich und dankbar.

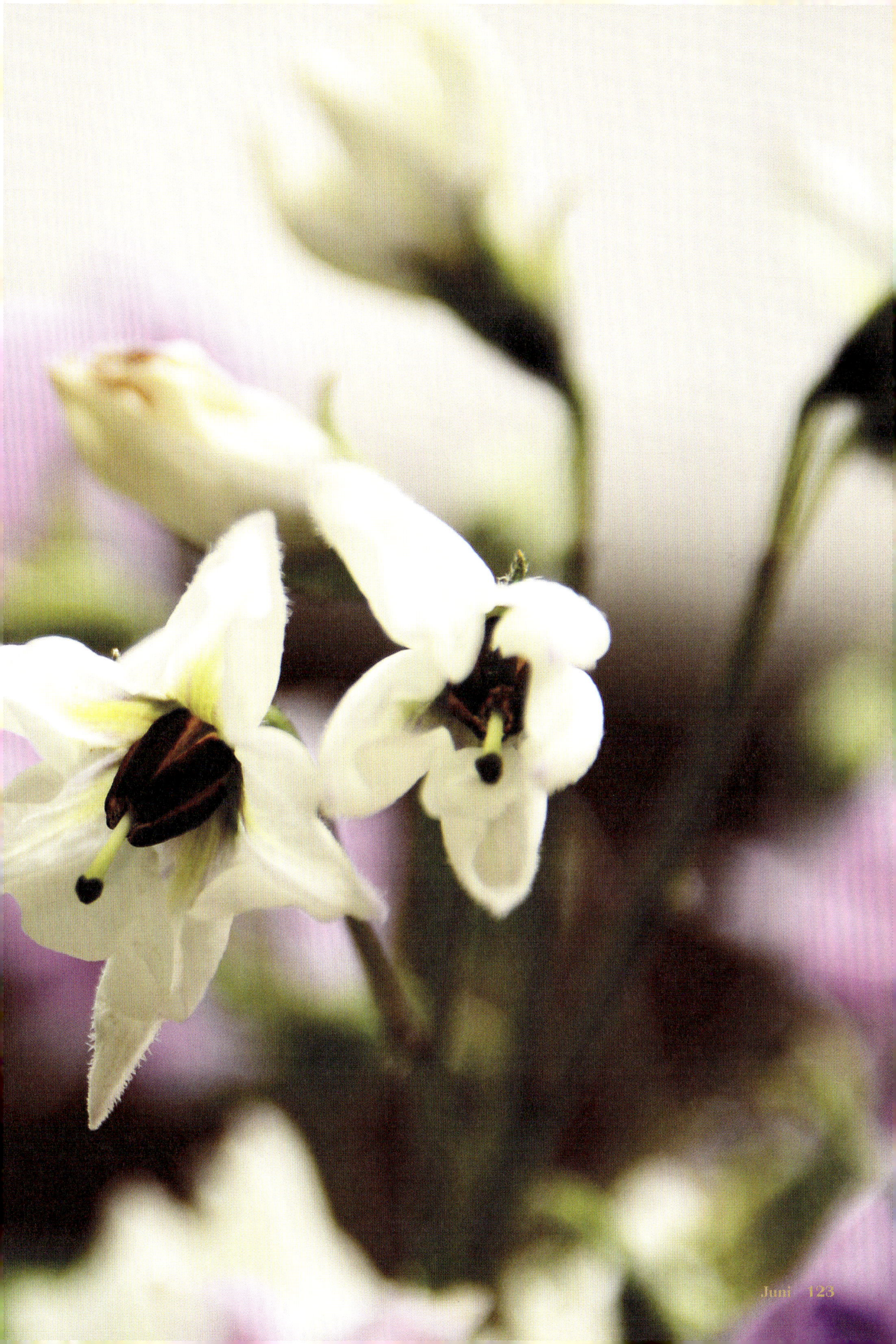

Am nächsten Morgen bin ich schon früh unterwegs, die Äcker sind nicht weit entfernt,

es ist kühl

und vom Tau nass.

Ich genieße die Morgengeburt gemeinsam mit Hunderten von Kartoffelpflanzen mit ihren nassen, fast geschlossenen, hängenden Blüten. Beim Sonnenaufgang scheint mir, als würden einige ihre Augen gegen die wärmenden Strahlen richten, ich zücke meine Kamera und bin entzückt von meinen Aufnahmen. Kartoffelblüten mit Tau auf dem Rand der Blütenblätter.
Wie schön sie sind, so verschieden, farbenfroh, jugendfrisch, ich atme ihre Schönheit ein und vergesse mich. Die ersten Sonnenstrahlen blitzen über den Horizont, ich bin bereit, es klickt und klickt und klickt.

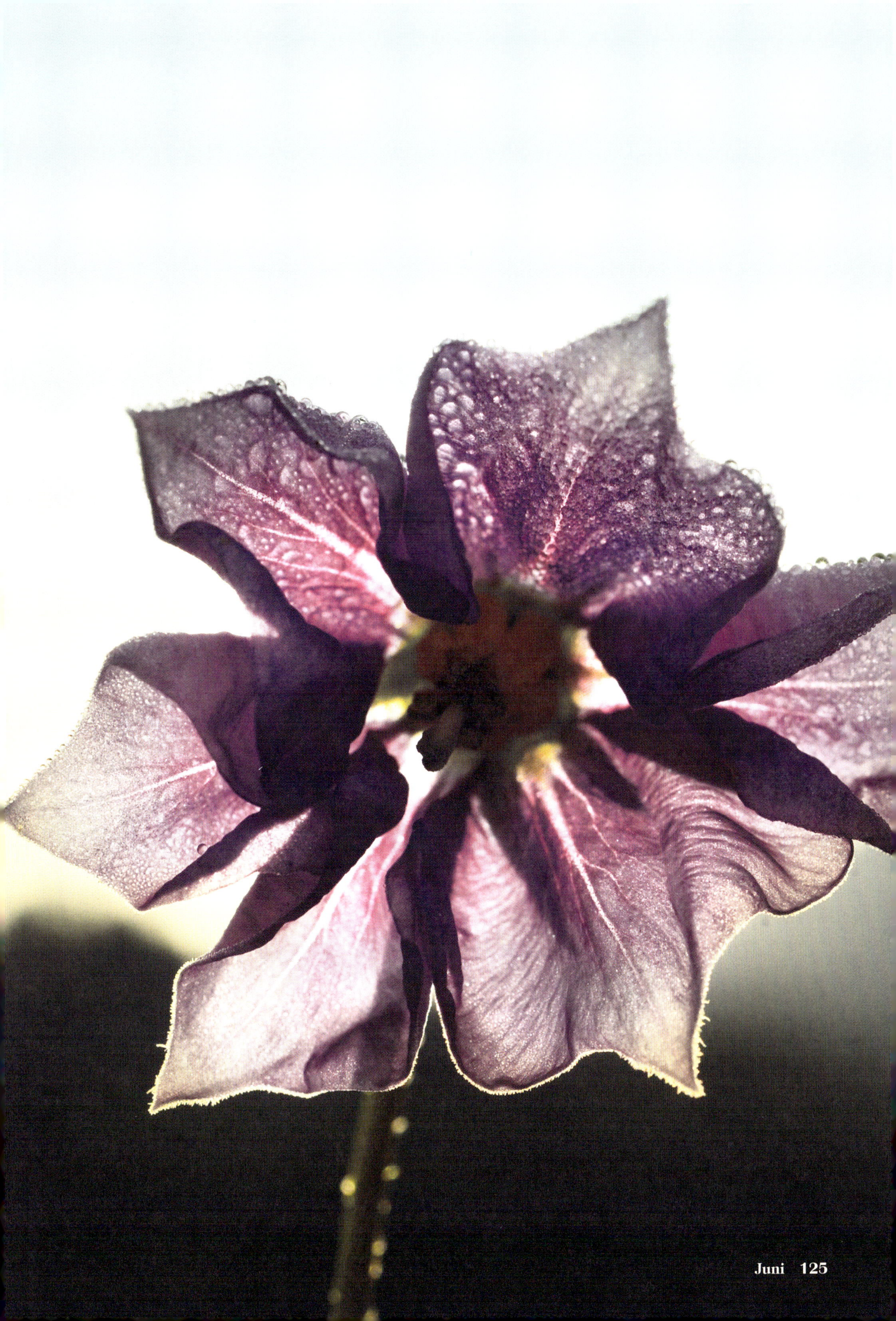

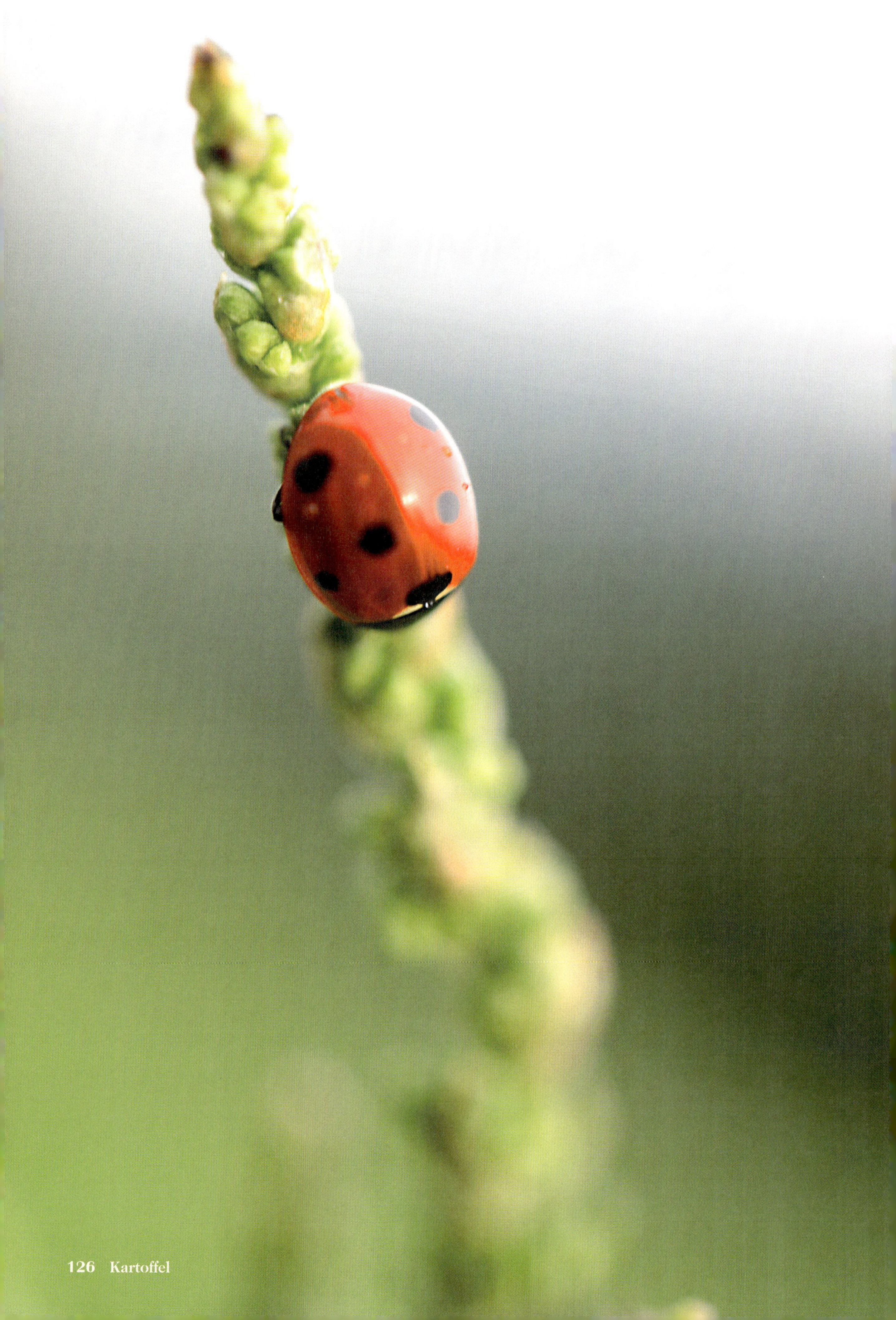

Nach dem Frühstück mit Sabina, Marcel und den Lehrlingen
Dario Simmen aus Splügen und Simon Walther aus
Valendas beginne ich auf dem Kartoffelacker «Oislas» mit meiner
kleinen systematischen Kartoffelblütenforschung.
Ein Marienkäfer krabbelt vor meinem Objektiv auf einem Blatt.
Ich denke an Maria, meine Käserin Maria, die gerade mit der
Milchannahme fertig geworden ist. Was geschieht heute, ich weiß
es, es geschieht ja jeden Tag das Gleiche,

fast das Gleiche,
und genau das ist das gewisse Etwas.

Das ist die Welt meiner Maria. Und das ist der Grund, warum wir seit Jahren sehr guten Käse machen und bei Wettbewerben immer weit oben mitspielen durften.

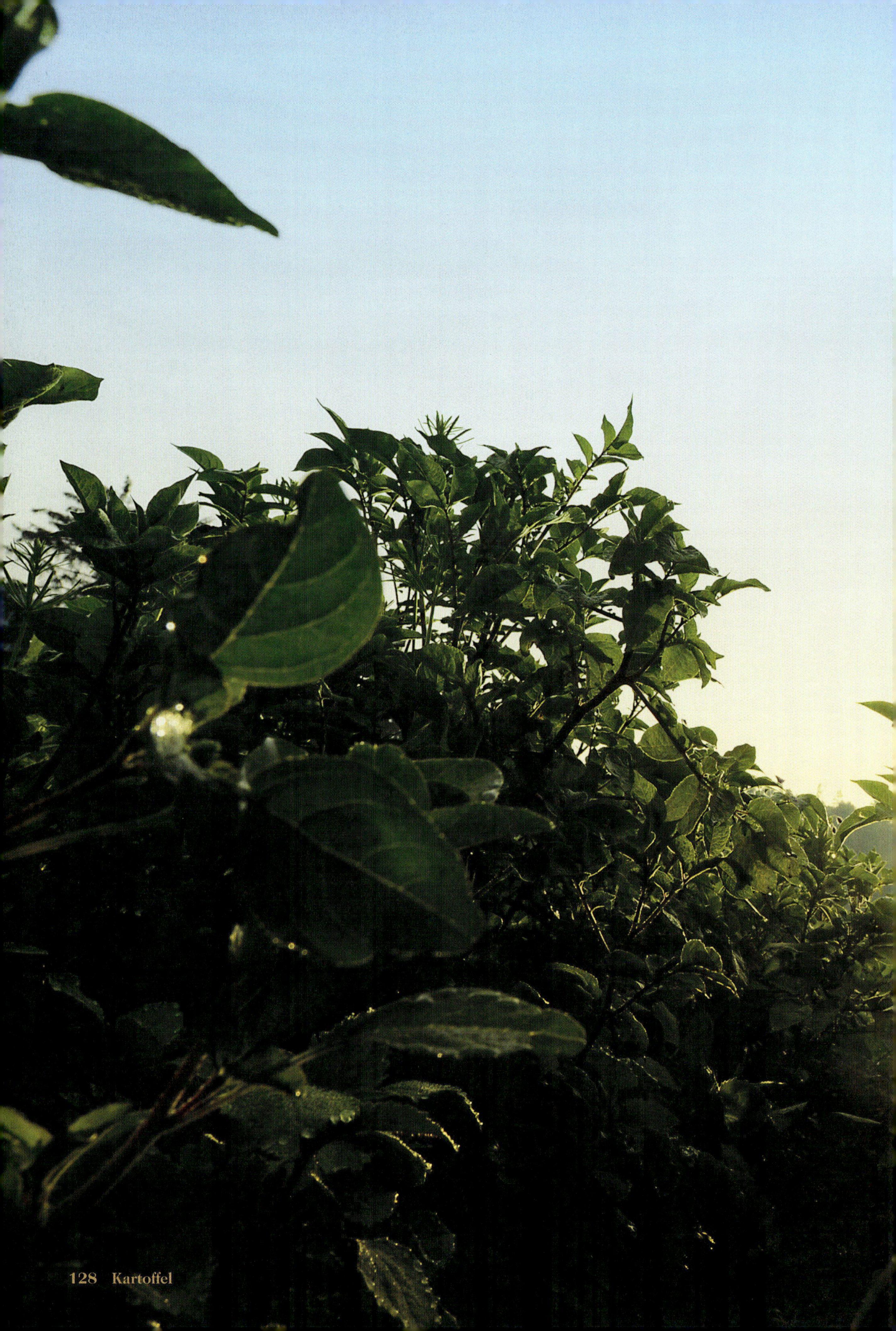

Ende Juni

Sonnenwende

Am 21. Juni ist Sonnenwende,
also der längste Tag und die kürzeste Nacht

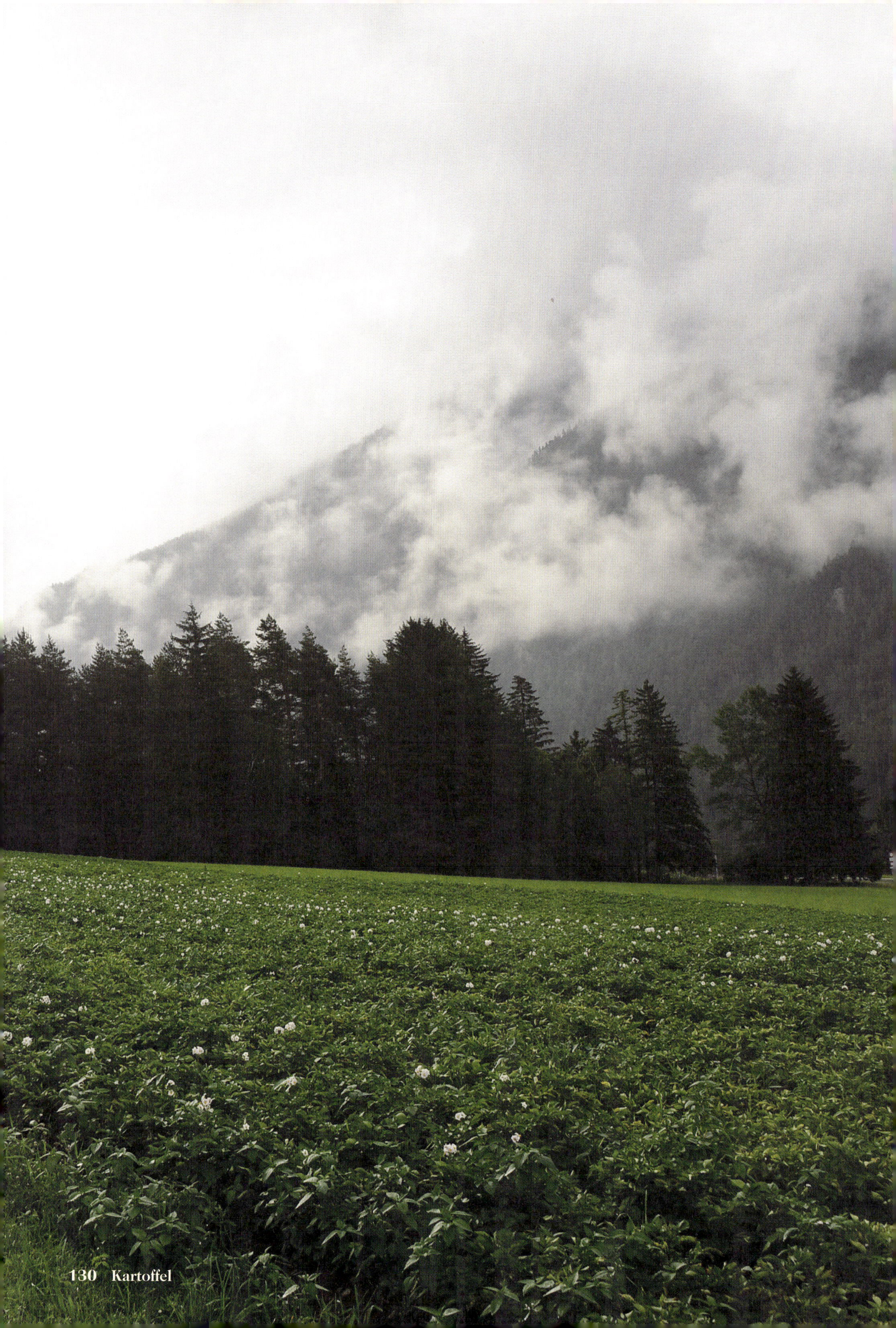

Es ist 7 Uhr morgens.
Es regnet.

Ich weiß nicht so recht, ob ich doch nicht lieber im Bett geblieben wäre. Auch auf Urslis Boden regnet es bei meiner Ankunft. Die Wolken hängen tief, aber sie sind flockig, Das Thermometer zeigt nur 8 °C. Die Spitze des Muchetta (2622 m ü. M.) ist mit Schnee gepudert.

Auf Urslis Boden wachsen Highland Burgundy Red, Roosevelt und King Edward. Sie haben dichtes, kräftiges Laub, blühen tun sie aber noch nicht. Ganz hinten auf dem Acker wachsen Safier; sie haben hellgrüne Blätter und sind von niedrigerem Wuchs als ihre Nachbarn.

Auf Pro Quarta wachsen Désirée, Vitelotte Noir und Ditta. Die Blüten der Vitelotte gefallen mir sehr, es ist Liebe auf den ersten Blick. Der Regen lässt nach. Ich grabe die Vitelotte Noir aus und bin gespannt, was sich in der Erde tut. Kleine Knöllchen zeigen mir, dass etwas wächst. Aber es braucht noch Zeit.

Die Sonne blinzelt mir entgegen,

aber die Regenpause ist nur von kurzer Dauer. Vor mir stehen die Désirée und die Ditta, die eine blüht rosa, die andere weiß. Sie haben bereits kleine und mittelgroße Knollen, bei der Désirée sind es drei hellrote, bei der Ditta sieben hellgelbe und einige kleinere. Zur Sonnenwende habe ich die Erde gewendet. Über der Erde freue ich mich über die Blüten und unter der Erde habe ich Knollen gefunden und geerntet. Ich bin entzückt, aufgeregt und auch ein bisschen traurig. Ist es nicht so, als würde man eine Kuh schlachten, die noch viele Kälber bekommen oder mir zumindest noch eine Weile Milch schenken könnte? Ich werde die neuen Kartoffeln mit Ehrfurcht nach Hause nehmen und sie in diesem Bewusstsein auch genießen.

Dankbar sein
für das, was Himmel und Erde erschaffen haben.

Krautfä

Ich habe dich in meinen Wachträumen gesehen, wie du im Acker stehst und die verdorrten Kartoffelstauden abflammst. Der Herrgott schämt sich, dass er dir die Krautfäule gebracht hat. Was ist der Sinn? Ich habe deine «Scheiße, Scheiße, Scheiße» im Ohr, aber auch deine Worte «Schönheit und Tod liegen so nah beieinander, so nah».
Ich schicke dir eine Schönheit vorbei, sie wird ab sofort mein Bildschirmschoner sein.

Floh

ule

Hallo Marcel
Heute Morgen war der Himmel blutrot.

136 Kartoffel

Auf Tranter Flemma sind Parli, Corne de Gatte, Baselbieter Müsli und Ditta wunderbar im Kraut, sie sind kräftig und sehen gesund aus. Doch nur wenige Meter entfernt, etwas erhöht auf dem Acker Las Sorts, ist bei den Röselern ein erster großer brauner Flecken zu sehen. Krautfäule!! Marcel und seine Lehrlinge werden am nächsten Tag den Krautfäuleherd mit Feuer abflammen, Steinmehl streuen und die Nachbarpflanzen mit Kupfer spritzen, damit sich die Krautfäule nicht auf dem ganzen Acker verbreitet. Er hätte ein bis zwei Tage früher etwas unternehmen sollen,

aber eben, es geht manchmal **so schnell.**

Milch

ualität
In der Käserei

140 Käse

Wenn Milch in Form von Käse nach vielen Monaten bis über einem Jahr ein Aroma ausbaut, das nicht nur mich umhaut, sondern auch immer wieder die Experten bei den Wettbewerben, dann muss vorher alles gestimmt haben. Dann rede ich von einer hohen Milchqualität, unabhängig von Fett-/Eiweißgehalt, Keimzahlen oder Zellzahlen. Für mich ist entscheidend, ob ich einen Käse sehr gut verkaufen kann, ob ich Kundinnen und Kunden finde, die diesen Wert sehen, riechen und schmecken können. Und schon bin ich wieder bei meiner Käserin Maria.

- Jeden Morgen wird die kuhwarme, ungekühlte Milch zur Sennerei gebracht von unseren fünf Bäuerinnen oder Bauern oder deren Lehrlingen.

Jeden Tag
sieht die Käserin die Milch.

- Jeden Tag riecht die Käserin die Milch.

- Jeden Tag schmeckt die Käserin die Milch, nein, das stimmt so nicht ganz: Sie probiert die Milch nicht jeden Tag, sie macht ihre sogenannten Qualitätskontrollen, Gärproben, Luzernerproben, Reduktaseproben und sie macht zudem täglich Rückstellproben.

- Jeden Tag sieht sie denen, die die Milch bringen, in die Augen, sie kann mit ihnen reden und sofort reagieren, wenn etwas nicht stimmt.

Das ist ein großes Privileg, das wir hier in Andeer noch haben. Wenn irgendwo anders ein LKW kommt und die Milch absaugt, um sie in Industriebetriebe zu bringen, ist dieser direkte Austausch nicht so einfach oder fast nicht mehr möglich.

Auszeichnungen

Im Jahr 2010 durften wir die bisher höchste Auszeichnung entgegennehmen. Der Andeerer Traum gewann in der Kategorie geschmierte Hartkäse den Weltmeistertitel und über alle 80 Kategorien den Vizeweltmeister. Insgesamt waren über 2300 Käse aus aller Welt nach Wisconsin in Amerika geschickt worden. Es gab Anerkennung und viel Medienrummel.

Was es braucht

- Kleine Strukturen in der Landschaft, in der Landwirtschaft und in der Verarbeitung.
- Gutes Futter aus biologischem Anbau, d.h. verschiedene Gräser, Kräuter und Blumen, frisch oder getrocknet. Kein Silofutter.
- Bäuerinnen und Bauern, die ihre Kühe noch mit Namen kennen.
- Aufmerksame Bäuerinnen und Bauern, die wissen, dass man nur aus bester Milch und durch sauberes Melken einen guten Käse herstellen kann.
- Rohmilch, die mit ihrer Lebendigkeit bei der Aromabildung in der Käsereife mitspielen darf.
- Kurze Transportwege für die Milch, denn jede Bewegung führt zu einer Qualitätseinbuße.
- Zweimalige Anlieferung der Milch, morgens und abends, ungekühlt, damit die Milch schon vorreifen kann.
- Melker, Milchlieferanten und Käserin, die sich noch in die Augen schauen können.
- Eine erfahrene Käserin und Käsemeisterin mit einem fundierten Wissen, die ihr Handwerk auch lange auf der Alp ausgeübt hat, wo Milchgewinnung und Milchverarbeitung eng miteinander verbunden sind.
- Eine Affinage, die den Rohling bei optimaler Pflege in einem guten und schönen Keller in seinem Reifeprozess begleitet, bis er in der Aromabildung den Höhepunkt erreicht hat.

FIRST RUNNER UP TO THE WORLD CHAMPION
Andeerer Traum
Maria Meyer & Martin Bienerth
Sennerei Andeer
2010 WORLD CHAMPIONSHIP CHEESE CONTEST

144　Kartoffel

Anfang Juli

Hitze oder Fäule

Und wieder bin ich unterwegs mit unguten Gefühlen. Marcel war mit seiner Familie eine Woche in den Ferien, kurz nachdem er auf dem Acker Las Sorts einen Teil Krautfäule abgeflammt hat. *«Jetzt müsste es über 30 °C haben, dann geht die Krautfäule weg»*, waren seine letzten Worte, als wir uns vor seinen Ferien verabschiedeten.

Mitte Juli

Der Sommer ist noch lange nicht vorbei.

Juli 147

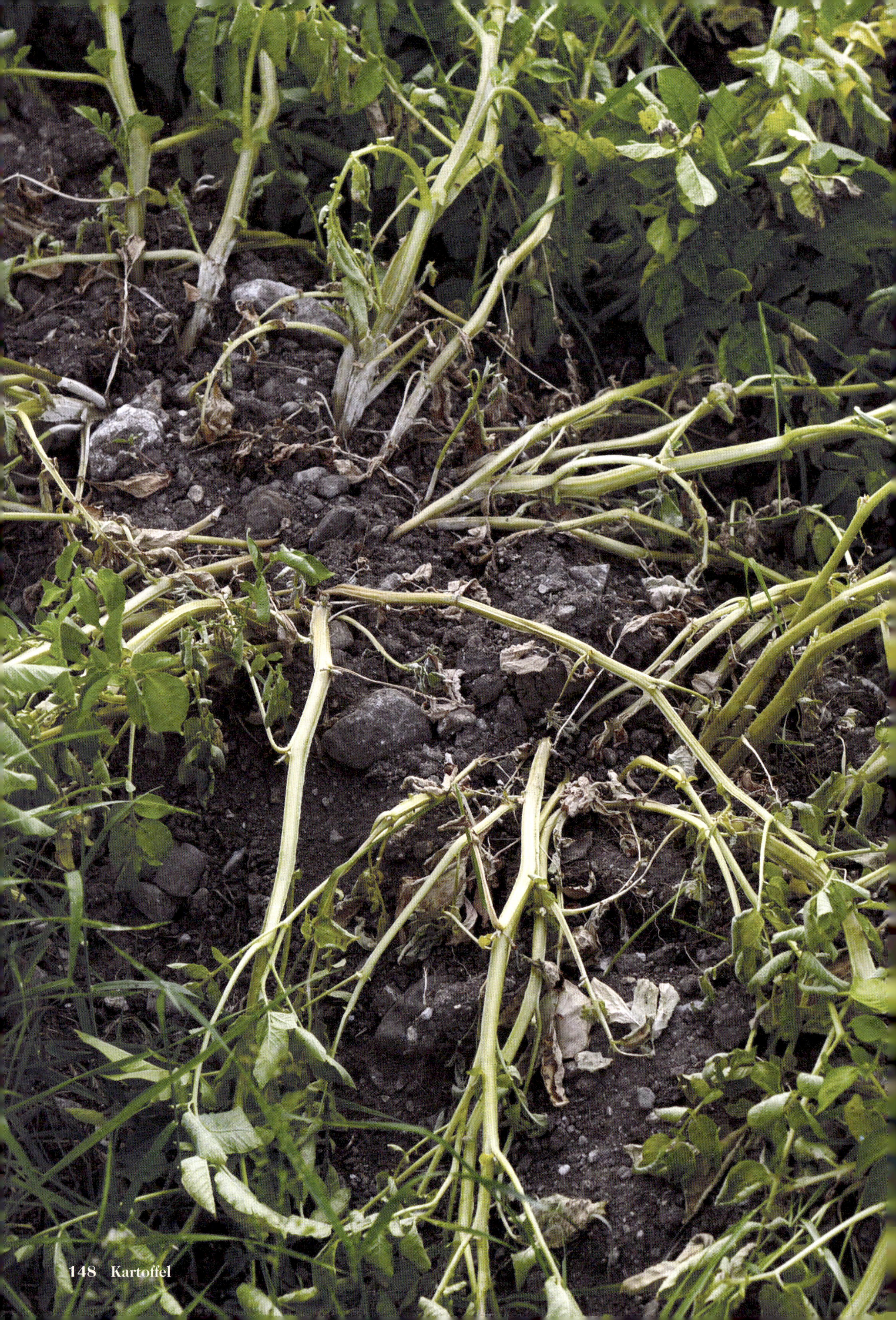

Am Abend gehen wir zum Acker Las Sorts. Marcel kämpft mit sich, ob er bewässern soll oder nicht. Die Pflanzen fallen

vom Damm in die Furchen, sie haben Durst,

zum Teil sind sie schon braun, schlapp, verdurstet. Die Blätter zerbröseln zwischen den Fingern, Notreife, fertig.

Marcel beginnt bei der Guarda zu graben. Er will wissen, wie es in der Erde aussieht, wie sich die Knollen entwickelt haben. Seine Miene erhellt sich, er strahlt fast, er meint: «Alles halb so schlimm, es sieht noch gut aus, aber es kann noch viel passieren, der Sommer ist noch lange nicht vorbei.»

Bew

Es ist immer noch

ässern
heiß,
und es gibt Tropennächte.

… in denen das Thermometer nicht unter 20 °C fällt. Das ist gut im Kampf gegen die Krautfäule, aber schlecht für das Kartoffelwachstum. Einige Sorten haben bereits vertrocknetes Kraut,

aus und fertig,
keine Assimilation mehr,

vertrocknetes Feinwurzelsystem, kein Wassernachschub. Die Knollen, die bis jetzt gebildet wurden, sind «fertig», da kommt nichts mehr dazu, man könnte sie demnächst ausgraben oder aber noch lagern bis in den Spätsommer oder Herbst. Marcel bewässert überall, wo es geht. Die Pflanzen müssen genug Laub haben.

Juli 153

Hitze
Ende Juli

Ständig gibt es neue Hitzerekorde, lokal, regional, global. Es ist der wärmste Juli seit der Wetteraufzeichnung: Hitzegewitter mit extremem Hagel, aufgerissene Böden. Die Gemeinde informiert die Bewohner mit Flugblättern über die Wassersparmaßnahmen. In Andeer gibt es zwar noch Wasser, aber der Druck wird täglich schwächer.

Zum Kühlen
der Milch reicht es gerade noch

und im Garten dürfen wir auch noch ein wenig spritzen.

Ziger

Maria stößt mich sanft in den Rücken,

es ist 5 Uhr morgens. Sie sagt leise:
«Kannst du den Zigertopf anstellen?»

Juli 157

Schlaftrunken steige ich die Treppe hinunter auf dem Weg in Marias Reich. Es riecht ganz fein nach Molke, nicht aufdringlich, süßsäuerlich, mit einem Hauch von Heu und Stall. Im Juli kommen die Bauern nur einmal am Tag mit der Milch, und zwar abends. Tagsüber sind sie auf den vielen Maiensäßen und heuen von der Baumgrenze bis auf über 2300 m ü. M. Eigentlich wäre das Alpgebiet, doch in Andeer gibt es nur wenig Zwischenhöhen. Andeer liegt auf 1000 m ü. M., dann kommt steiler Wald auf beiden Talseiten. Erst oben über der Waldgrenze sind ausgedehnte Wiesen und Weiden, ganze Hochtäler, wo schon seit eh und je geheut wird. Früher hat man das Heu auf den Maiensäßen im Herbst und im Frühling verfüttert. Heute wird es ins Tal transportiert und der Mist in die Höhe.

Für sechs Wochen sind die Bauern in den Bergen.

Sie nehmen die paar Kühe mit, die nicht gealpt werden. Abends schaukeln sie ihre Milchkannen mit dem Heuwagen ins Tal in unsere Sennerei.

Swiss made

Ich bin weit weg bin mit meinen Gedanken, Der Zigertopf ist längst in Betrieb, das Rührwerk eingehängt und ebenfalls eingeschaltet. Mein Kopf liegt in meinen Händen, die Ellenbogen habe ich auf dem großen, warmen Säuretank aufgestützt. So früh am Morgen, wenn noch alles schläft, sind die Älplerinnen und Älpler auf den Alpen schon eine Weile wach. Sie haben die Tiere von der Weide geholt und im Stall angebunden. Sie sind am Melken: tick-tack, tick-tack. Meine Gedanken sind auf Alp Rischuna, wo ich viele Jahre den Alpsommer verbracht habe.

Zigern
braucht Erfahrung

Die Sennen hatten früher viel Erfahrung beim Zigern, es gehörte zu ihrer täglichen Arbeit. Sie wussten genau, wie viel «Sauer» sie brauchen und wie sauer dieser sein muss, um die Molke im Kessi zu brechen. Heutzutage gerät das Zigern immer mehr in Vergessenheit, nicht zuletzt auch aus Gründen des Energieaufwandes. Zu viele wertvolle Schutzwälder in den Alpen fielen der Herstellung des Zigers im 18. und 19. Jahrhundert zum Opfer. Im Sennenkurs am Plantahof wird den Teilnehmern heute das Zigern noch gelehrt, um dem «wilden Zigern» etwas entgegenzusetzen. Wildes Zigern ist die ungelenkte Eiweißausfällung aus Milch oder Molke mit Hilfe von irgendeiner Säure.

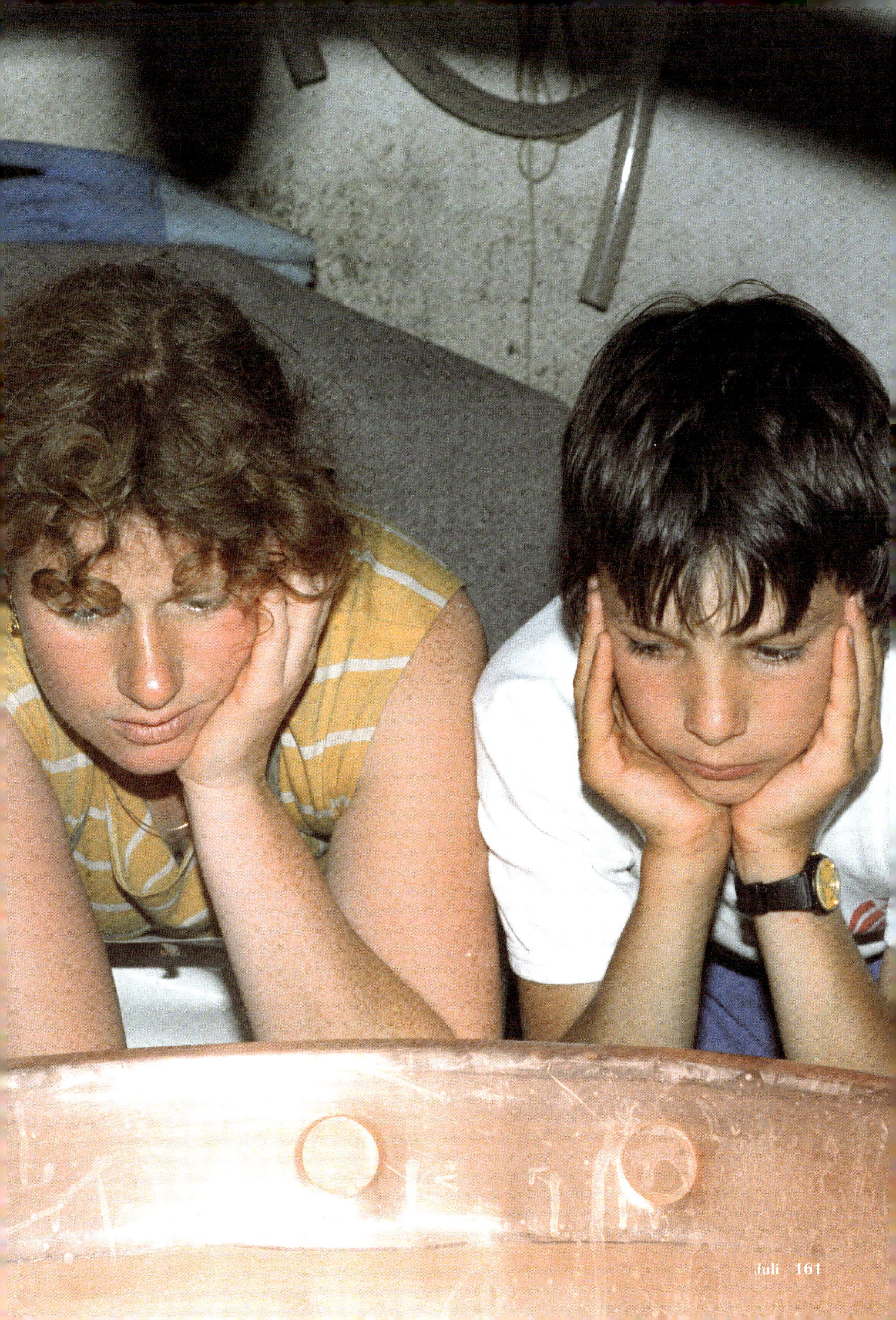

162 Kartoffel

Mamas Kartoffelgeschichte

Meine Mutter hält alte, gereifte Vitelotte Noir in den Händen. Sie sind sehr schrumpelig, viel schrumpeliger als ihre Hände, die nun auch schon 87 Jahre alt sind. In ihrer Jugendzeit, kurz nach dem Zweiten Weltkrieg, hat sie ihre Mutter, meine Oma, von Berlin zum «Kartoffelnstoppeln» aufs Land geschickt. Sie musste also auf geernteten Kartoffeläckern nach liegen gebliebenen Kartoffeln suchen und graben, denn sie hatten in der zerstörten Stadt nichts zu essen.

Marinas Kartoffel-Cordon-bleu

Mehlige Kartoffeln, Mehl, Eier
Bei meiner Schwester Marina werden alle Lebensmittel aufgebraucht, nichts wird weggeworfen. Sie packt viel in den Kartoffelteig ein. Auch Schinken und Käse werden im Kartoffelteig paniert, ähnlich einem Cordon bleu. Sie ist eine wahre Küchenzauberin. Und wer hat es erfunden? Sie weiß es nicht, sie macht das schon immer so, seit sie den Kartoffelteig von meiner Mutter zubereitet.

164 Kartoffel

Mamas Kartoffelkuchen

Es gibt viele Kartoffelspeisen, die mich an meine Mama erinnern: Kartoffelpuffer, Kartoffelstock, Kartoffelkuchen… Der süße Kartoffelkuchen hat es mir besonders angetan. Allerdings habe ich schon viele Jahre, ja Jahrzehnte, keinen so guten Kartoffelkuchen wie den von Mama mehr gegessen. Er war saftig, goldgelb und hat nach Marzipan geschmeckt.

Mama: «Im Frühling, wenn ich die alten, keimenden Kartoffeln verwerten musste, habe ich oft gleich einen großen Topf voll gekocht. Mittags gab es dann Pellkartoffeln (Gschwellti) mit Butter und Quark und am nächsten Tag Bratkartoffeln und noch einen Tag später Kartoffelklöße, die man gut vorkochen und tiefkühlen kann.

Ab und zu machte ich auch einen Kartoffelkuchen aus 300 g frisch gekochten Kartoffeln, aber die mussten zuerst abkühlen:

2 Eier, 100 g weiche Butter und 200 g Zucker luftig-cremig aufschlagen, geschälte, fein zerdrückte Kartoffeln und 1 Msp Salz unterrühren. 300 g Mehl und 1 Briefchen Backpulver unterrühren. 2 Tropfen Bittermandelaroma zu 2 EL Milch geben und ebenfalls unterrühren. Teig rühren, bis er schwer vom Kochlöffel reißt. In die eingefettete Form füllen. Ungefähr 1 Stunde bei 180 °C backen, bis der Kuchen schön braun ist. Nadelprobe machen.»

Hansjörg Ladurner

Wir treffen Hansjörg in der Küche vom Scalottas. Über 90 % seiner Produkte kommen aus der Gegend.

Lieferanten kennt er fast keine,
nur Produzenten,

das macht ihn sehr sympathisch. Er will seine Produzenten kennen. Als er vor zwei Jahren plötzlich im Laden stand, fragte ich ihn, warum er gerade zu mir komme. Seine Antwort: *«Weißt du, regional reicht mir nicht, ich möchte das Gesicht kennen, die Geschichte, die dahinter steht.»*

Vorspeise: Der aufgeschnittene Andeerer Weichkäse kommt in eine Marinade aus Öl, Essig, Schnittlauch und Petersilie und wird vakuumiert. *«Der Weichkäse ist noch zu jung, er hat zu wenig Geschmack, das ändern wir jetzt.»* Der überjährige halbfette Andeerer Schiefer wird gleichmäßig auf ein Backblech gerieben und mit klein gehackten Rosmarinnadeln bestreut und gebacken.

Dessert: In einer Schüssel mischt Hansjörg schwarze Nüsse mit Andeerer Ziger, Zucker, Vanille, Zitronenschale, Zitronensaft und Zitronenöl. Das ist die Füllung für die süßen Ravioli zum Dessert. Hansjörg probiert immer wieder Neues, hat Ideen, verwirklicht Träume, und das mit einer unglaublichen Ruhe. Keine ruckartigen Bewegungen, kein Stress, alles geht Hand in Hand mit Geräten, Küchenwerkzeugen, Besteck, Töpfen und Lebensmitteln. Rene Bissig ist in der Küche seine rechte Hand, sie reden nicht viel, nur das Nötigste, sie sind seit vielen Jahren ein Team.

Hauptgang: Es ist Juli, die «neuen Kartoffeln» kommen gerade auf den Markt, die gereiften vom letzten Jahr keimen schon seit Wochen und Monaten vor sich hin. Ich habe die Sorte Granola mitgebracht. *«Normalweise schäle ich Kartoffeln nicht. Aber die sind schon so schrumpelig und in den Vertiefungen hat es manchmal Sand.»* Auf einer Raffel reibt er die Kartoffeln, schneidet Rohschinken in Stückchen, hackt eine halbe Zwiebel, holt Maisgrieß, etwas Salz, und fertig ist die Plain in Pigna. Die Mischung kommt in zwei kleine Bratpfannen, Butterflocken darüber und ab in den Ofen. *«Ich verwende nie Kochbutter, Butter muss gut sein. Wenn die Zahlen stimmen und die Chefs ja sagen, kann man alles machen. Essen kann so spannend und kreativ sein und es ist so schön, wenn man es leben kann.»*

Kartoffel-Früc

Auf dem Acker Pro digl Niebel ist die Gerste schon geerntet.
Das Kraut von Ditta und Désirée ist am Verdorren, ein paar Meter
wurden schon gegraben, ein paar Kartoffeln für frühe Kunden?
Zum ersten Mal setze ich mich gedanklich mit den ungenießbaren
grünen Früchtchen auseinander, die kleinen Tomaten gleichen.
Sie hängen am verdorrten braunen Kraut. Die Kartoffeln liegen schön
in der sandigen Erde. Grüne Früchtchen, goldgelbe Knollen, vertrocknetes Kraut. Ein einprägendes Bild von Werden, Sein, Vergehen,
von Geburt, Leben und Tod, dem ewigen Kreislauf.

hte

Mitte August

Mulchen

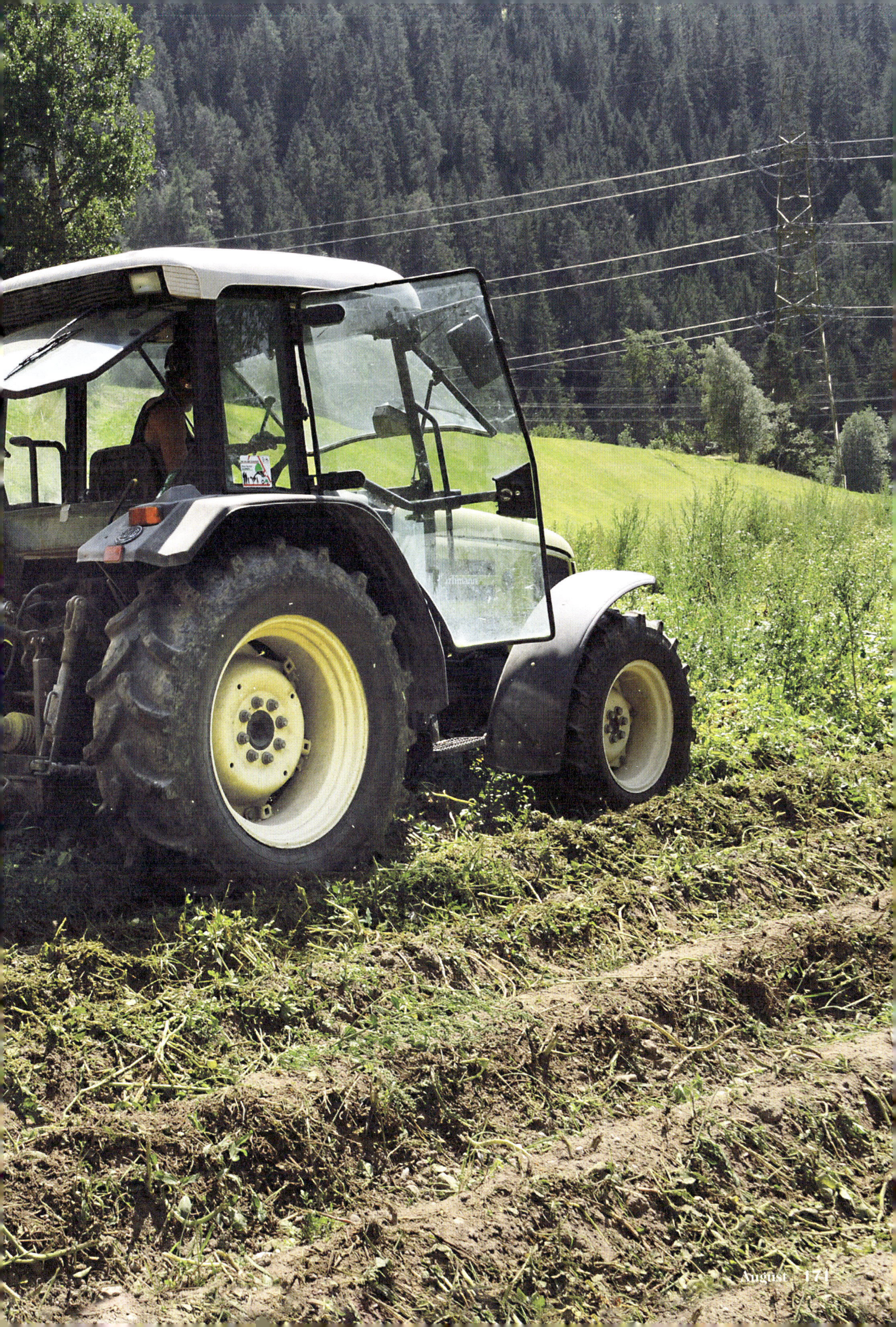

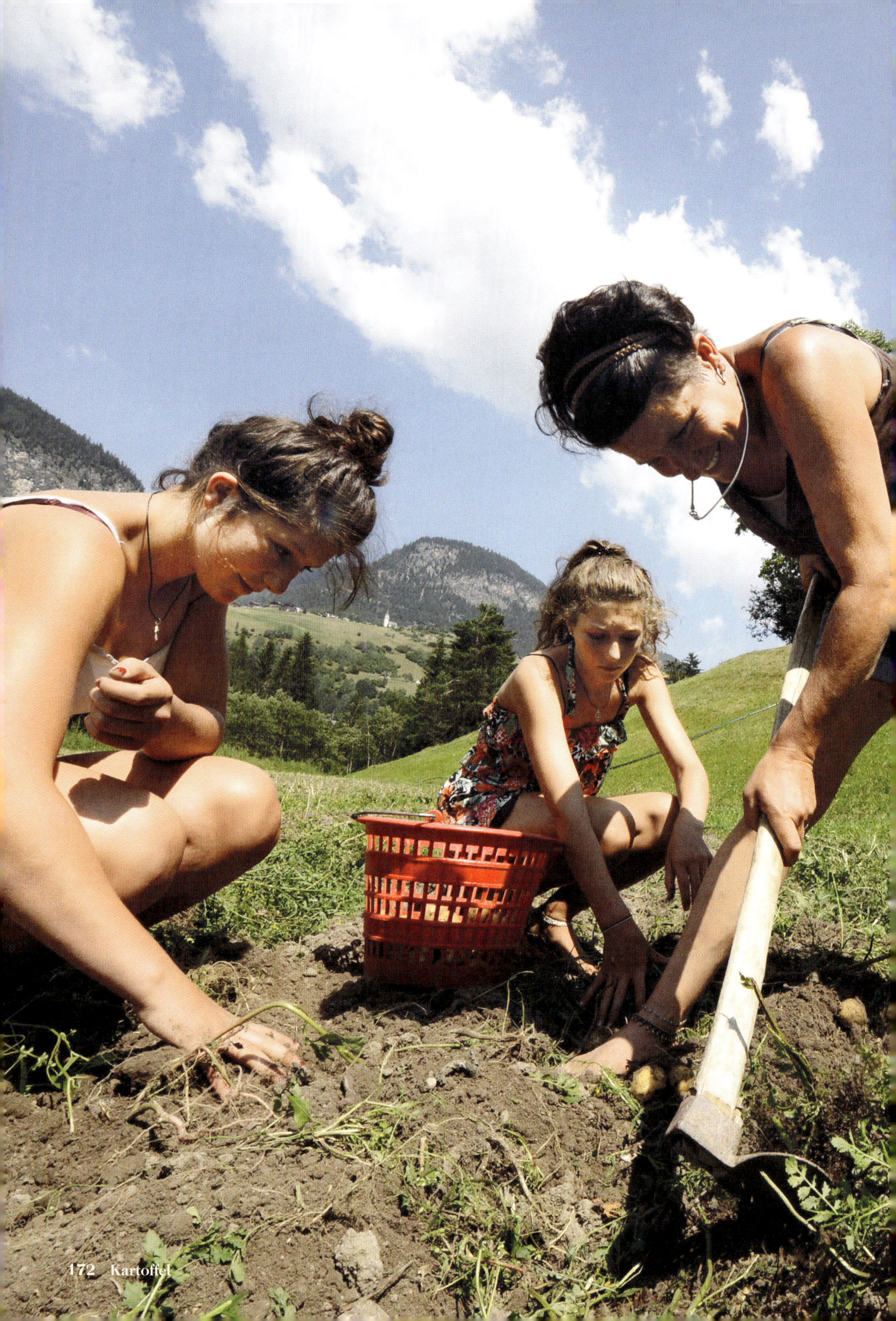

Es gibt ein kurzes Fotoshooting. Es ist trocken, sehr trocken, zu trocken, die ersten Kartoffeln sind bereits gemulcht, d.h. das Blattwerk gehäckselt und verteilt. Sabina hat bereits ein paar frühe Knollen für Kunden gegraben. Am Nachmittag werden wir für Fotos einige Dittas graben, bevor in ein paar Wochen der Kartoffelvollernter zum Einsatz kommt. Obwohl wir erst den 10. August haben, blühen schon Silberdisteln, Herbstzeitlosen, Schwalbenwurz und Enzian. Nach der langen

Trockenheit
sind die Kartoffeln notreif.

Die meisten wachsen nicht mehr, bei manchen Sorten ist das Kraut verdorrt. Bei feuchtem Boden würden sie jetzt noch wachsen. Zwei bis drei Wochen müssen sie nun im Boden bleiben, am besten trocken, damit die Schale fest wird. Das ist wichtig für die Ernte und die Lagerung.

Kartoffel

Marcel ist **zufrieden,**

zwei der wichtigsten Sorten,
die Corne de Gatte und die Parli,
haben die ideale Größe. Sie werden
einen hohen Ertrag bringen und
die weniger ertragreichen Sorten
kompensieren.

Ende A

ugust

Kartoffeln graben

Um 11 Uhr geht es auf dem Acker Tranter Flemma mit der Ernte los. Corne de Gatte sind heute dran, wir müssen sie von Hand auflesen. Für den Vollernter eignen sie sich nicht, sie würden Verletzungen davontragen.
Marcel schüttelt die Reihen, wir knien auf dem Boden oder bücken uns, wenn der Rücken mitmacht. Korb um Korb wird gefüllt und in die nahen Paloxen geschüttet.

Drei Tage später geht es weiter mit Graben, Auflesen und in die Sammelbox füllen von Corne de Gatte und nun auch von Parli.

Es ist heiß,
staubig, wolkenlos.

Wir haben Besuch bekommen: Freddy und Sylvan, ein bekannter Fotograf, sind gekommen.

Freddy: «Bei der Arbeit kommen mir immer wieder die Kunden in den Sinn. Ich weiß jetzt schon, wer welche Kartoffeln bekommt. Zum Beispiel die ganz kleinen Corne de Gatte will jemand von Vals.»

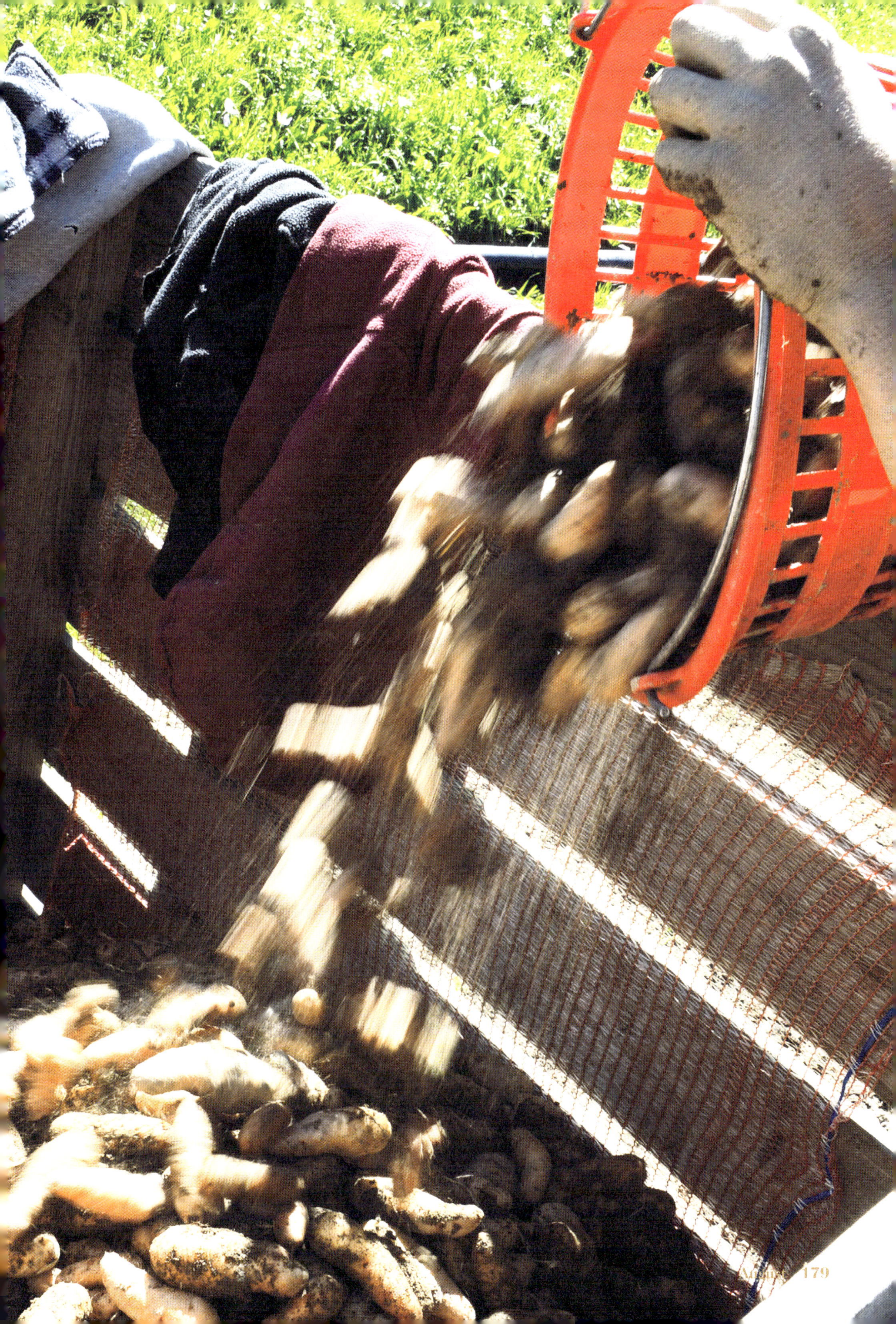

Schütteln

Was für eine Kartoffelvielfalt auf Las Sorts.

Nicht weniger als 18 Sorten werden auf diesem Teil des Ackers geerntet: Lauterbrunner, Prima, Tennear, Erdgold, Röseler, Blaue St. Galler, Weiße Lötschentaler, Lilaschalige Uetendorfer,

Rote Emmalie, Quarantina, Blauschalige Bristen, Roosevelt, Guarda, Patate Verrayes, Early Rose, Fläckler, Apache, Maikönig. Viele wohlklingende Namen. Wir sammeln hinter dem Schüttler mit flinken Händen Sorte um Sorte in verschiedensten Farben und Formen, große und kleine, runde und längliche. Die Vielfalt ist eindrücklich, und noch einmal viel eindrücklicher ist sie, weil auf einem Acker. Kartoffelnsammeln ist eine befriedigende Arbeit, ja, es ist eine Handlung, Hand für Hand, und wir knien nieder vor den Früchten, welche die Natur uns schenkt.

182 Kartoffel

Letzter Tag im August. Es ist heiß, drückend heiß. Wieder kriechen wir auf dem Boden und sammeln Kartoffeln ein. Marcel schüttelt die Quarantina. Sidonias Tochter zeigt mir zwei Regenwürmer, die sie zärtlich in ihrer kleinen Hand hält. Sie legt sie immer wieder nebeneinander, doch sie versuchen dem grellen Sonnenlicht zu entfliehen. Schon bald dürfen sie sich wieder in der Erde vergraben. Krümmelstruktur nennen das die einen, was die Regenwürmer im Boden hinterlassen,

Fruchtbarkeit
nennen es die andern.

Und für das Mädchen ist es einfach ein kleines Lebewesen, das sich in den Händen bewegt. Die Regenwürmer sind enorm wichtig für die Bodenbildung. Während meines Landwirtschaftsstudiums haben wir dieses Thema hin und her bewegt. Und hier zeigt ein kleines Mädchen, was Sache ist. Leben ist Bewegung, und das Mädchen nimmt das Leben einfach in die Hand, in seine kleine Hand, und mit der anderen Hand versucht es, das Leben zu lenken. Doch das Leben hat auch ein Eigenleben, wenn man es machen lässt, geht es seinen eigenen Weg.

Wir sammeln Quarantina, Blauschalige Bristen und Roosevelt. Welche Sorte wohl so viele grüne Früchtchen produziert hat?

5 Uhr morgens bin ich mit dem Anhänger unterwegs nach Landquart. Der Mond über den Churer Bergen ist eine kleine Sichel. Es dämmert bereits. Heute hole ich aus einem großen Käselager

132 Laibe
Andeerer Käse nach Hause,

die im Februar produziert worden sind und wegen Platzmangel ausquartiert werden mussten.

Die Käselaibe sind sehr schlecht gepflegt. Aber was will man schon von einem Schmierroboter verlangen? Der sieht nichts, der hört nichts, der spürt nichts. Aber Roboter sollten doch so gut sein wie die Menschen, die sie einrichten, bedienen, überwachen? Was soll's, es ist wie es ist. Nach dem Frühstück gehe ich schmieren, hier bin ich der Schmierfink, und ich hoffe, ich sehe, höre und fühle.

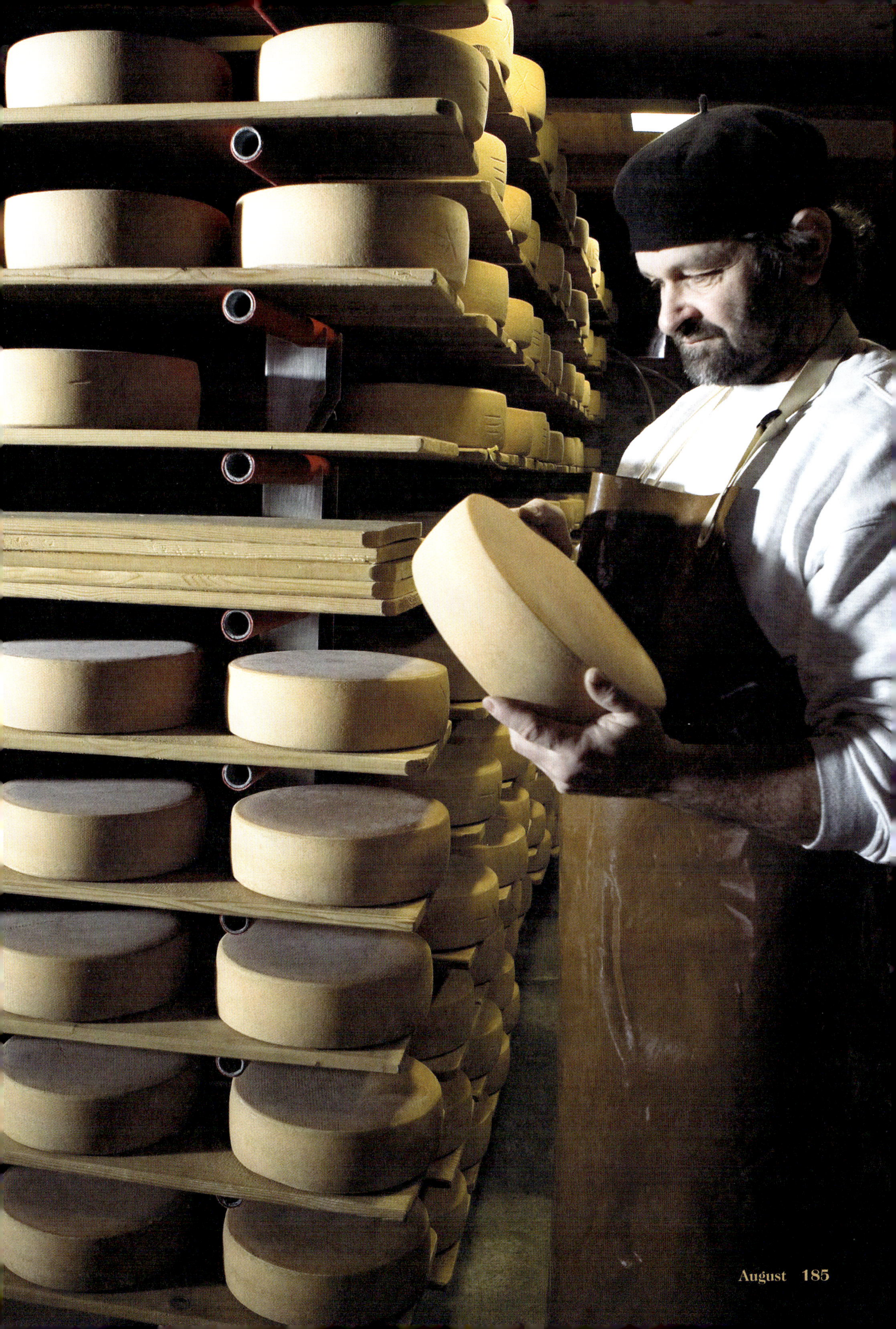

Wir haben im Berggebiet kein Vermarktungsproblem, sondern ein Kommunikationsproblem.

Vermarktung
ist Kommunikation.

Und wenn die Milch kommt, und sie kommt jeden Tag, dann muss sie verarbeitet und vermarktet werden. Und alles, was nicht als Frischprodukt wie Milch, Butter, Quark oder Joghurt verkauft werden kann, landet im Käsekeller als Eiweiß- und Fettspeicher, als Käse. Im Käsekeller hat es auch nicht unbegrenzt Platz. Die «Räder» müssen weg. 300 000 Liter Milch verarbeiten wir jedes Jahr zu Käse. Das gibt 30 000 kg Käse oder 6000 Laibe von je 5 kg Gewicht oder im Durchschnitt 20 Käselaibe pro Tag. Also müssen jeden Tag 20 «Räder» verkauft werden, so einfach ist die Rechnung. Andeer liegt an der San-Bernardino-Route, der Nord-Süd-Achse durch die Alpen. Durch das Tal geht die Autobahn. Es sind also täglich über 10 000 potenzielle Kundinnen oder Kunden, die an unserem Dorf vorbeifahren. Wenn nur ein Bruchteil von den Reisenden erfährt, dass es in Andeer einen kleinen Laden mit preisgekröntem Käse gibt, werden sie möglicherweise ab und zu einkaufen kommen. Man muss Geschichten schreiben, Berichte verfassen, an Wettbewerben teilnehmen. Und man darf keine Angst vor Zeitungsleuten, Radio- und Fernsehmachern haben. Und das haben wir von Anfang an gemacht, so oft und so viel wie möglich und ausdauernd, bis sich das Blatt gewendet hat und die Medien auf uns zugekommen sind. Ein Gewinn. Ein großer Gewinn, denn die Käse müssen rollen, sonst führt das zu einer Verstopfung, zu einem Infarkt, der zum Tod führen kann. In unserem Fall wäre das die Schließung der Käserei wegen mangelndem Absatz.

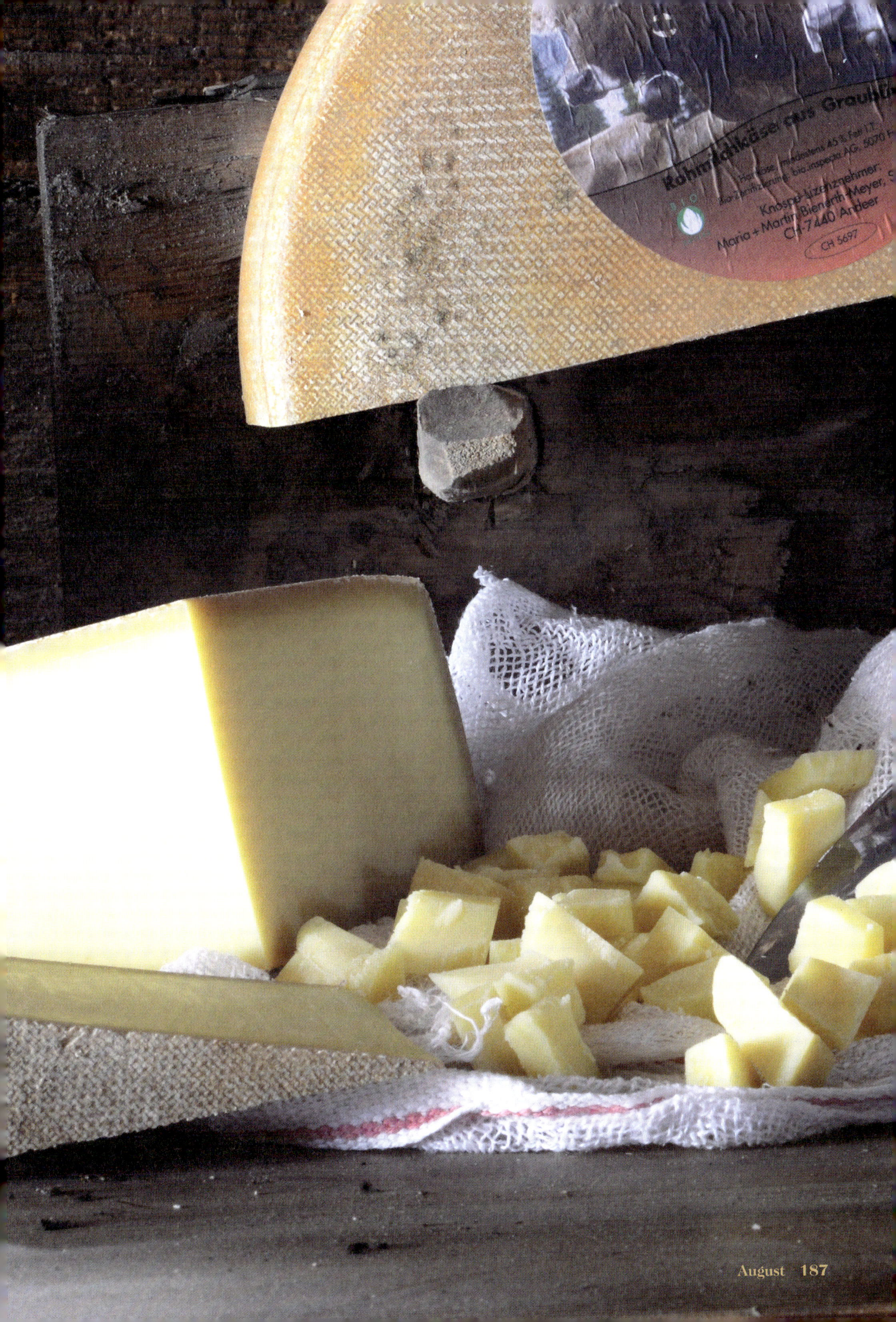

Sortieren
Mitte Sept

188 Kartoffel

September 189

Alle stehen an der Sortiermaschine. Sie sind müde. Corne de Gatte liegt auf dem Band. Aus einer großen Kiste werden die Kartoffeln auf ein Förderband geschüttet. 10 Hände suchen nach Steinen. Angeschlagene, gequetschte, zu kleine oder

unförmige Knollen werden

aussortiert.

Simon nimmt die vollen Säcke von der Sortiermaschine und wiegt sie, er nimmt Kartoffeln raus oder gibt welche zu, bis das Gewicht stimmt, und stapelt die Säcke auf Paletten. Das darf nur einer machen, das darf nur Simon machen, der ist zuverlässig und genau. Die Säcke dürfen auf der Palette auch keine Rutschpartie auslösen. Marcel ist überall, er sammelt die hinuntergefallenen Kartoffeln ein, er kehrt mit dem Besen, er spricht mit Simon, er begrüßt seinen Vater und wechselt auch mit mir einige Worte. Es ist die letzte Paloxe für heute. Die Abendsonne scheint fast waagrecht in die Sortierhalle, die Bewegungen sind langsam, ich komme mir ein wenig fehl am Platz vor. Auf dem Hof Las Sorts geht eine arbeitsreiche Woche mit Kartoffelnsortieren zu Ende.

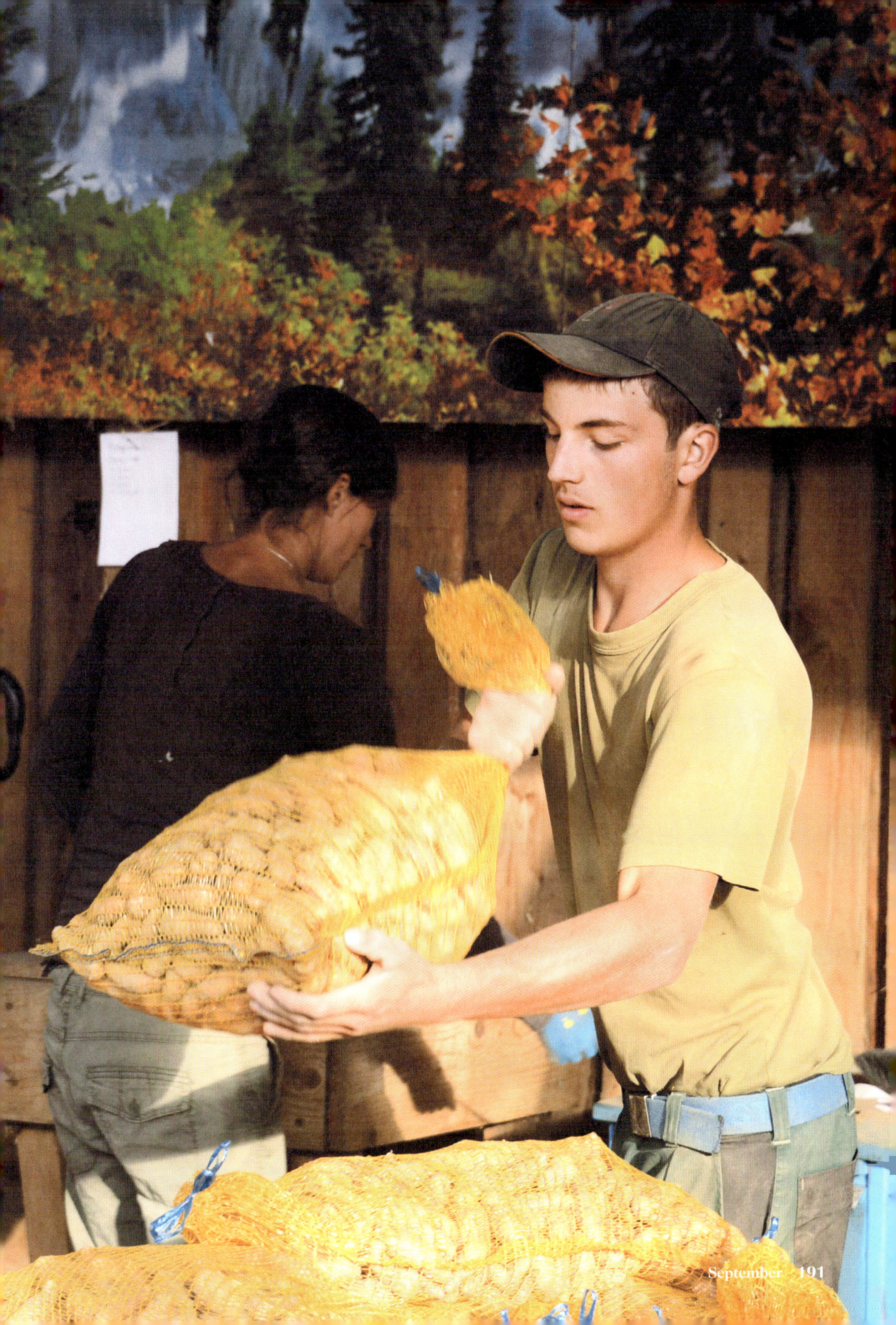

So schnell geht es. Man muss nur zwei Buchstaben vertauschen und schon wird fruchtbar zu furchtbar. Endgültig ist der Durchwuchs der Quecke. Welch eine Laune der Natur. Diese Verbindung ist weder gewollt noch gewünscht.

Die Quecke,
ein «Gras», ist einfach durch die Knolle gewachsen.

Warum wächst das Gras nicht einfach an der Knolle vorbei? Die Quecke drängt nach oben zum Licht und nach unten zum Wasser. Wenn dieser unglaublichen Kraft, dieser Lebenskraft, etwas im Weg steht, zum Beispiel eine Kartoffel, weich und saftig, erdig und zart, wird sie einfach durchbohrt. Die Kartoffel wächst weiter, die Quecke wächst weiter, wir haben ein kleines Problem beim Ernten, später ein paar Probleme beim Sortieren und schließlich ein großes Problem bei der Lagerung. Insgesamt dürfte der Ertrag ein wenig kleiner sein, aber auch da ist Leben.

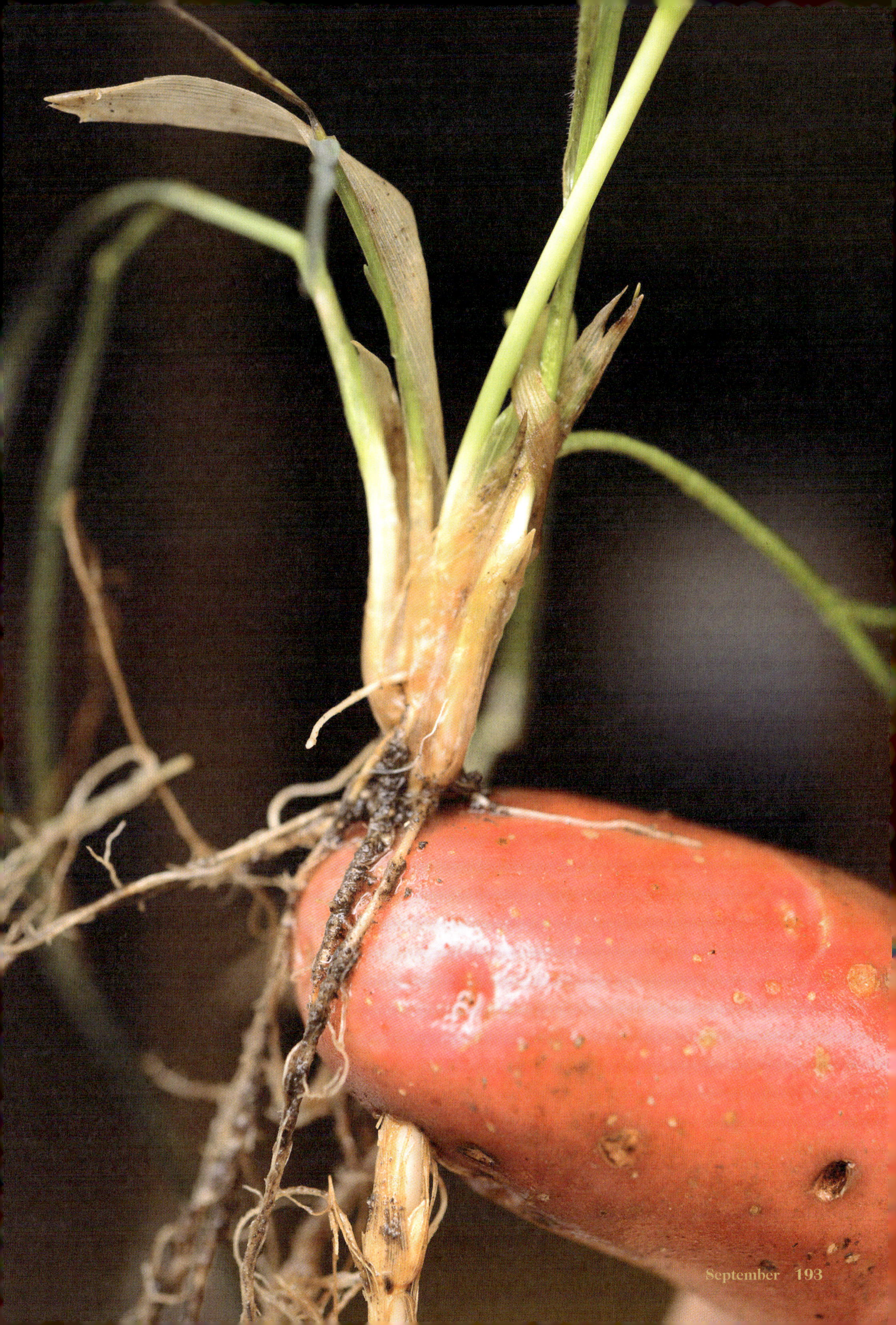

Rund um die Rinde

Marcel, der Bergkartoffelbauer, ist auch gelernter Forstwart und Waldmensch. Ich, Floh, der Käsemensch, mache im September jeweils viel Holz für die Energiegewinnung, weil ich das Öl nicht mag. Im Winter, wenn die Kartoffeln eingelagert sind, in den Kellern ruhen, verlässt Marcel ab und zu den Hof, um am Plantahof Holzerkurse zu geben. In dieser Zeit sind seine Gedanken mehr beim Holz als bei den Kartoffeln und er sieht Berührungspunkte von Käse und Holz.
- Warum ist der Käse rund und nicht viereckig?
- Hat die Käserinde etwas mit der Baumrinde zu tun?
- Welche Bäume kommen beim Käsen zum Zuge?
- Gibt es einen Zusammenhang zwischen rundem Baum und rundem Käse und Rinde?

September 195

196 Kiise

Auf der Alp Rischuna hatte ich vor Jahren selbst mit Järben gekäst.

Die runden Holzreifen aus Buchenholz, die Järben,

werden mit einer Schnur so gespannt, dass der in einem Tuch eingewickelte Käse von außen gepresst werden kann. Die Sennen machten früher mit einem Hammer von der Seite und von oben mit schweren Steinen auf den Käse Druck, damit die Molke abfloss. Je weniger Molke respektive Wasser ein Käse enthält, desto länger ist er haltbar. Die Holzreifen waren aus einem Stück Holz. Man musste sie gut pflegen, immer wässern und einfetten, damit sie nicht reißen. Später dann wurden die Holzreifen durch feste Plastikformen ersetzt und der Käse nur noch von oben gepresst.

Heute wird in der Sennerei Andeer der Käse pneumatisch gepresst. Zuerst muss die Käsemasse im Kessi die richtige Konsistenz erreichen, bevor sie abgepumpt und vorgepresst wird. Dabei entsteht eine große Matratze, die in Vierecke geschnitten und in runde Käseformen gefüllt wird.

198 Käse

Man hat in unserer Region ein paar Jahrhunderte auf den Alpen gekäst, bevor sich das Käsehandwerk auch in den Tälern ansiedelte. Die meisten Alpen liegen ziemlich hoch, in Graubünden mit etwa 2000 m ü. M. knapp über der Baumgrenze. Bauholz und Brennholz, die wichtigste Energie auf den Alpen, musste hinaufgetragen werden. Fichten gehören zu den am höchsten wachsenden Bäumen. So nehmen ein paar schlaue Leute an, dass die ersten Käseformen aus Fichtenrinden gemacht sein könnten. Käserinde, Baumrinde, warum nicht? Auf der Alp Rischuna wurde überliefert, dass die Bauern Rinden bereitstellen mussten, um Ziger und Butter einzupacken.

«Butter durften sie früher nicht von der Alp holen. Der ist dort geblieben bis in den Herbst. Dann ist er ganz mit einem grünen Pelz überzogen gewesen. Das ist auf allen Alpen so gewesen. Ich mag mich noch erinnern, da gab es kein Pergamentpapier zum Butterverpacken. Da hat der Zusenn mit dem Messer an jungen Tannen so Ringe von der Rinde geschnitten, bis sie wegging, die Rinde, und dann wurde die Butter in die runden Rindenplättli getan, das waren dann runde Butterformen, wie Käs oder Ziger. Anfang September, Ende Alpzeit, war das dann eine große Biege. Und wenn du in den Keller gekommen bist,

hast du oft nicht gewusst, ist das
Ziger oder Käs,

ein grüner Bart überall, das war aber Butter. Unten hat man ihn dann eingesiedet. Inwendig war er ganz räg, ganz grieselig.»
(Luregn Guisep, Surcasti, 1991, Tonband, mündliche Mitteilung)

1975

Alle Gerätschaften in einer Alpsennerei waren früher aus Holz: Holzeimer zum Melken, Holzgebsen zum Lagern der Milch und zum Aufrahmen, Holzschaufeln zum Rühren und zum Abrahmen der Milch, kleine, entrindete Tannenspitzen zum Rühren der Milch im Kessi und zum Zerkleinern des Käsebruchs, Käseformen, auch Holzjärbe und Holzbretter in den Käsekellern zum Lagern von Käse. Auf sehr alten Bildern oder in Museen können diese Gerätschaften bestaunt werden. Holz und Käsewirtschaft waren schon immer eng miteinander verbunden.

Früher war alles einfach runder, die Gebsen waren rund, die Järben waren rund, das Butterfass ebenso, und überhaupt,

das Leben war runder, so wie
auf der Alp.

Es beginnt mit dem Futter, das die Kühe fressen, die dann gemolken werden und aus deren Milch die Älplerinnen und Älpler Butter und Käse machen, was sie wiederum essen. Einzig das Wetter und die Tiere geben den Tages-, Wochen- und Monatsrhythmus an, eine ziemlich runde Sache, oder?

202 Käse

Joghurt kennt doch jede und jeder, Joghurt gab es schon immer, fast immer, und Joghurt kann man überall kaufen. Es gibt Naturjoghurt, Fruchtjoghurt, Joghurt mit Nüssen, mit Müeslimischung, es gibt Magerjoghurt, Rahmjoghurt, es gibt stichfesten und gerührten Joghurt. Und jetzt sind wir beim Thema. Da ging es doch letzthin in einer Radiosendung um die Frage, was stichfester Joghurt sei. Konsumentinnen und Konsumenten wurden befragt und viele gaben zur Antwort, dem stichfesten Joghurt werde Gelatine, Maisstärke oder Mehl zugefügt, damit er schön stichfest sei.

Einfache Dinge sind nicht einfach ganz einfach. Zum Beispiel

der Joghurt.

Ein kleiner Lehrgang zu Joghurt und Andeerer Joghurt im Speziellen

Milch wird schnell sauer, weil sie rund 5% Zucker enthält, Milchzucker, auch Lactose genannt. Auf diesen Milchzucker stürzen sich die Bakterien. Zucker liefert rasch Energie: er wird verdaut, verbrannt, es entsteht Energie, und diese Energie brauchen die Bakterien für ihr Wachstum, für ihre Vermehrung, ein einfaches Naturgesetz. Wenn wir Rohmilch stehen lassen, im Zimmer oder in der Küche bei Zimmertemperatur, wird sie innerhalb einiger Stunden sauer, es entsteht Sauermilch. Verantwortlich sind die Milchsäurebakterien, die immer und überall vorkommen, aber nicht alle gleich sind. Irgendwann haben Forscher festgestellt, dass ein Typ Milchsäurebakterien aus Bulgarien eine wunderbare Säure ergibt, die uns besonders gut schmeckt, und sie haben dieses Bakterium Lactobacillus Bulgaricus genannt. Die Rede ist vom Joghurt, sozusagen dem Ur-Joghurt. Wissenschaftliche Untersuchungen haben ergeben, dass er das Produkt eines besonderen Gärungserregers ist, den man bulgarische Maya nannte. Er bringt die Milch nicht nur zum Gerinnen, sondern er entwickelt im Gegensatz zu unserer sauren Milchgärung sehr wenig Milchsäure, weil es zur Spaltung und Auflösung der Milchbestandteile kommt, wie sie unser Magensaft bei der Verdauung erzeugt. Der durch die bulgarische Maya aus der Milch erzeugte Joghurt ist

eine Sauermilch
der besonderen Art,

die selbst vom schwächsten menschlichen Magen und Darm auch in größerer Menge gut vertragen wird. Während unsere Sauermilch 6 bis 8 g Milchsäure enthält, sind es bei der bulgarischen Sauermilch gerade mal 2 g.

September 205

In unserer Sennerei in Andeer wird der Joghurt ebenfalls mit Lactobacillus-Bulgaricus-Milchsäurebakterien hergestellt. Um den gesetzlich vorgeschriebenen Trockensubstanzgehalt bei Joghurt zu erhöhen, kommen 2% Bio-Milchpulver dazu und die Milch wird auf 82 °C erhitzt und bei offenem Deckel 20 Minuten gekocht, bevor sie wieder zum Bebrüten auf 47 °C abgekühlt wird. Aus der flüssigen Milch wird innert weniger Stunden ein stichfester Joghurt, der schwabbelig wie ein Pudding ist. Nebst dem Naturjoghurt kommen auch Mokka-, Schokolade- und Vanillejoghurt stichfest in den Handel. Das Vorgehen ist so, dass die bebrütete Milch mit den Aromastoffen angereichert und gleich in Gläser abgefüllt wird und im Glas zu Joghurt reift.

Eine Spezialität
sind unterlegte Joghurts.

Dafür wird ein Teelöffel Grundstoff ins leere Glas gegeben und mit warmer Milch, angereichert mit der Joghurtkultur und Vanille, aufgefüllt. Die Gläser werden dann vier Stunden in einem Wärmeraum bebrütet.

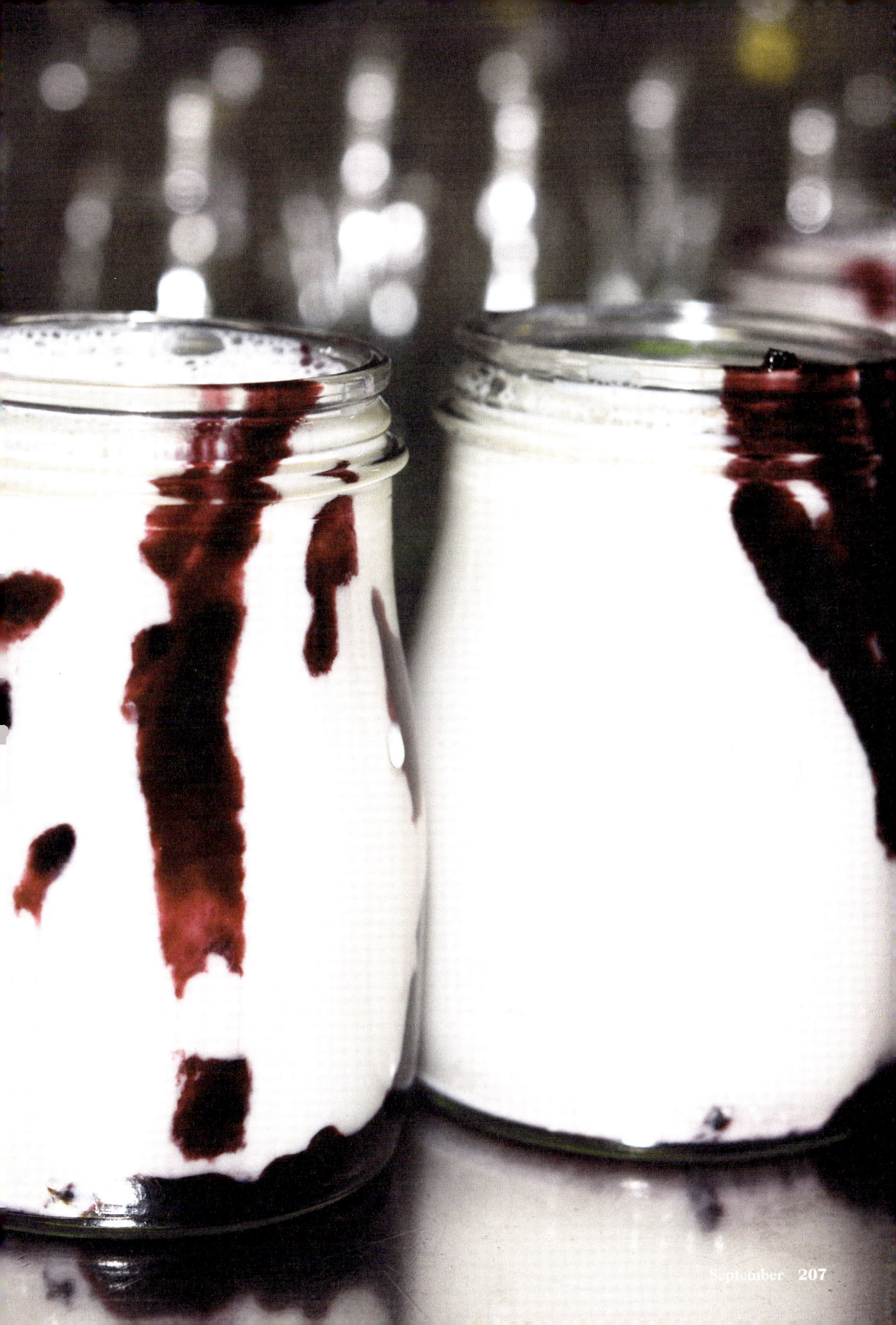

Torsten Rönisch

Gnocchi, Chips, Federkohl, Reh

Das Hotel-Restaurant Capricorns liegt an der San-Bernardino-Route hoch über Andeer. Diese Woche hat es zum ersten Mal geschneit bis auf 1700 m ü. M. Die Luft ist hier oben sauber und frisch und man genießt eine traumhafte Aussicht. Die Bergspitzen sind gepudert. Mein Magen knurrt in freudiger Erwartung. Torsten ist in der Küche: «*Ich habe im Moment gerade keine kreative Phase.*» Er wählt die Blaugelbe Stein und die Safier, auch rote Lötschentaler genannt. Ich sehe, wie es in seinem Kopf arbeitet, seine Augen leuchten. Ich gehe mit ihm in den Garten, dort holt er grünen und blauen Federkohl und verschiedene Kräuter. Ich spüre, es wird gut, sehr gut.

«Ich koche Kartoffeln gern mit frischer Minze,

sie nimmt den Kartoffeln das Erdige und bringt Frische.» Fünf Jäger kommen in die Gaststube, Torsten bekommt Fleisch, die Männer ein Marronidessert.

Für den Gnocchiteig braucht es Ziger aus Kuhmilch, Eier, in der Schale gekochte Safier Kartoffeln, wenig Andeerer Schiefer-Käse, Pfeffer und Bratbutter. Beim Flambieren des Rehfilets ruft mich Torsten, ich muss etwas im Bild festhalten. Es geht ganz schnell, mit Schreck, Feuer und Zischen.

«*Salz, Kakaobohnen, Kaffee, Wacholderbeeren, Nelkenpfeffer und schwarzer Pfeffer sind die Gewürze für das Rehfilet, das vom Berg kommt. Kartoffel und Apfel, das ist wie Himmel und Hölle, ich glaube, es gibt auch ein Gericht, das so heißt.
Ich weiß nicht, wo meine Kreativität herkommt. Wenn hier für ein paar Wochen alles geschlossen ist, ziehe ich mich an den Vierwaldstättersee zurück oder auf die Insel Föhr, wo es im November kalt ist und stürmt. Ich habe alte Bündner Kochbücher dabei und dann entsteht zum Beispiel so etwas wie die Gnocchi mit Vollmilchziger aus eurer Sennerei.*»

Seine Freude fürs Detail kommt aus dem Bauch, und der ist nicht klein, da ist was drin. Mit seinen kräftigen Händen zaubert er Feinheiten auf den Teller, das ist Leidenschaft pur, seine Augen strahlen. Gemeinsam essen wir an der Bar die Köstlichkeiten. Danke Torsten, es war ein wunderbares Erlebnis für die Augen und den Gaumen.

Benedikt JOOS

Benedikt Joos schwingt den Kochlöffel im Hotel Post in Andeer. Von mir bekommt er an diesem sonnigen Tag nebst den Milchprodukten einen Korb mit 10 Kartoffelsorten. *«Es ist Herbst, machen wir doch etwas mit Wild»*, schlägt Benedikt vor. Aus den vielen Kartoffelsorten sucht er sich die Tennear und die Blauschalige Bristen aus. Noch weiß er nicht, was daraus werden soll.
Härdöpfelstock in einer Cannelloni aus Kartoffelscheiben, das ist sein erster Gedanke. Und er beginnt gleich mit dem Schälen der Tennear.
Mit seiner Spezialmaschine schneidet er eine dicke Kartoffel in lange, dünne Scheiben, wickelt sie auf einem Butterbrotpapier um ein Edelstahlrohr, bindet sie fest und frittiert sie im heißen Öl goldgelb.
Die Randen werden auf fünf verschiedene Arten zubereitet: halbierte Babyranden, runde Randenscheiben, im Fond gekochte dünne Randenzungen (Fond: je ⅓ Wasser, Olivenöl und Essig, Salz, Zucker, Lorbeerblatt, Thymian, roter Pfeffer, Wacholderbeeren; mehrmals zu verwenden), in Bratbutter gebratene Randenwürfelchen, Randenpüree.
«Wenn jemand wissen will, wo ich diese spezielle Maschine gefunden habe, der soll in meiner Vergangenheit recherchieren, dann wird er es bald herausfinden.» Nach der Kartoffel lässt er noch eine große Rande durch seine Wundermaschine; man staunt, was rauskommt. *«Zum Abschmecken nehme ich nur Zucker, Salz und Zitrone.*

Gute Produkte
haben einen intensiven Eigengeschmack,

der nicht überwürzt werden soll. Gewürze setze ich allgemein sehr sparsam ein, Kräuter pflücke ich wenn möglich frisch im Garten. Meine Ideen kommen mir überall. Beim Autofahren muss ich plötzlich anhalten und etwas aufschreiben. Das Engadin inspiriert mich, die Jahreszeiten wie jetzt gerade der Herbst, Bücher, Menschen, einfach alles. Eigentlich braucht es nicht viel, gutes Brot und Kartoffeln, das ist wichtig.»

Hirsch-Rack, Kartoffelpüree
in einer Cannelloni mit fünferlei Randen

Selbstporträt:

«Wir sind jung, innovativ, gut ausgebildet und ziemlich cool. Wir repräsentieren eine neue Generation von Gastronomen mit neuen Ideen, neuen Konzepten und viel Drive. Auch in wirtschaftlich herausfordernden Zeiten

blicken wir mit Zuversicht in die Zukunft.

Wir treten in einem jungen Team auf, geben unser Wissen weiter, fördern den Nachwuchs und damit nachhaltig die Region. Wir glauben an Veränderungen, wir sind am Experimentieren, wir versuchen mal dieses, mal jenes. Wir haben Freude an unserer Arbeit und sind auch stolz darauf. Und was wir machen, möchten wir gut machen.»

Anfang Oktober

Herbstgedanken

mh «Manchmal überkommt mich beim Betrachten der geernteten Bergkartoffeln eine leise Wehmut, eine depressive Stimmung. Jetzt gehen alle weg, werden eingetauscht gegen ein paar Zahlen auf dem Konto. Eigentlich ist das ein schlechter Tausch, so viel Arbeit und Herzblut für ein paar schwarze Zahlen auf weißem Papier.»

Fruchtfolge
Mitte Ok

Vor ein paar Wochen sind auf dem Acker Pro Quarta Désirée, Vitelotte Noir und Ditta geerntet worden. Jetzt laufen zwei Gestalten über den Acker mit einer großen Puppe in der Hand. Marcel und Simon sind am Werk. Sie haben heute Dinkel gesät, eine Folgefrucht nach den Kartoffeln. Und schon sind die Krähen da, um das Saatgut zu rauben. Aber die wollen ja auch nur leben.

tober

Kartoffelknospen

Es sind Wesen, Körper mit Armen, Augen, Beinen,
Köpfchen, Nägeln, Stacheln …
Ich entdecke Haut, Häute, Muskeln, Fasern,

ich erfahre, wie Leben vergeht und entsteht.

«Hörst du's nicht, wie die Zeit vergeht.
Gestern haben die Leute ganz anders geredet.
Und die Jungen sind alt geworden,
und die Alten sind gestorben,
und gestern ist heute geworden,
und heute ist schon bald morgen.»

Hubert von Goisern, im Dialekt

Ein Jahr lang habe ich verschiedene Kartoffelsorten keimen lassen und die Keime immer wieder abgebrochen. Die Mutterknollen wurden immer schrumpeliger, trockener, kleiner.

Ich habe ihren Lebenswillen durchkreuzt, fast verhindert.

Unter einer Plastiktüte waren sie in unserer Wohnung in einem unbeheizten Raum, dunkel zwar, aber nicht stockdunkel, bei einer Temperatur von 8 °C bis 20 °C.
Nach einem Jahr habe ich die Entwicklungsschritte im Bild festgehalten. Was für eine Vielzahl von Größen, Formen, Farben und Strukturen … von Lebensbildern, einfach sehr schön anzuschauen.

Oktober

Berg

Milch
blumenpracht

Milch entsteht immer nach den gleichen Gesetzmäßigkeiten
der Schöpfung. Ihre Bausteine sind seit Jahrmillionen die gleichen.

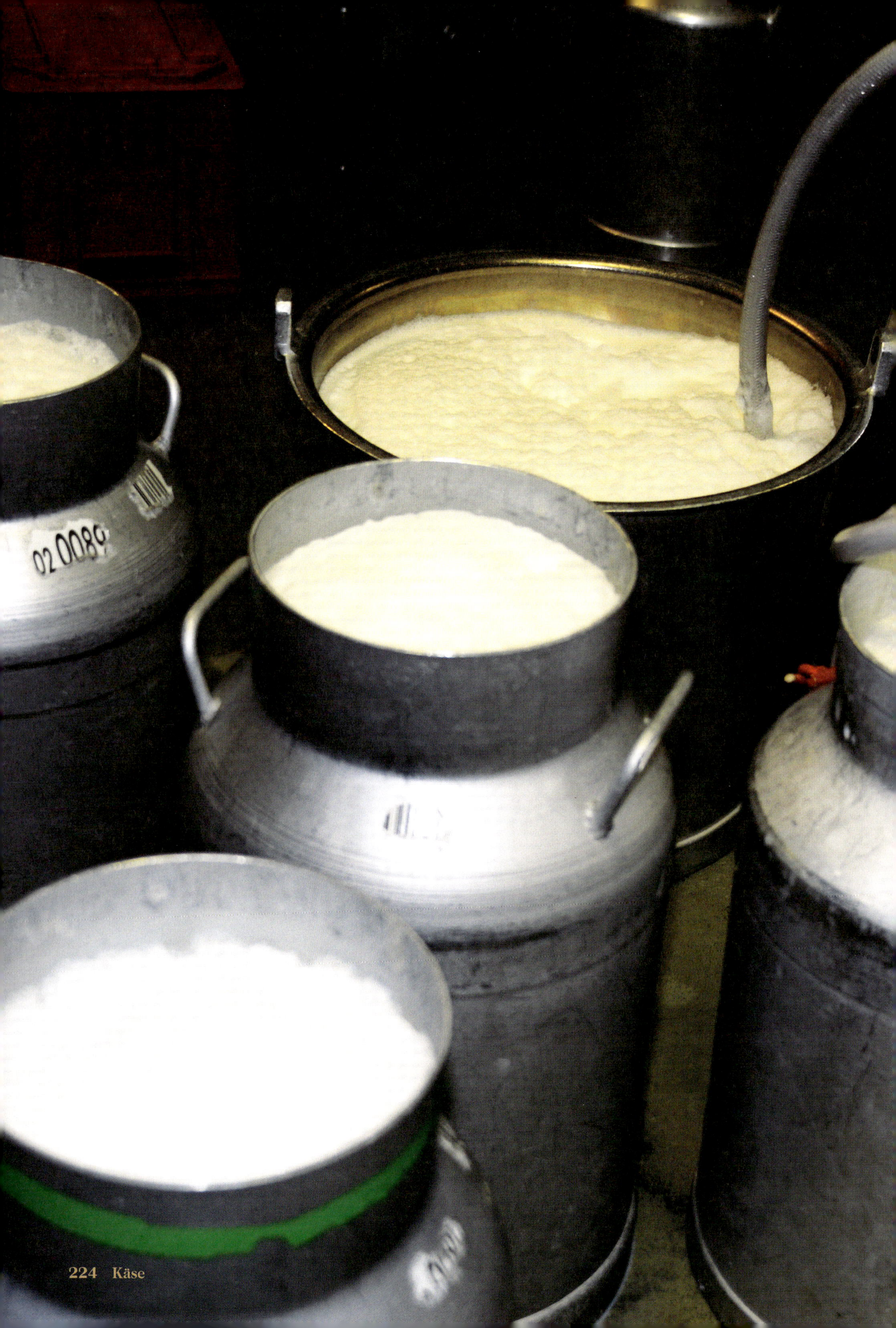
02 0089

Die Kraft der Erde bringt Pflanzen hervor, die Verdauung der Tiere zerlegt sie in ihre Einzelteile.
Blut bringt diese Teilchen an einen Ort, wo sie neu zusammengesetzt werden, es entsteht Milch.
Milch ist nicht nur eine Ansammlung von Wasser, Zucker, Eiweiß, Fett und Mineralstoffen.

Milch ist der Inbegriff von Leben, von Lebendigem.

Unser Leben beginnt mit der Milch, ohne Milch wäre das Leben unserer Säugetiere gar nicht möglich.
Milch ist das perfekteste Lebensmittel, geschaffen von der Natur.
Meine Maria verarbeitet diese Milch Tag für Tag, jahrein und jahraus mit Beständigkeit und Selbstverständlichkeit, ja im gleichen Rhythmus, mit Genauigkeit und Sauberkeit.
Sie verwandelt Pflanzen, Kräuter, Blumen, Blüten und Samen mit Hilfe der Milchkühe zu Käse, wunderbarem Käse, schmackhaftem Käse, traumhaftem Käse.
Ihre Hände pflücken Blumen aus einer wundersamen Gegend, den Heuwiesen von Caschgliun, Raschlos, Culmiex und Zons oberhalb des Maiensäßdörfchens Dumagns im Val Schons oder im Schamser Tal.
Ihre Hände fühlen und prüfen später den Bruch im Käsekessi.
Ihre Hände tragen jeden Morgen die Käse Laib für Laib in den Keller, wo sie reifen und zum zweiten Mal erblühen in den zahllosen Geschmacksrichtungen der Blumenvielfalt.

Andeerer Käserei
gestern und heute

Die Bauern einer kleinen Dorfsennerei mit Laden suchten im Jahre 2000 neue Pächter. Dazu gehörten 5 Milchviehbetriebe mit rund 100 Kühen und einer Milchmenge von 365 000 Litern Milch pro Jahr und eine Alpwirtschaft, wo selbst gebuttert und gekäst wurde. Im Dorfladen wurden Produkte wie beim Großverteiler verkauft und die ganze Palette von industriell hergestellten Milchprodukten. Die angelieferte Milch wurde thermisiert und abgerahmt. 5 Tonnen Rahm gingen in die Industrie.

Nach 15 Jahren war die Genossenschaft der Bauern schuldenfrei. Der Milchpreis ist stabil und mit 85 Rappen netto relativ hoch. Der Laden ist ein Bioladen. Rohmilch, Pastmilch, Rahm, Sauerrahm, Butter, Bratbutter, Joghurt, Quark und Ziger werden aus Andeerer Milch hergestellt. Es gibt keinen Zukauf mehr bei den Frischprodukten. 80 % aller Käsesorten in der Vitrine sind aus eigener Produktion, Ziegen- und Schafskäse kommen aus dem Nachbardorf Sufers, Parmesan und Gorgonzola aus Italien.

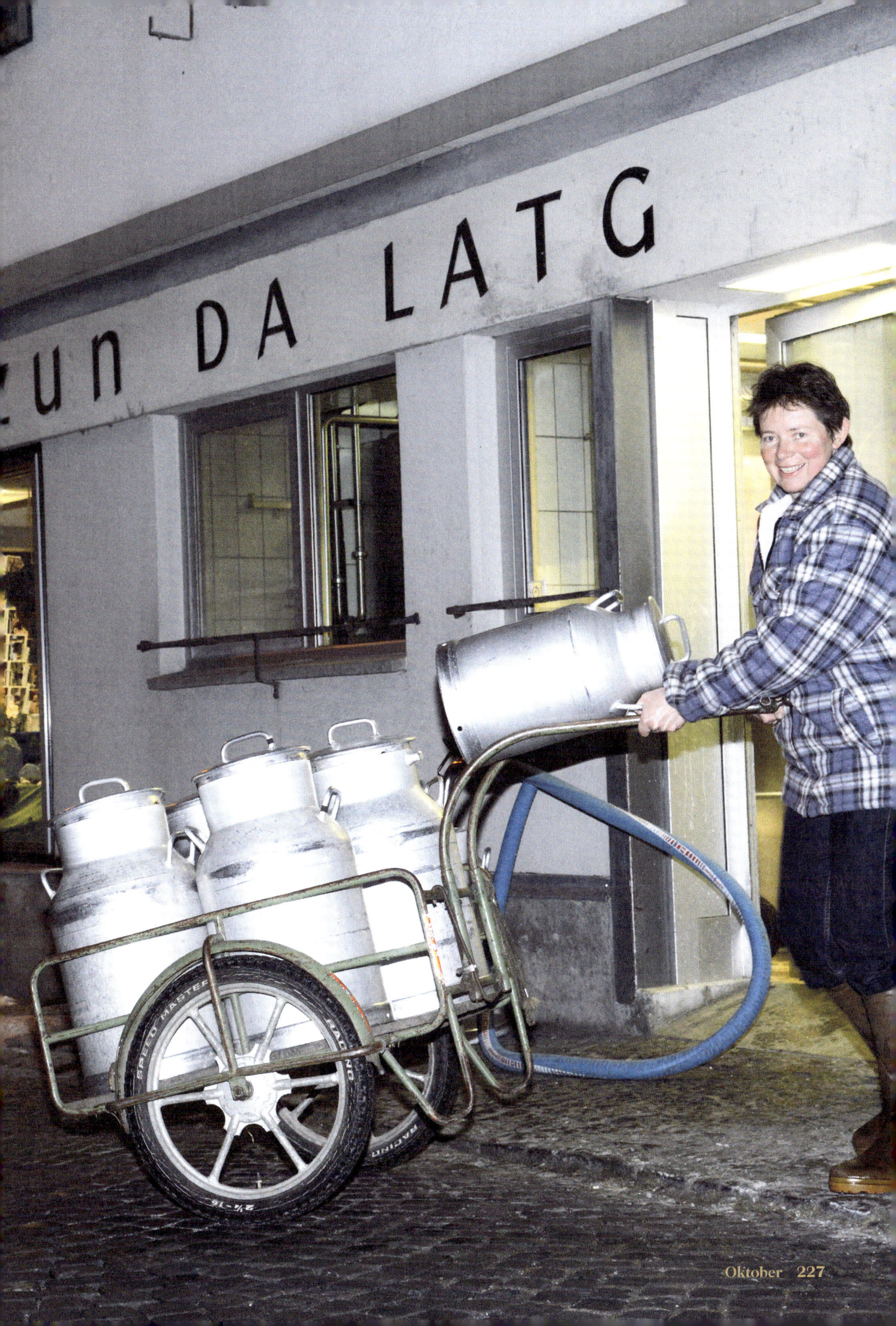

zun DA LATG

Andreetta Schwarz
«Franz»

Zillis ist ein Dorf zwischen der Viamala und Andeer. Im Hotel Post steht Andreetta am Kochherd. Sie lebt allein hier, zusammen mit einem großen Hund, der sie beschützt. 1978 hat sie die Alte Post mit ihren beiden Schwestern gepachtet, 7 Jahre später gekauft. Andreetta ist weit über die Region hinaus bekannt für ihre Capuns, doch heute will sie mir «Franz» machen, was immer das auch sein soll.

«Für ‹Franz› braucht man Kartoffeln, Speck, guten Speck, wenig Mehl, etwas Salz. Und der Speck muss gut sein, nicht so schwammig wie von irgendwo. Und die Kartoffeln sollten Parli sein, das war schon immer so. Meine Großmutter war von

Pignia, dem Nachbarort, und da gab es immer ‹Franz›.

Warum das Gericht so heißt? Keine Ahnung. Und wenn wir ein Familientreffen haben, mache ich immer ‹Franz›, so wegen der Nostalgie, das haben alle gern.»

Die rohen Kartoffeln werden geschält und fein gerieben und mit ein wenig klein geschnittenem Speck und Mehl gemischt. Eine feuerfeste Form wird mit Speck ausgelegt und die Kartoffel-Speck-Masse eingefüllt und mit Speckstreifen zugedeckt. Nun wird das Kartoffelgericht im vorgeheizten Ofen bei 200 °C 40 Minuten gebacken.
Zur Vorspeise gibt es panierten, gebratenen Ziger und Camembert mit Käseschaum. Dafür wird Andeerer Schmuggler auf der Röstiraffel gerieben und mit Rahm in die kochende Gemüsebouillon eingerührt. Mit Mixer fein aufmixen, bis die Masse cremig-luftig ist.

«Mit schlechten Sachen kannst du nichts Gutes kochen. Mir ist der Kreislauf wichtig. Meine Gäste bekommen als Fleischplatte nur Coppa, Speck und Tschunken, alles vom Alpschwein, das Molke getrunken hat. Dann stimmt es für mich. ‹ Franz › muss immer frisch gemacht und warm gegessen werden, aufgewärmt schmeckt es nicht mehr.»

Freddy ist der Kartoffelvermarkter von Sabina und Marcel und weitherum als Kartoffelexperte bekannt. Vor drei Jahren habe ich ihn an der Slow-Food-Messe in Zürich kennengelernt. An seinem Wohnort in Schindellegi geht es gleich zur Sache. *«Mich reizt das Spielen mit Produkten, zum Beispiel, was mit letztjährigen und heurigen Härdöpfeln passiert, wenn sie gleich zubereitet werden. Ich nehme alte und neue Granola und bin gespannt, wie sie riechen, wie sie schmecken, wie sie aussehen.»* Ein paar Notizen und schon geht's an die Arbeit. «So koche ich am liebsten,

ich fange an
und dann entsteht etwas.»

Albulataler-Steirische-Hochzeit
Für den Salat werden die zwei Kartoffel-Jahrgänger geschält und gewürfelt, dann getrennt mit Thymian, Salbei und Rosmarin weich gekocht und noch warm mit Bergheuessig aus dem Albulatal, Kürbiskernöl aus der Steiermark, Alvascheiner Senf, Petersilie und fein gewürfelter roter Zwiebel gemischt. Dazu kommen gewürfelte, gedämpfte Randen vom Preisig und Endiviensalat. Garniert wird der Salat mit gebratenen Zigerwürfelchen.
Die alten Kartoffeln sehen glasiger aus, die neuen mehliger. Der Geschmack ist ziemlich unterschiedlich. Im Salat wird der geschmackliche Unterschied von den anderen Zutaten überdeckt.

Quetschkartoffeln
Die zwei Kartoffel-Jahrgänger werden in der Schale im Salzwasser mit Kümmel getrennt gekocht. Nach dem Auskühlen werden sie mit dem Handballen vorsichtig gequetscht. So einfach ist das. In einer Bratpfanne in reichlich Bratbutter werden die Granola mit Thymian, Salbei und Rosmarin gebrutzelt.

Heukartoffeln
Das Heu beginnt zu riechen, «Bratheu» mit intensivem Kartoffelschalengeschmack. «Den Geruch sollte man fotografieren können.»

Christandl
Freddy
Gereifte Kartoffeln Granola

Freddy prüft im Ofen den Gargrad mit einer Messerspitze, dann nimmt er die Kartoffeln aus dem Heubett, schneidet sie in zwei Hälften. Es riecht verführerisch. Ich degustiere die beiden Jahrgänge ohne irgendwelche Zusätze, rein und ohne Schale, und erlebe das erste Mal

den intensiven, mehligen Marronigeschmack bei der neuen Granola.

Die letztjährige Granola erinnert mich an eine warme, glasige, feste Gelatine mit Kartoffelgeschmack. Zwei unterschiedliche Geschmackswelten auf einem Teller. Ich bin begeistert. Die geschälten Kartoffeln riechen anders, die Konsistenz ist anders, die Schale ebenso, sie sehen unterschiedlich aus, fühlen sich anders an. Es ist wie bei uns Menschen, die Jungen haben eine feine, glatte Haut, wir Älteren schrumpeln, unsere Haut wird grobporiger, rauer, ledriger.

«Die Granola ist im jungen Stadium sehr gut für Kartoffelstock, später als gereiftere Kartoffel auch als Salatkartoffel oder Bratkartoffel.»

Fastenzeitwurst «Bergkartoffel» von Patrick Marxer
Schweinefleisch, Bergkartoffeln, Meersalz, Muskatnuss, schwarzer Pfeffer, Koriander, Majoran, Petersilie, Weißwein.

«Den lauwarmen Kartoffelsalat aus den wunderbaren Erdäpfeln aus Mutters Garten habe ich in meiner Kindheit über alles geliebt. Und zwar ganz in Grün, mit echtem steirischem Kürbiskernöl. Genauso die delikaten Petersilienkartoffeln, die meine Mutter nach dem Kochen stets in der Backhendlpfanne in den übriggebliebenen fettigen Bröseln schwenkte. Meine kindliche Käsewelt hingegen war wortwörtlich ‹ein schöner Käse›. Bei uns in der Steiermark gab es Käse meist zur traditionellen Brettljause (Brotmahlzeit mit Fleisch und Käse). Der Käse mit dem holländischen Namen war eine Stange, eingehüllt in eine rote Rinde. Und später in meiner Lehrzeit begleitete mich häufig

Oktober 233

gebackener französischer Industrie-Camembert mit Preiselbeerkompott. Der Kartoffelsalat jedoch hat sich in diesen Jahren nicht groß verändert. Außer dass nun kurz vor Mittag ein 100-Liter-Topf mit Gschwellti zum Schälen auf mich wartete. Doch die Kartoffeln, meist der klassische Kipfler, eine österreichische Salatkartoffel, waren immer sehr gut. Es war weder Kartoffel noch Käse, weshalb ich nach der Lehre in die Schweiz ziehen wollte, sondern vielmehr mein Ziel, das klassische französische Kochhandwerk von der Pike auf zu erlernen.

Mein Leben veränderte sich in den Schweizer Bergen.

Auch viele Geschmacksprägungen aus der Kindheit wurden auf den Kopf gestellt. Vor allem war der vertraute Geschmack meiner Kartoffeln plötzlich weg, ja, und der Käse schmeckte neu nach Wiese, Heu oder manchmal auch nach Stall. Saaner Raclette und Grindelwalder Hobelkäse standen neu auf dem Speiseplan, ihr Geschmack und ihre Konsistenz waren für mich wie eine Reise auf einen neuen Kontinent, mein Gaumen musste sich an diese neuen Aromen erst gewöhnen. Erdäpfelsalat, -knödel und -sterz waren gestern. In der französischen Küche warteten Dutzende von neuen Kartoffelzubereitungsarten, von Pommes Anna bis Pommes Zürich. Als ich mit den Jahren die regionalen Einflüsse entdeckte, wurde mir bewusst, dass die Schweiz ein Käse-Schlaraffenland ist, die Kartoffelwelt jedoch ein Einheitsbrei – die Schönheit in den Regalen hatte ihren Preis.

An einem prächtigen Herbstsonntag im Jahr 2005 führte mich ein Ausflug ins Albulatal. Ein Tag, der meine Kartoffelwelt und später mein Leben auf den Kopf stellen sollte. Ich kann mich noch an jedes Detail erinnern, als ich die Bergkartoffeln entdeckt hatte. Vielfalt, Farben und Formen haben mich von Anfang an fasziniert, waren Kartoffeln doch bis dahin für mich einfach nur Kartoffeln. Nun hatten sie plötzlich wieder Namen, zwar völlig unbekannte, aber äußerst sympathische, wie Parli, Safier oder Blaue Veltliner. Fast jede Sorte hatte einen anderen, neuen Geschmack, von Nuss bis Marroni, von Butter bis Mais, von Zitrone bis Kohl. Ja, und die Menschen hinter den Bergkartoffeln sind schon bald zu Freunden geworden.
So habe ich in der Schweiz neben einer neuen Käsewelt auch eine vergessen geglaubte Kartoffelheimat gefunden.»

Oktober 235

Sabina Heinrich
Kartoffelsalat

Es ist neblig, wolkig oder wie ein Meteorologe heute Morgen im Radio gesagt hat: «Wenn du von unten nach oben schaust, sind es Wolken, wenn du von oben nach unten schaust oder geradeaus, ist es Nebel.» Schon habe ich wieder etwas gelernt. Tunnel um Tunnel fahre ich durch die Viamala Richtung Filisur. Sabina ist für ein paar Wochen auf ihrem Maiensäß, um sich ein wenig zu erholen von der stressigen Herbstarbeit. Hier oben hirtet sie ein paar Mutterkühe und ein Kalb, das 4 Wochen zu früh auf die Welt gekommen ist. Sie muss es schöppeln, eine Woche lang mit einer Milchflasche füttern, bis es selber richtig an der Mutter saufen konnte. Es ist frisch draußen, herbstlich, ich fahre die Serpentinen hoch nach Falein. Die wenigen Häuser sind eingebettet auf einer grünen Berginsel direkt unter dem Hausberg der Heinrichs, dem 2622 Meter hohen Muchetta. Falein ist noch aus einem andern Grund bekannt. Hier oben, nur ein paar Häuser von den Heinrichs entfernt, liegt die Maiensäßhütte, in welcher von 1952 bis 1954 der erste Heidifilm von Johanna Spyri gedreht wurde.

Draußen vor der Tür stehen Sabina, Marcel, Tochter Andrina und zwei Besucher. Das Frühstück wartet, im Ofen knistert es, der Kaffee zischt in den Espressokrügen.

Bevor wir uns hinsetzen, setzt Sabina noch Kartoffeln für den Salat auf, den sie für uns zubereiten wird.

Corne de Gatte,

Rote Emmalie und Baselbieter Müsli

dürfen heute mitspielen. Nach dem Kochen müssen sie eine Weile auskühlen, bevor sie geschält, in Scheiben geschnitten und mit heißer Bouillon übergossen werden. Dazu kommen klein gehackte wilde Karotten und Schafgarbe aus der Umgebung, auch schön fürs Auge und fein für den Gaumen, fertig. Sabina gibt manchmal noch Senf dazu und Essig und Öl.

Ich hatte Marcel gefragt, welches Kartoffelgericht er am liebsten hat, und er hat geantwortet, ohne zu überlegen: *«Kartoffelsalat von Sabina.»* So einfach kann es manchmal sein, denke ich mir.

November
Die

Was für ein wunderbarer goldener Herbsttag! Die Äcker sind für das nächste Jahr vorbereitet. Die Vogelscheuchen haben gute Arbeit geleistet. Wo letztes Jahr Kartoffeln wuchsen, sprießt jetzt der Dinkel. Da, wo nächstes Jahr Kartoffeln wachsen sollen, ist Wiesland umgepflügt worden. Die Fruchtfolge ist 3 bis 4 Jahre, je nach Bodenqualität.

Im kleinen Vorratsraum im Hoflädeli hat Marcel für mich einige Kartoffeln bereitgestellt: Blauschalige Bristen, Lilaschalige Uetendorfer, Désirée und Highland Burgundy Red. King Edwards und Maikönig kann ich später abholen. Und dann gibt er mir noch ein paar kleine Kartoffeln in die Hand, die gar keine Kartoffeln sind. Er wischt sie mit den Fingern halbwegs sauber und sagt, ich solle sie probieren. Ich bin erstaunt über sein Schmunzeln. Beim Draufbeißen knackt es; ich habe etwas Fruchtiges, Frisches und auch ein wenig Erdiges zwischen den Zähnen. Ich versuche den Geschmack zuzuordnen, aber es will mir nicht gelingen. Es ist etwas Neues, Oxalis Tuberosa, eine Sauerkleeart. Der erste Anbauversuch ist bereits erfolgt, das Saatgut fürs nächste Jahr ist vermehrt, es wird gesät und man wird sehen. Immer wieder mal etwas Neues, etwas anderes. Marcel ist offen für Fragen und Versuche, so wie vor ein paar Jahren, als …, aber das soll er selber erzählen.

Kartoffel

Gedanken einer Bergkartoffel, bevor sie von einer Kuh gefressen wird

Ich bin eine Kartoffel. Nein, keine normale, konventionelle vom Großverteiler, auch nicht aus dem Unterland. Ich bin eine

Bio-Bergkartoffel aus dem Albulatal.

Mein Geschmack ist einmalig. Normalerweise beglücke ich Gäste in Gourmet-Restaurants. Zugegeben, ich habe einen kleinen Schönheitsfehler, bei der Ernte hatte ich einen Unfall, ich war noch nicht ganz schalenfest und fiel aus dem übervollen Korb des Bauern auf die Erde, nicht so schlimm, ein kurzer Schreck, ein kleines Stück Schale war weg, ein paar Millimeter, nicht der Rede wert, aber doch ein Grund, mich auszusortieren. Ich verstehe das bis heute nicht, mein Geschmack ist hervorragend, mein Schaden rein optisch.

Nun liege ich da in der Futterkrippe und werde demnächst von einer Kuh gefressen, kein Problem für mich, sie wird mich genießen. Das kleine fehlende Stück Schale wird sie nicht stören, sie frisst mich, so wie ich bin, ohne zu nörgeln, aus purem Genuss und um den Hunger zu stillen. Hat nicht auch eine Kuh das Recht, mich zu verschlingen? Ist sie weniger Wert als ein Mensch? Oder bin ich nun weniger Wert als meine perfekten Kolleginnen? Warmer Atem, glänzende Augen und zudem Hörner. Eine Rarität, so wie ich eine bin, nicht genormt, naturbelassen. In ihr werde ich weiterleben, ein Teil von mir wird ausgeschieden und Nahrung für Mikroorganismen, meine Kolleginnen im neuen Jahr. Warmer Atem, Schmatzen, Genuss, es hat sich gelohnt, die Warterei im Dunkeln, die mühsame Suche nach Wasser und Nährstoffen, der Kreislauf schließt sich, ich habe meine Aufgabe erfüllt.

Bergkartoffeln machen Ferien in Tansania

mh ❮*Claudio Gregori, ein befreundeter Bauer aus Bergün, unternahm im November 2008 eine Reise nach Afrika, um unter anderem ein landwirtschaftliches Entwicklungsprojekt zu besuchen. Da er ebenfalls vom «Bergkartoffelvirus» befallen ist, bat er uns um ein paar Knollen Saatgut diverser rarer Sorten.*

Die afrikanischen Schwestern bereiteten unter Anleitung von Claudio ein wunderbares Saatbeet für die Bergkartoffeln vor, die Erde war warm, der Boden optimal gedüngt und es stand genügend Wasser zur Verfügung. Gemeinsam wurden die Saatkartoffeln gesteckt.

Eigentlich konnte nichts schiefgehen, das Kraut sollte in etwa 2 Wochen die oberste Erdkruste durchdringen und einem guten Ertrag stand aufgrund der optimalen Bedingungen nichts im Wege. Doch weit gefehlt, nach einem Ausflug auf den Kilimanjaro – drei Wochen später – war auf dem Acker kein Kraut zu entdecken, alles Graben nützte nichts, keine Anzeichen von Wachstum und Wurzeln.

Verwundert suchte Claudio Gregori nach Gründen für die «Arbeitsverweigerung». Zu wenig Wasser? Kartoffeln brauchen in diesem Stadium nur sehr wenig Wasser, außerdem gelten die Nonnen als sehr zuverlässig. Nicht geeigneter Boden? Der afrikanische sandige Boden gilt als optimaler Kartoffelboden, wenn genügend Wasser vorhanden ist. Zu kalt? Nicht möglich, die «Jungs und Mädels» aus den Bündner Bergen sind abgehärtet und die Temperatur musste eine Wohlfühloase sein. Zu warm? Der Hitzesommer 2003 in der Schweiz behagte den Kartoffeln bei genügender Bewässerung sehr.❯

Glücklicherweise war eine Kartoffel bereit, das Rätsel zu lösen: «Wir haben jetzt Ferien,

nach der Ernte kommt die
Zeit der Ruhe

und der Besinnlichkeit, am liebsten in einem dunklen Keller. In der warmen Erde Afrikas Ferien zu machen, ist natürlich toll, aber bitte nicht stören, wir sind im Winterschlaf, unsere innere Uhr hat uns eine Pause verordnet!!»

November 24

244   Kartoffel

Vollmond: Am Montagmorgen habe ich mit Ulla telefoniert, am Dienstag auch, und dann ging alles ganz schnell. Am Dienstagabend war Vollmond, für Mittwoch war ein Wetterwechsel angesagt. Ich wollte so gern Ulla haben für ein Foto zum Thema «Nachtschattengewächs».

Kartoffeln sind
Nachtschattengewächse.

Die Nacht kann man mit dem Vollmond darstellen, der auch unser aller «Käsegott» ist, wenn er da so einsam und mächtig vom Himmel auf uns herunterblickt. Kartoffeln und Käse, eine Bildidee, Ulla Lohmann soll es richten, dachte ich mir.

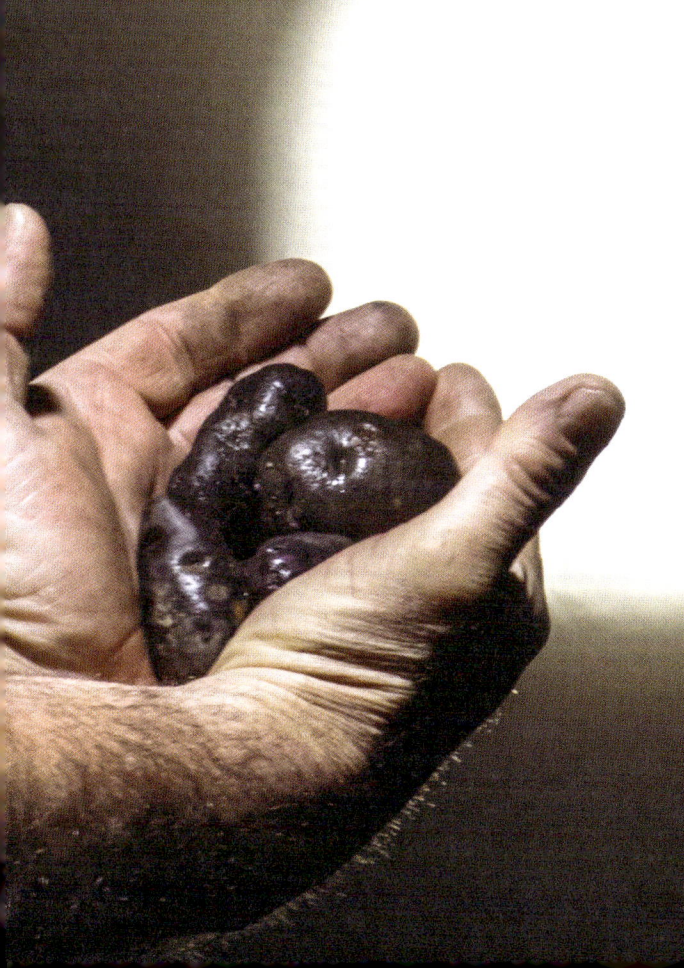

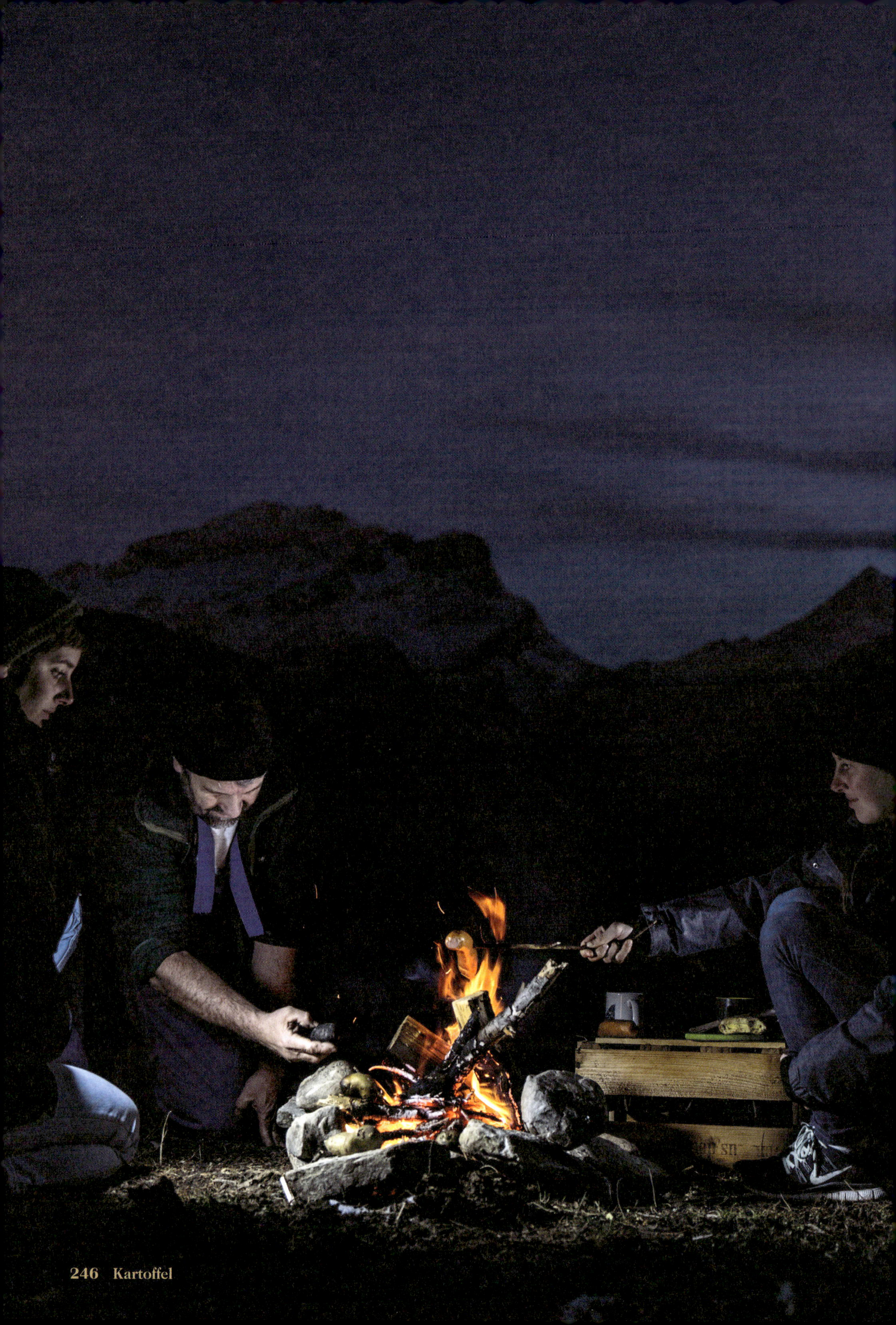

Wir fuhren auf den Schamser Berg zwischen den Dörfern Wergenstein und Mathon auf ungefähr 1600 m ü. M. Es dämmerte bereits. Lisa und Lucia suchten Steine, Bastl machte Feuer und Ulla richtete sich mit ihrer Fotoausrüstung ein.

Es war ein Hin und Her, mehr links, ach nein, doch wieder rechts, etwas nach vorn, entspannter, ich führte geduldig Ullas Anweisungen aus und modelte, was das Zeug hielt. Alle halfen für ein gutes Bild. Ich modelte ja zum ersten Mal in meinem Leben, respektive meine Hand modelte mit ein paar Kartoffeln

der Sorte Vitelotte Noir vor dem Vollmond.

Die anderen waren zuständig fürs Licht, für die Kiste zum Draufstehen, wenn ich zu klein war, für die Wasserspritzflasche zum Befeuchten der Kartoffeln für den Glanz. Der Mond wanderte, wir wanderten mit. Ulla bewegte meine Hand und die schwarzen Knollen mit Rufen. Es war kalt, meine Hände waren warm, aber meine Arme wurden lahm, immer wieder lahm, ich musste pausieren, während Ulla Hunderte von Fotos schoss. Und das alles wegen eines Sujets? Ein Profi eben, das wusste ich bereits und habe es wieder einmal mehr erfahren. Geduld, Präzision, Ausdauer, Perfektionismus. Ulla weiß, was sie kann, was sie will, und das versucht sie zu realisieren. «Für dieses eine Bild brauchte es fünf Leute», sagte ich den anderen, das schreibe ich dann als Bildlegende. Und das unterscheidet mich als «Knipser» von einer professionellen Fotografin. Ich war sehr bewegt und berührt, obwohl ich mich nicht bewegen durfte mit meiner Hand und den Kartoffeln, und die Nacht kam immer näher, der Mond wanderte immer höher, und irgendwann war alles in der Kiste, wie man so schön sagt. Wir aßen die letzten Feuerkartoffeln, packten alles zusammen und fuhren zurück ins Tal nach Andeer, wo wir den Abend mit Brot, Butter, Käse, Tee und Bier ausklingen ließen.

Andeerer Arve

Eine Idee, vielleicht auch nicht mehr.

Jahrelang schwebte mir vor, den Geruch der Arven, den Arvengeschmack mit dem Käse zu vermählen. Nun ist es so weit. Ich habe feingeschnittene Arvennadeln, nur einen Teelöffel voll, einem Mutschli beigegeben. Beim Schneiden der Arvennadeln und beim Abfüllen der Käsemasse in die Mutschliform ist mir ihr wunderbarer Geruch in die Nase gestiegen.
Ich werde alles beobachten. Das Harz der Arve ist das Blut der Arve, flüchtig, würzig-aromatisch, betörend.
Nach 6 Wochen haben wir den Arvenkäse degustiert. Wir waren alle begeistert, auch die ersten Kunden im Laden, unsere Versuchskaninchen. Wir können weitermachen. Schon bald schnitt ich wieder Arvennadeln, diesmal eine größere Menge für Weißschimmelmutschli.

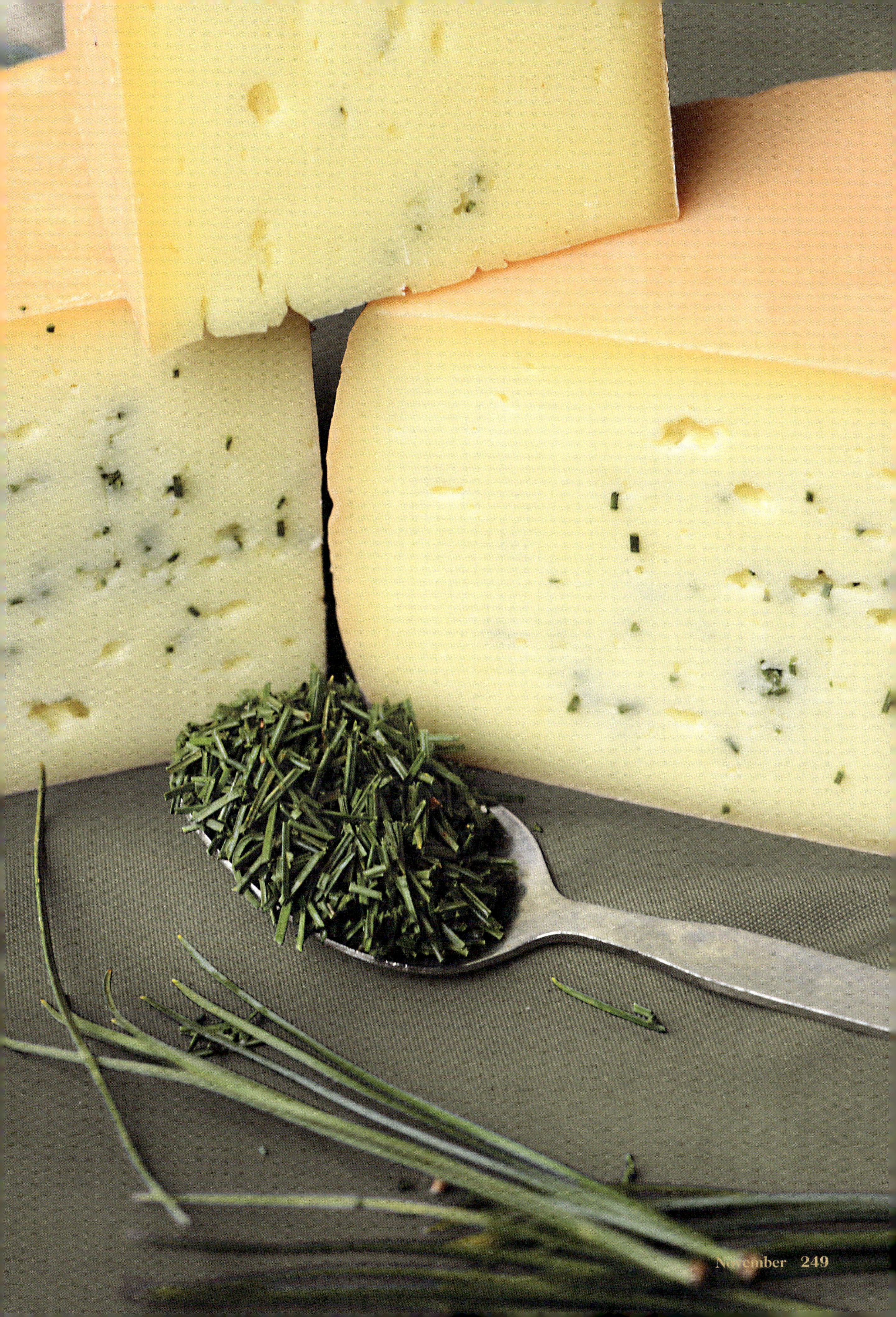

Vor drei Tagen haben die Kühe Futter vom Heuboden gefressen, duftendes Bergheu, einfach betörend. Eigentlich war es wie Kräutertee, so fein hat es gerochen. Die Kuh hat dieses Heu 24 Stunden verdaut, bis am Ende die Nahrung in winzigen Bausteinen ins Blut geleitet und von da in vielen kleinen Teilchen ins Euter transportiert wurde, wo daraus in einem chemischen Prozess wunderbare Milch entstanden ist. Vorgestern ist die Milch in der Sennerei angeliefert und gestern im großen Kupferkessi zu Käse verarbeitet worden. Heute kommen die jungen Käselaibe in den Käsekeller, wo der Kellerchef sie «rändelt» und Produktionsmonat und Fettgehalt einritzt. Das Salzbad steht bereit. Die Käselaibe werden vorsichtig hineingelegt, damit das Wasser nicht zu stark spritzt. 26 Andeerer Gourmet müssen Platz haben. Zum Schluss bestreut der Kellerchef die schwimmenden Laibe noch mit Salz. Da liegen sie nun für 24 Stunden.

Der Käse nimmt im Bad

Salz auf

und verliert ein wenig Flüssigkeit (Molke). Ohne Salz im Wasser würden die Laibe untergehen wie eine Kartoffel im Kochtopf. Die absolute Sättigung liegt bei 20 % Salz, bei mehr Salz kommt es zu Ablagerungen auf dem Boden. Nach 24 Stunden kommen die Laibe auf ein Brett und werden ins Regal geschoben. Das Salzwasser wartet auf die nächsten Käselaibe.

Was passiert mit dem Käse im Salzbad?
Die Haut, in der Fachsprache spricht man von Rinde, wird fest und immer fester, zum Glück. Sie ist nach 24 Stunden so fest, dass es den Fliegen nicht gelingt, Eier hineinzulegen. Beim Weichkäse gibt es diese Barriere nicht. Schon nach wenigen Tagen nach Befall können sich kleine Maden entwickelt haben.

November

Maluns und Quarksoufflé

Andreas Caminada

Maluns mit Apfelmus und Andeerer Käse
«Ich mache euch Maluns, eine Bündner Spezialität. Dafür braucht man gekochte Schalenkartoffeln, die schon einen Tag alt sind. Deshalb nehme ich jetzt keine aus dem mitgebrachten Korb, sondern welche von uns, von gestern, aber auch von Marcel.» So fängt Andreas an und reibt die geschälten Kartoffeln von gestern auf der Röstiraffel, gibt etwas Mehl, Butter und Salz dazu und formt einen krümeligen Teig. Für Maluns braucht man Zeit. Mindestens 30 Minuten müssen sie in der Bratpfanne gerührt werden, bis die groben Brösel goldgelb bis goldbraun geröstet sind. Zum Braten braucht es reichlich Butter. Es riecht aromatisch, die Verbindung von Kartoffeln, Mehl, Butter und Hitze erzeugt einen wunderbaren Duft.

Bei Marcels Bergkartoffeln braucht es viel weniger Mehl

für den Teig, weil sie viel weniger Wasser enthalten, das Eigenaroma ist entsprechend intensiver. Serviert werden die Maluns mit Apfelmus.

Quarksoufflé mit Joghurteis und eingelegten Kirschen
Für das Soufflé Eiweiß, Zucker und etwas Maisstärke verrühren und das Ganze steif schlagen. Quark, Eigelbe, Zimtpulver, Zitronenschale und abgestreiftes Vanillemark verrühren und unter den Eischnee heben. Soufflémasse in mit Butter eingefettete und mit Zucker ausgestreute Portionenschalen füllen. Im Wasserbad 5 bis 7 Minuten goldbraun backen, mit Puderzucker bestreuen.

254 Koch

Wer die Küche von Andreas Caminada genießt, geht auf eine kulinarische Sinnesreise. Die Vielfältigkeit seines Kochens und das Talent, ein Produkt auf verschiedene Art zuzubereiten und zu interpretieren, sind ein Genuss für Augen und Gaumen. Ob knusprig, süß, knackig, sauer oder bitter: Jedes Produkt wird verblüffend in Szene gesetzt. Dafür verwendet er mehr und mehr regionale Produkte von Bauern und Produzenten, die er persönlich kennt.

Der Termin war spontan und kurzfristig. Nach der Kartoffel-Mondnacht sind wir zu siebt auf dem Weg zu Andreas Caminada in Fürstenau. Eine Stunde hat er Zeit für uns.

Im Schloss hat uns Patrik erst einmal die Küche gezeigt. Viele Arbeitsplätze in einem Gewölbekeller, viele schwarz gekleidete Köche, Erlebnis pur für die Augen, wo immer man hinblickt. Alles ist bestens organisiert. Wir schweben nur so durch den Raum, überall Essen, überall kleine, farbige,

wohl geformte kulinarische Leckerbissen

in Vorbereitung, Bearbeitung oder bereits in Vollendung. Andreas Caminada: «*Als Kind war eines meiner Lieblingsgerichte Kartoffelchüechli (knusprig, hmmmm) mit Apfelmus und Bergkäse. Mein Papa und mein Onkel hatten im alten Keller einen Käseschrank. Da durften wir jede Woche mitgehen, um die Käse mit Salzwasser abzuwaschen und einzuschmieren. Das war immer spooky und sehr spannend. Im Keller waren auch noch andere Sachen gelagert wie z. B. Dörrzwetschgen.*»

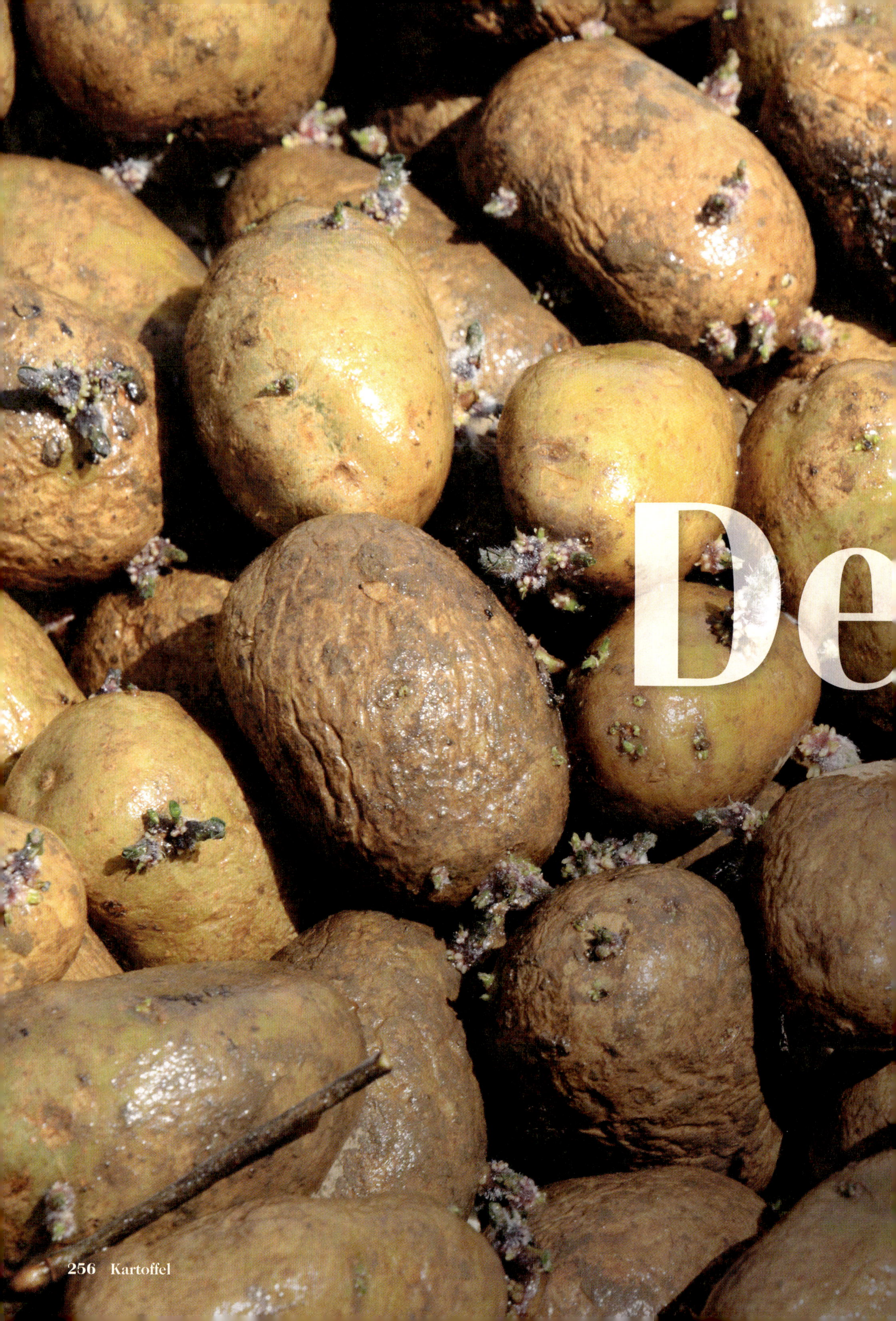
De

zember

Warum dürfen kleine Kartoffeln nicht gegessen werden?

Kartoffel: «Wir sind im Winterschlaf. Wir, das Saatgut. Wir schlafen wie die Bären, bis es Frühling wird. Unsere Augen sind geschlossen. Wir sind besonders wertvoll, denn in uns schlummern die Gene unserer Vorfahren aus den Anden. Wenn man uns alle verspeist, geht alles verloren, dann können wir kein Leben mehr weitergeben. Einige Tage lang könnten auch wir den Hunger einiger Menschen stillen, und dann? Dann kommt der Frühling. Und wenn die Tage länger werden, die Vögel aus dem Süden zurückkehren, das Gras anfängt zu wachsen, der Acker bereit wäre, uns aufzunehmen, dann wären wir nicht mehr da, gedankenlos verspeist. Der Acker verunkrautet, die Welt wäre um eine Spezies ärmer.

Wir sind seltene Spezies, sozusagen rar.

Viele Kolleginnen sind der Normierung und der Industrialisierung zum Opfer gefallen. Wir haben Buckel, tiefe Augen, außergewöhnliche Kocheigenschaften, ungewöhnliche Farben, alles Gründe, uns nicht mehr anzubauen. Und die Buckel, die tiefen Augen, die außergewöhnlichen Kocheigenschaften und die ungewöhnlichen Farben sind in uns gespeichert, von Generation zu Generation überliefert, von Bauern gepflanzt, gepflegt, geerntet, gegessen und überwintert, von Generation zu Generation.
Jetzt schlafen wir bei Kälte im dunklen Keller neben den Alpkäselaiben. Wir mögen es kalt, aber nicht zu kalt, denn unter 0 °C erfrieren wir. Das Wasser in unseren Zellen würde zu Eis erstarren und uns zerreißen. Ist es zu warm, spüren wir den Frühling und machen die Augen auf.
Es ist Dezember, also noch viel zu früh zum Aufwachen. Draußen ist das Wetter noch lebensfeindlich. Wir genießen die Ruhe mit den Alpkäselaiben, die langsam reifen und die Feuchtigkeit schätzen, die wir abgeben. Wir ergänzen uns. Gewiss, wir sehen ganz anders aus, aber etwas haben wir gemeinsam, in beiden steckt Leben, was nicht selbstverständlich ist. Es gibt auch weniger lebendige Käse, z. B. wenn die Milch zu stark erhitzt oder das Leben durch Leitungen, Zentrifugen oder Bakteriofugen vertrieben worden ist.»

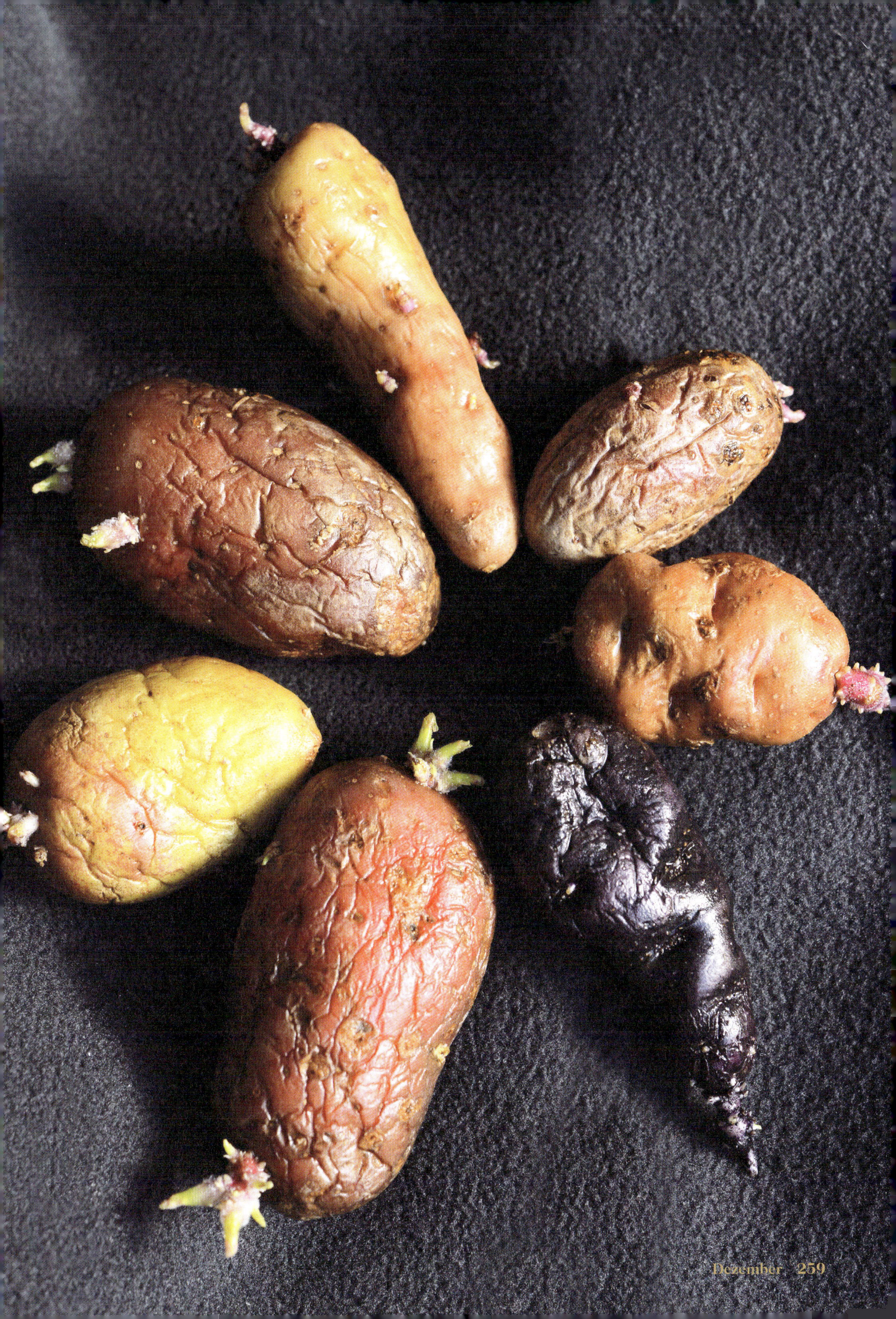

mh «Man stelle sich vor, alle Kartoffeln auf der Welt weigern sich, sich zu vermehren, einfach weil sie denken, dass sie unter ihrem Wert verkauft werden, und rufen weltweit zum

Kartoffelstreik auf.

Keine Frites am Pommesstand, keine Rösti in der Berghütte, keine Gschwellti zum Raclette, keinen Kartoffelstock zum Sonntagsbraten.

Wie lange würde es wohl dauern, bis die Menschen sich erheben und die Kartoffeln lautstark auffordern, den Streik zu beenden und sich wieder zu vermehren? Man stelle sich vor, die Kartoffeln würden weiterstreiken und sich nicht unter Druck setzen lassen: Entweder gibt es mehr Wertschätzung oder keiner von uns landet mehr in der Pfanne, würden sie lautstark rufen.

Man stelle sich vor, die Menschen würden immer kleinlauter, denn endlich würde ihnen bewusst, dass es keinesfalls selbstverständlich ist, Kartoffeln auf dem Teller zu haben. Sie würden sich schämen, weil sie immer weniger für Kartoffeln bezahlen wollen. Man stelle sich vor, die Kartoffeln würden erst nach 5 Jahren den Streik aufgeben, weil sie die Menschen verzweifelt darum bitten. Nach 5 langen Jahren ohne Kartoffeln würden vielleicht keine Pommes frites mehr im Abfallkübel landen. »

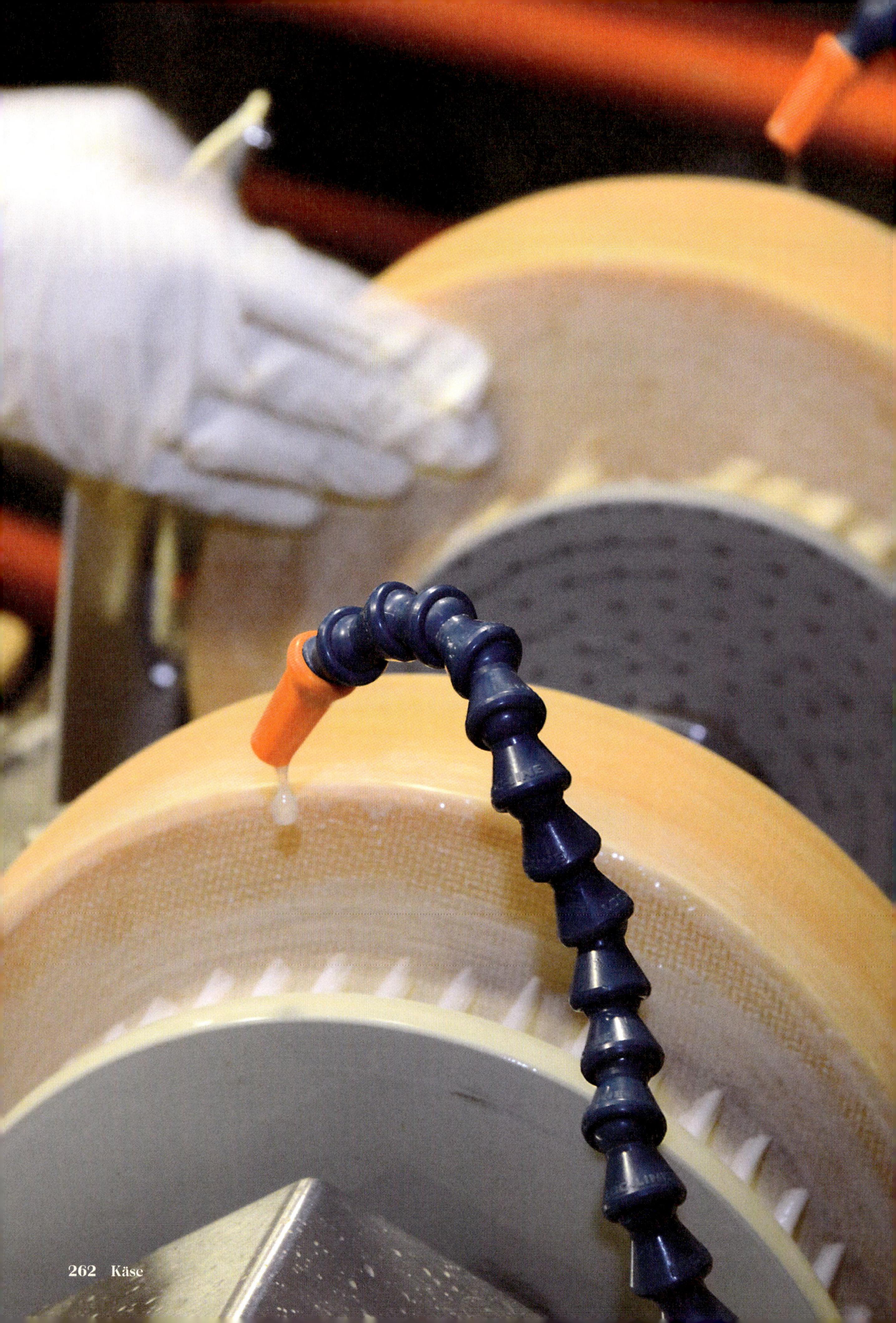

Im Käsekeller ist immer etwas los

Käse: «Wir sind Neuankömmlinge und liegen zu dritt auf einem Brett im Regal, inmitten von Dutzenden von Gleichgesinnten. Wir müssen hinten anstehen, wir sind jung, noch «grün» und ganz bleich. Die neben uns sind auch ganz bleich, aber die gegenüber im Regal sind schon leicht gelb bis orange. Eben sind wir dem Salzbad entstiegen und tropfen noch, aber mit jeder Stunde wird unsere Haut trockener. Die anderen Käselaibe werden geschmiert, nur wir noch nicht, wir sind eben noch zu feucht (hinter den Ohren).

Einen Tag später sind auch wir dran. Der Käseschmierer, der Schmierfink oder der Affineur, wie er in der Fachsprache heißt – der Name tönt gut, nicht wahr? – pflegt uns. Behutsam nimmt er Brett um Brett aus dem Regal und legt uns Käselaibe zwischen die Bürsten der Schmiermaschine. Dort werden wir jeden Tag mit Salzwasser und Schmierekultur nass gemacht, immer nur auf einer Seite aufs Mal. Schon nach 20 Tagen sieht die Haut anders aus.

Es hat sich leichte Rotschmiere gebildet und das Aroma

beginnt sich zu entwickeln. Unsere Haut wird zur Rinde, die uns schützt.

Ja, es tut sich was. Nach 2 Wochen sind wir gelb, sonnengelb, goldgelb. Nun werden wir nur noch alle zwei Tage gewendet und geschmiert. Es ist schön, so oft Streicheleinheiten zu bekommen und umsorgt zu werden. Wenn wir zu nass sind, bekommen wir weniger Schmiere, wenn wir zu trocken sind, mehr. Auch schon ein Hauch von weißem oder grünem Schimmel wird sorgfältig weggebürstet. Wir sind Rotschmierekäse; andere Schimmel werden nicht toleriert.

Nach 6 bis 8 Wochen sind die ersten von uns genussreif und kommen als junge Käse in den Verkauf. Wir heißen Andeerer Huus-Chäs, Andeerer Cremant oder Andeerer Bergkäse mild. Ja, wir schmecken mild. Sie nennen uns auch Fresskäse. Die Kinder sind große Fans von uns. Ihre Geschmacksknospen sind noch nicht verdorben. Sie schmecken die Blumenwiese im Käse. Bei den Erwachsenen ist diese Sensibilität häufig verloren gegangen, sei es durch Rauchen, Alkohol oder scharfes Essen. Wer von uns nicht verkauft wird, bleibt im Keller. Basta. Aber wer meint, das war es dann, der irrt. Wer jetzt noch im Keller bleiben darf, erlebt etwas ganz Besonderes. Reife! Wir reifen, ja, wir reifen in eine Richtung, die schwer zu beschreiben ist. Es erinnert mich an einen guten Wein, der im Alter immer besser wird. Wenn bis jetzt alles gut gemacht wurde, erleben wir in den nächsten Monaten eine wundersame Veränderung. Beim Wein braucht dieser Prozess einige Jahre, bei uns dauert er mehrere Monate oder 2 bis 3 Jahre.

Reife
hat mit Verdauung zu tun.

Bei uns werden die langen Fett- und Eiweißteilchen immer kleiner. Reife bedeutet Abbau zu den kleinen und kleinsten Bausteinen, damit irgendwann wieder etwas Neues entstehen kann, etwas Neues zusammengebaut werden kann.

Dezember 265

266 Käse

Apropos verkaufen: Wer es geschafft hat, nach 2 Monaten immer noch im Keller zu sein, wird weiter gepflegt, aber nicht mehr so oft. Zweimal in der Woche kommen alle Käse mit einem Alter von 2 bis 3 Monaten dran, danach kümmert man sich nur noch einmal die Woche um uns. Langweilig wird es trotzdem nicht. Wir sehen den Schmierfink einfach seltener, wir liegen auch in einem anderen Keller, der etwas trockener und kälter ist. Dort werden wir immer wieder von Besuchergruppen bestaunt.

‹Käsekeller ist Chefsache,›

sagt der Oberschmierfink den Leuten und erklärt ihnen, wie schwierig es ist, aus einem guten Käse einen noch besseren Käse zu machen. Käsepflege ist wie Altenpflege, man kann viel falsch machen. Wenn ein Käse ‹durchliegt›, wie man im Fachdeutsch sagt, ist das nicht gut. Feuchtigkeit, Wärme und Luftabschluss, das ist ein guter Nährboden für Fäulnisbakterien und es beginnt zu stinken. Hier hilft nur noch die radikale Kur, wegschneiden und die Wunde so versorgen, dass eine neue Rinde entsteht. In der Altenpflege nennt man das Dekubitus.

Manchmal werden wir gepflegt, und der Schmierfink hört keine Musik. Dann sind die Töne der Schmiermaschine mit den Handgriffen des Affineurs so im Rhythmus, dass das Schmieren selbst wie ein Tanz ist, wie Musik. In solchen Momenten kommen dem Schmierer die besten Ideen, neue Käsekreationen, neue Käsenamen, neue Vermarktungsideen, dann wird der tiefe Käsekeller zum Ideenpool. Und wir dürfen beiwohnen. Es sind Schwangerschaften und Geburten von Gedanken, Ideen und Beschlüssen. Wunderbar!»

Werner vom Berg

Kartoffelstock und Pizokel

Anlässlich meiner Foto-Vernissage im Hotel Berghaus Piz Platta servierte Werner Strauss, alias Werner vom Berg, ein wunderbares Kartoffelgericht. Ich war mit meiner Kamera mehrmals in der Küche. Meine Nase folgte einem verführerischen Duft, kurz darauf tauchten meine Augen in ein dampfendes Goldgelb ein. Dieser verführerische Härdöpfelstock erinnerte mich an den meiner Mama – sie nannte ihn Kartoffelbrei –, an meine Kindheit, an das Nachhausekommen nach der Schule, an Hunger, all das vereinte er. Und dann durfte ich ihn probieren. Ich traute mich nicht so recht. Werner machte es mir vor: einfach eintauchen mit dem Finger in die gelbe Verführung und ab in den Mund,

Augen schließen:
«Guuut!!»

Den Kartoffelstock serviert er mit einem kleinen See Zitronen-Olivenöl aus Sizilien. Dazu werden die Oliven mit frischen Limonen gepresst. Wir werden später die Augen schließen und sagen «guuut!!»

Werner vom Berg: *«Es war einmal… Soweit ich mich erinnern kann, hat in meiner Kindheit der Käse keine Rolle gespielt. Es gab Zeiten, da ging ich mit meinem Vater fischen. Frühmorgens, es war noch stockdunkel, kochte mein Vater eine Art Sterz oder Grießbrei mit allerlei Gewürzen, etwas Kürbiskernöl und wenig geriebenem Käse zum Binden. Das war unser Köder, nebst Würmern und anderen Leckereien. Natürlich eignete sich zum Fischen auch der Schachtelkäse (Schmelzkäse). Ich erinnere mich noch gut, dass wir einmal weder Sterz noch Würmer hatten und in Folie eingepackte Schmelzkäsedreiecke den Köder ersetzen mussten. Daraus wurde leider nix, ich hatte ihn schon längst schnabuliert. Na ja… das waren meine ersten Käsebekanntschaften oder zumindest war ich der Meinung, dass es Käse war. Später folgten die klassischen Edamer und Co. Wirklich guten Käse lernte ich erst Jahre später kennen und schätzen.»*

270

Kartoffelporträts

Kartoffeln sind nicht gleich Kartoffeln.

Diese Erfahrung durfte ich machen, als ich mich mit den verschiedensten Kartoffelsorten von Sabina und Marcel auf dem Hof Las Sorts beschäftigte. Und es sind auch nicht nur Kartoffeln, es sind Bergkartoffeln, gehegt, gepflegt, geerntet auf 1000 m ü. M., umringt von hohen Bergen und begleitet vom Bergwetter mit all seinen Facetten.

Die Kartoffel ist eine typische Frucht, deren Anbau, deren Pflege und deren Ernte von der Landwirtschaft industrialisiert wurden. Dass großflächige Monokulturen im konventionellen Kartoffelanbau Spritzmittel brauchen, wissen mittlerweile fast alle, und dass die Sortenvielfalt immer mehr abnimmt und dass sich der Geschmack der übriggebliebenen Sorten vereinheitlicht, das erfahren wir tagtäglich auf unseren Tellern.

Und um diesen Geschmack geht es. Sabina und Marcel bauen über 40 verschiedene Kartoffelsorten an, sie treten dafür ein, dass die Sortenvielfalt wieder zunimmt und damit auch die Geschmacksvielfalt. Doch der Geschmack ist auch noch von anderen Faktoren abhängig.

Die Erde: Sandige und steinige Böden wirken sich auf den Geschmack der Knollen sehr positiv aus. Kartoffeln lieben leichte Böden und danken es, indem sie weniger krankheitsanfällig sind.

Der Dünger: Werden Kartoffeln zu stark mit Stickstoff gedüngt, werden sie zwar groß und der Ertrag steigt, die Knollen haben aber prozentual weniger Zellwände, mehr Wasser, weniger Geschmack.

Die Sonne: Untersuchungen von Gran Alpin (Berggetreideorganisation) haben gezeigt, dass das UV-Licht der Bergsonne die Struktur der Frucht stark beeinflusst. Standortnachteile können somit zum Vorteil werden.

Désirée	Blaugelbe Stein
Baselbieter Müsli	Parli
Corne de Gatte	Blauschalige Bristen

Ditta	Ostara
Granola	King Edward
Vitelotte Noir	Highland Burgundy Red

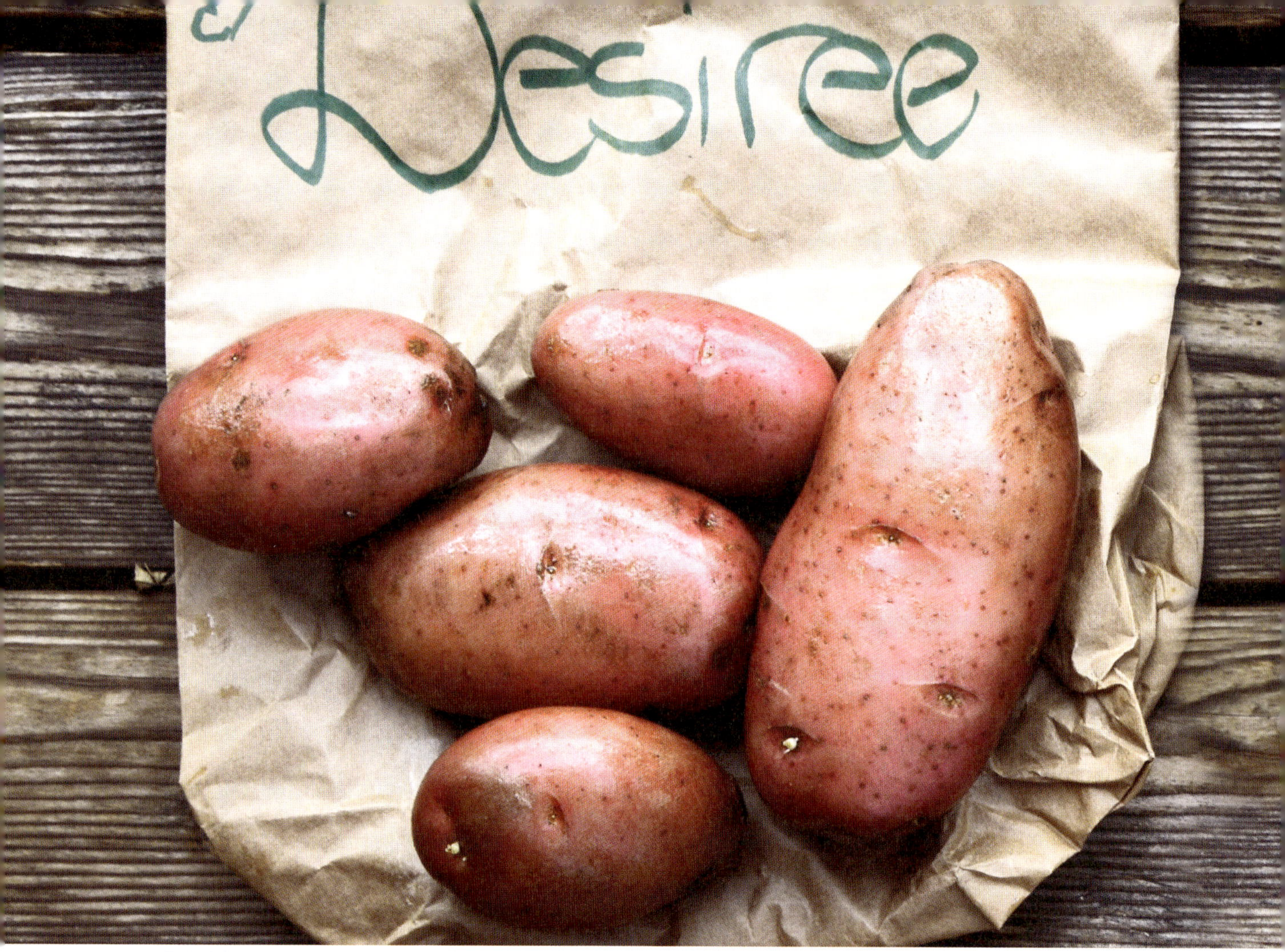
Desiree

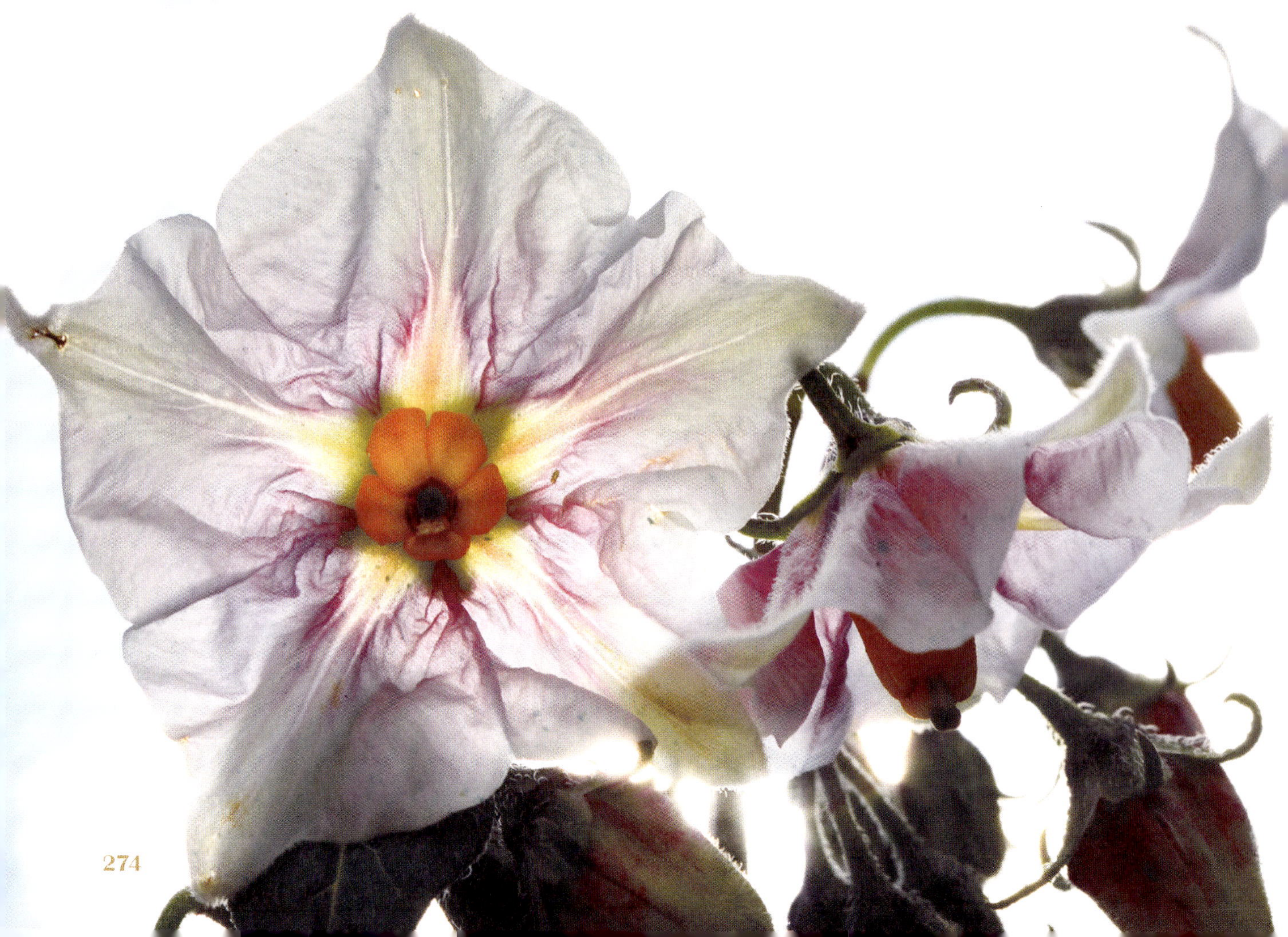

Désirée
Die Schöne, die Liebliche, die Stockkartoffel

Désirée ist ein weiblicher Vorname, er wird abgeleitet vom lateinischen Namen «Desideria» und bedeutet so viel wie die Gewünschte, die Begehrte. Also, wir wünschen uns eine festkochende, leicht mehlige Kartoffel mit hellgelbem Fleisch und begehren einen kräftigen Geschmack, so einfach geht das. Und schon haben wir Knollen vor unseren Augen mit auffällig roter Schale, sehr appetitlich anzusehen und herrlich im Aroma. Ursprünglich kam die Kartoffelsorte Désirée (lat. Solanum Tuberosum) aus Holland. Die Sorte ist nicht anfällig für Knollenfäule und Krautfäule. Sie wird auch im Unterland häufig angebaut, sie bekommt aber auf steinigem, sandigem Boden über 1000 m ü. M. und durch die hohe UV-Strahlung der Bergsonne einen viel intensiveren Geschmack.

mh «*Auf unserem Hof haben schon die Eltern die Désirée angebaut. Sie ist eine Herausforderung und sehr schwierig ohne Schorf anzubauen. Immer wieder glaubte ich, das Rezept gegen den Schorf gefunden zu haben. Zu viel Stroh im Mist bei der Düngung, zu wenig Wasser kurz vor der Blüte, der falsche Acker? Und immer noch, nach so vielen Jahren, weiß ich nicht, was der eigentliche Grund für mehr oder weniger Schorf ist. Die Freude bei den Sortierfrauen ist groß, wenn schorffreie Désirées über das Sortierband laufen und sie nicht ständig entscheiden müssen, wie viel Prozent Schorf wohl tolerierbar ist.*»

Freddy: «*Immer wieder melden sich Köche, weil sie an handelsüblichen Kartoffelsorten für Kartoffelstock verzweifeln. Einer dieser Köche rief mich nach der ersten Notfalllieferung ganz erbost an – ich hätte ihm Gugus erzählt, der Stock klebe genauso wie bei den anderen Kartoffeln. Seitdem weiß ich, dass ich Köche und Köchinnen darauf aufmerksam machen muss, dass Bergkartoffeln um bis zu einem Drittel länger gekocht werden müssen.*»

Verwendung: Désirée eignen sich aufgrund ihrer festkochenden, leicht mehligen Eigenschaft besonders gut für Bratkartoffeln, Dampfkartoffeln und Röstkartoffeln. Zudem sind sie perfekt für Kartoffelstock, Gratins und Kartoffelteig für Gnocchi und Schupfnudeln.

276

Blaugelbe Stein
Die Lieblingskartoffel

Ihre Herkunft ist unklar. Sie wurde einst in einem Anbaugebiet mit der «Blauen Zimmerli» verwechselt, die aber eine blaufleischige Kartoffel war. Im Anbau macht sie nicht allzu große Probleme, geerntet wird die kleine bis mittelgroße, kurzovale Knolle von Hand, der Ertrag ist eher bescheiden. Dafür ist ihre Schalenfärbung sehr attraktiv, sie ist blau und hat auffällige gelbe Flecken. Jede Knolle ist ein Kunstwerk. Unter der Schale verbirgt sich schneeweißes bis hellgelbes Fleisch, was eine große Überraschung ist. Im Innern ist sie gelbfleischig und sehr aromatisch, oft mit kohlartigen Aromen.

mh «*Der Bauer beurteilt eine Kartoffelsorte anders als ein Koch. Sie war 2015 meine absolute Lieblingssorte, eine Perle, sie hatte ein unauffälliges Verhalten. Ihr beim Wachsen zuzuschauen, hat große Freude gemacht. Wir lieben sie zu graben wegen ihrer Form und ihrer Farbe. Ich würde sie nie mehr hergeben.*»

Freddy: «*Ich bin von dieser tollen Knolle auch begeistert – manchmal lege ich sie einfach auf ein Salzbett und backe sie im Ofen. Dann ein Stück Alpbutter dazu, viel mehr braucht es nicht, ein Gaumenschmaus. Falls etwas übrig bleibt, schäle ich den Rest, zerdrücke die Kartoffeln grob mit einer Gabel, verteile sie in einer Gratinform und stelle sie bis zur Verwendung in den Kühlschrank. Vor dem Backen mit reichlich flüssiger Alpbutter beträufeln und im Ofen knusprig goldbraun backen. Mmmh … Herz, was willst du mehr.*»

Verwendung: Die Blaugelbe Stein ist vielseitig verwendbar, so für Bratkartoffeln, Kartoffelsalat, Kartoffelstock und Rösti. Auf einem Salzbett gebacken, lässt sie keine Wünsche offen.

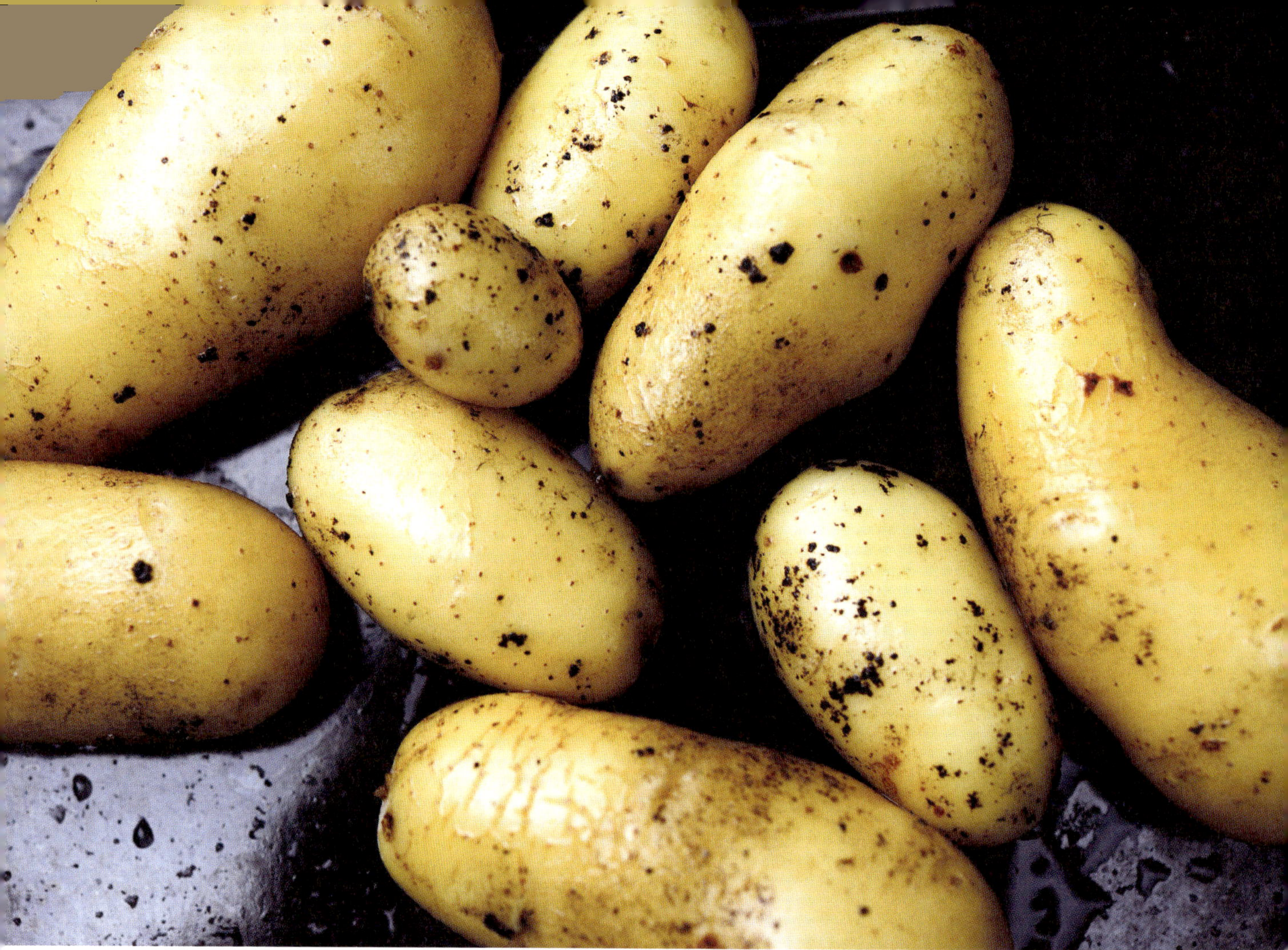

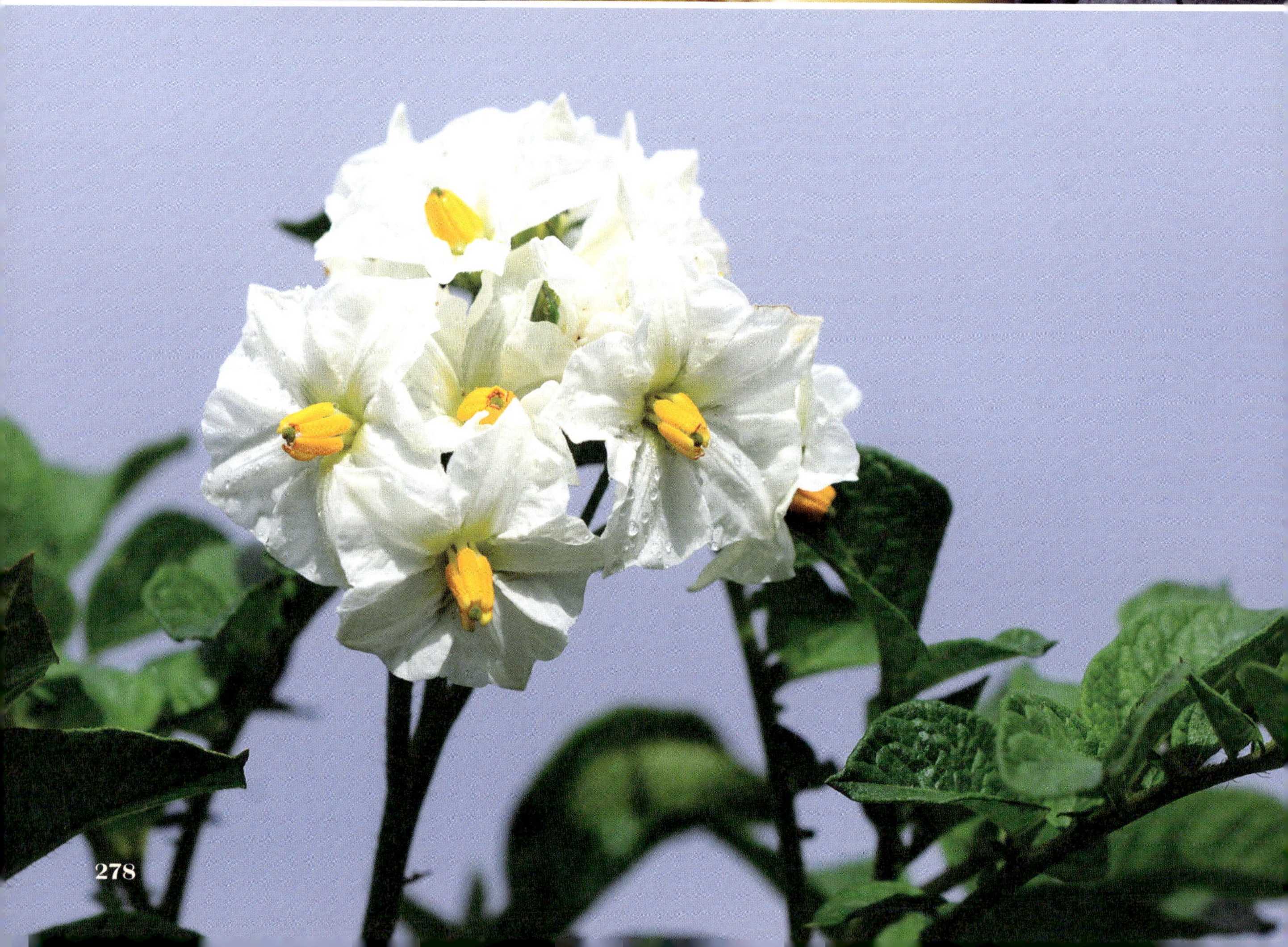

Ditta
Die Familienkartoffel

Die feinschalige, lichtempfindliche Kartoffel ist weitherum bekannt. Ihr wunderschönes gelbes Fruchtfleisch zergeht auf der Zunge. Sie schmeckt wie eine Kartoffel aus dem Schlaraffenland, manchmal sogar nach einem Hauch von Zitrone. Sie ist eine moderne Sorte für junge Leute mit Kindern, eine Familienkartoffel.

mh «*Die Ditta ist eine feine, glatte, pflegeleichte Kartoffel. Sie liefert gute Erträge und ist bei unseren Ernte- und Sortierhelferinnen sehr beliebt, weil sie wenig Probleme macht. Sie ist lichtscheu und wird vielleicht deshalb von der Industrie nicht gern großflächig angebaut. Man sollte sie eigentlich wie alle anderen Kartoffeln auch erst kurz vor dem Kochen waschen, denn die Erde schützt ihre feine Haut vor unerwünschten UV-Strahlen, welche die Knollen grün werden lassen, was gar nicht gesund ist. Ihr Geschmack variiert sehr nach dem Boden und wo sie angebaut wird.*»

Freddy: «*Als wir vor einigen Jahren das Kartoffeltaxi lanciert haben, ging ich bei uns durchs Dorf, um Flyer zu verteilen. Christoph, unser Dorfmetzger, schaute mich kritisch an und fragte, warum wir die Kartoffeln nach Zürich bringen und sie nicht gleich hier im Dorf verkaufen. Als ich ihn fragte, ob er denn Interesse habe, war er sofort dabei. Damit hatte ich definitiv nicht gerechnet und seitdem ist der Kartoffelsalatkonsum in unserem Dorf um ein Vielfaches gestiegen.*»

Verwendung: Festkochend – für Brat-, Dampf- und Bouillonkartoffeln, ab Spätherbst fabelhaft für Kartoffelsalat und zu Raclette.

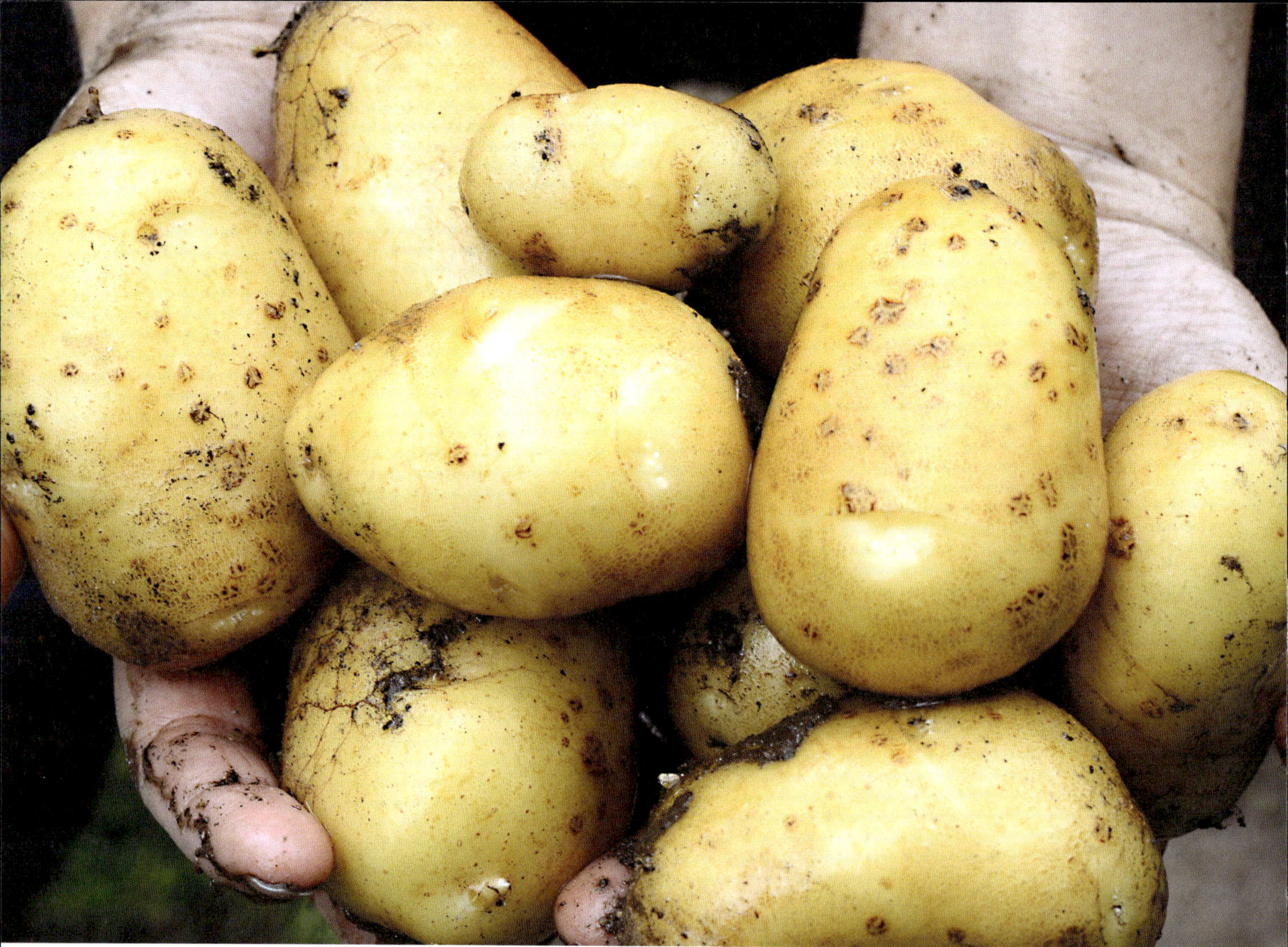

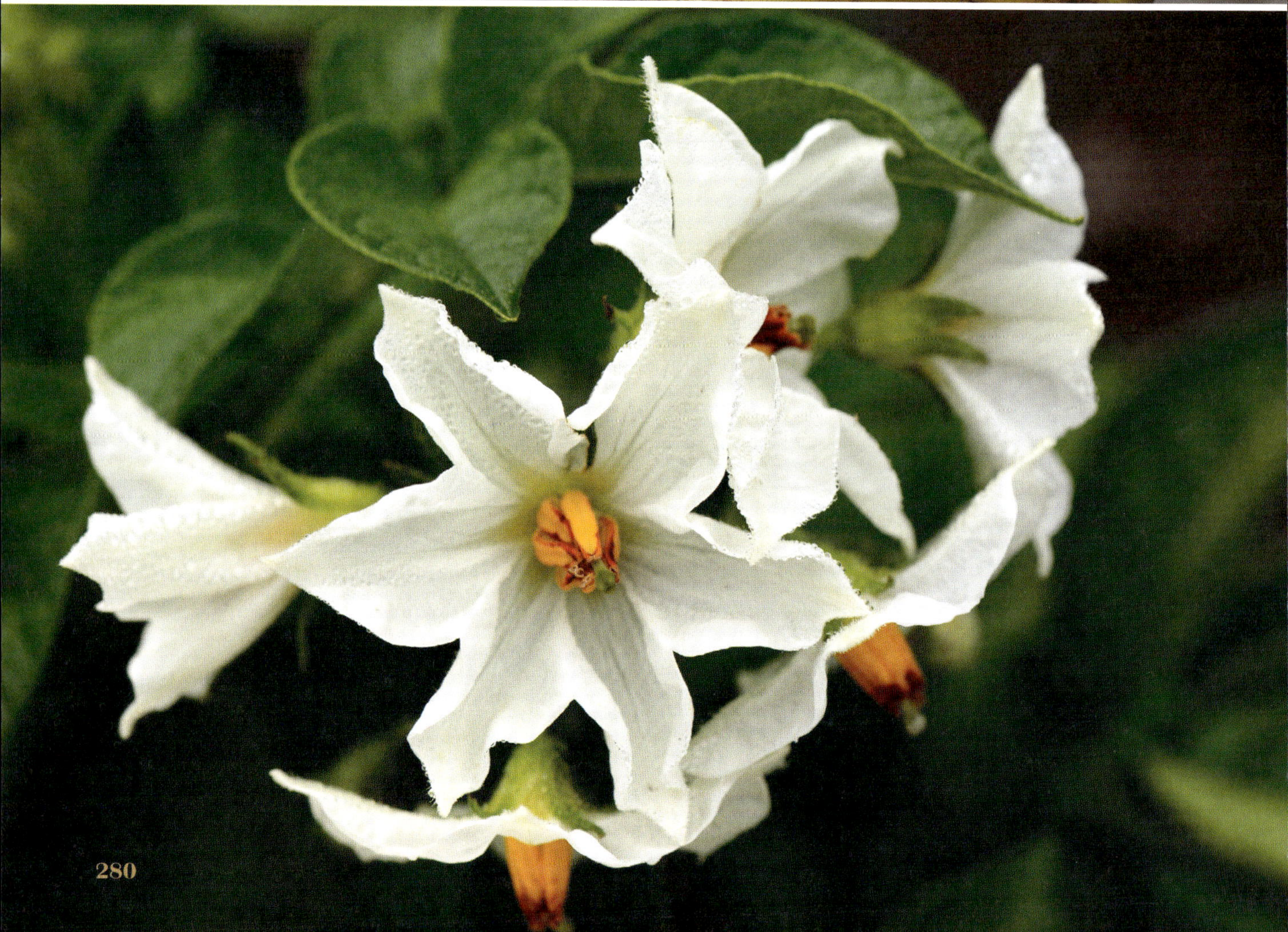

Ostara

Die Hofkartoffel

Die frühreife holländische Sorte ist in der Schweiz seit den 1960er-Jahren im Handel. Sie hat auch aus heutiger Sicht immer noch hervorragende Eigenschaften. Ihr stark nussiger Geschmack fängt das Erdige optimal auf.

mh «Wir hatten die Ostara schon während vielen Jahren angebaut, als sie plötzlich von der Sortenliste gestrichen wurde. Für einige Jahre hatten wir noch Saatgut, dann ist sie auch auf unserem Hof verschwunden, bis bei Pro Specie Rara wieder Saatgut erhältlich war. Nun ist sie wieder bei uns. Was für eine Freude. Sie ist eine Supersorte für den Bioanbau, sie liebt die Erde in den Bergen.»

Freddy: «Ein lieber Freund, auch ein leidenschaftlicher Koch, hatte ein Bergkartoffel-Schlüsselerlebnis mit der Ostara. Er wollte wie immer einen Kartoffelteig aus seiner Lehrzeit herstellen und benötigte am Ende anstatt der gewohnten 8 Eier, die das Rezept verlangt, nur ein einziges Ei. Seitdem ist die Ostara sein über alles geliebter Kartoffelschatz.»

Verwendung: Ein großartiger Allrounder: herrlich für Kartoffelstock, Kartoffelgratin und Kartoffelsuppen. Vorzüglich für Frites, Chips, Ofenkartoffeln und Kartoffelsalat.

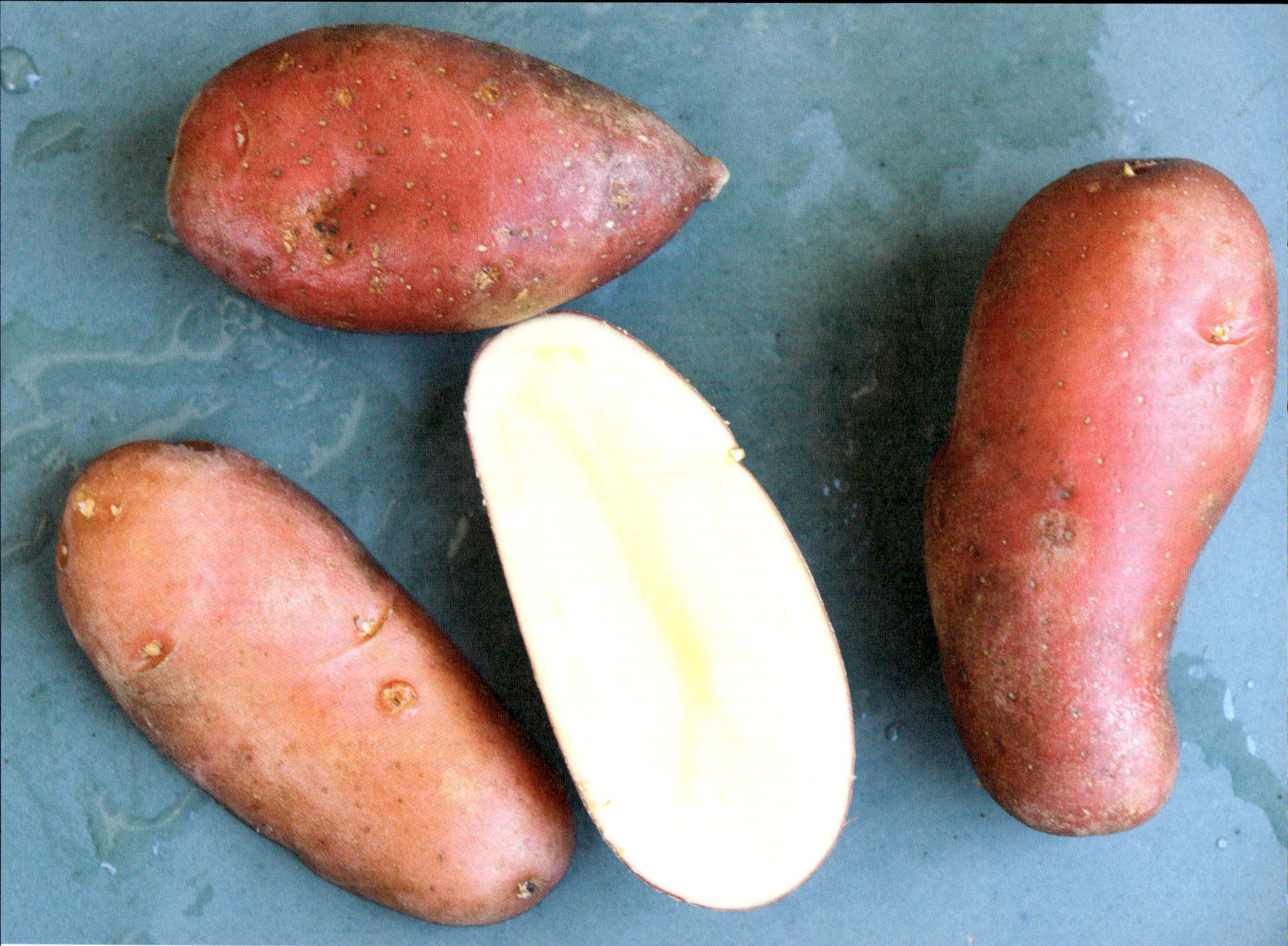

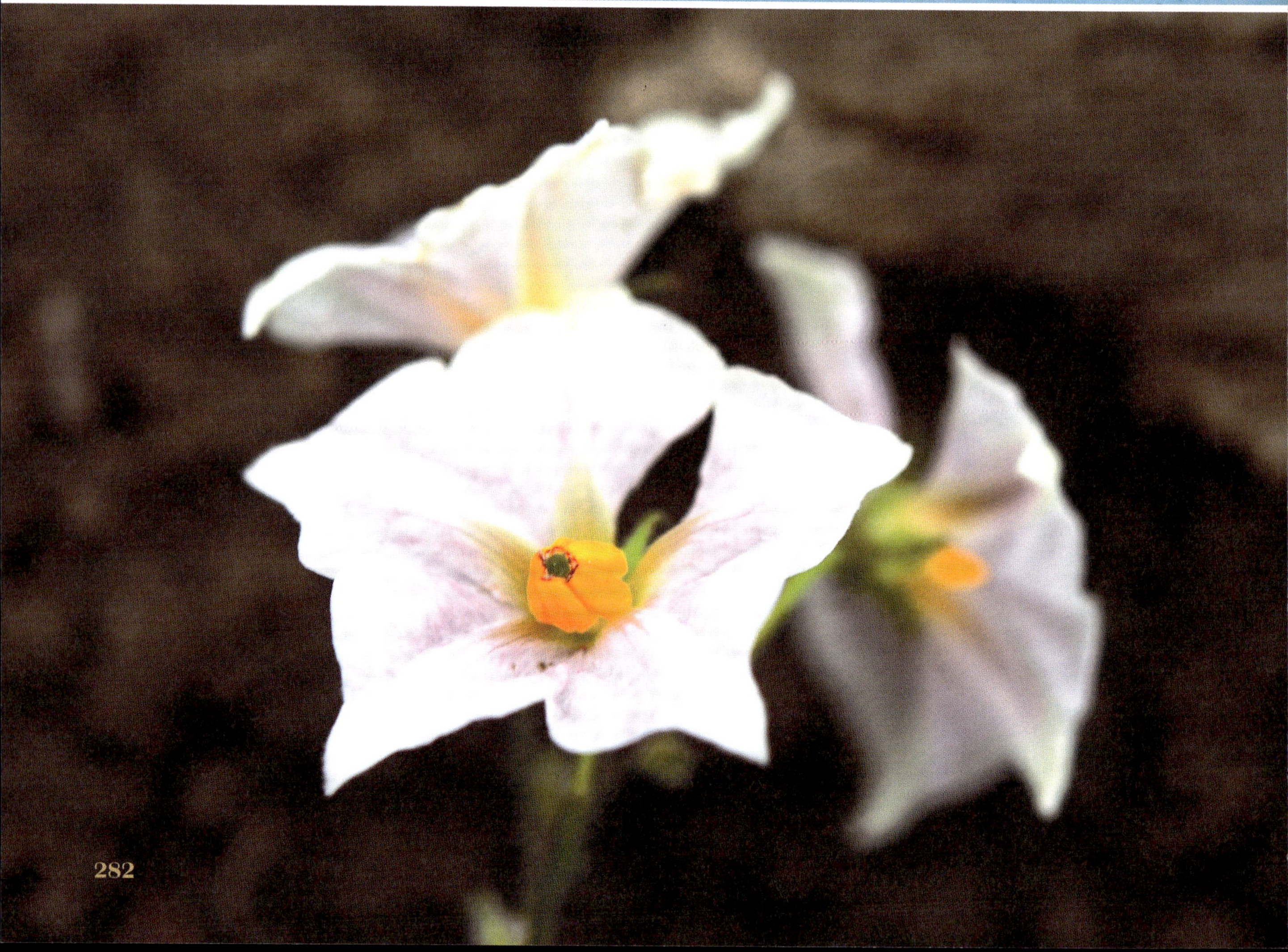

Baselbieter Müsli
Die Erntekartoffel, die Zierkartoffel, die Schmuckkartoffel

Die langovale, mittelgroße Knolle hat eine rote und ganz glatte Schale, hellgelbes Fleisch, einen sehr feinen, aromatischen Geschmack und ist vielseitig verwendbar. Sie ist Ende der 90er-Jahre von unbekannter Herkunft an Pro Specie Rara herangetragen worden.

mh «*Das Baselbieter Müsli ist keine wuchtige Kartoffel. Sie ist eher zart und fein im Anbau. Sie ist frühreif und macht bei der ersten Ernte stets große Freude. Ob das Müsli etwas mit der Mausgröße zu tun hat, wer weiß? Ihre feine und zarte Haut ist auch empfindlich auf Schlagschäden durch Steine, Drahtwurmlöcher und Licht.*»

Freddy: «Am liebsten mag ich sie einfach als Gschwellti, egal ob im Wasser gekocht oder im Steamer gedämpft. Sie will, wie auf dem Acker, auch in der Küche sanft und mit Sorgfalt behandelt werden. Ihre glatte Haut muss man dabei nicht einmal schälen, selbst wenn man aus ihr einen Gratin machen möchte, der ganz besonders fein ist mit ein paar Äpfeln und ein paar feinen Würfelchen Bündner Birnenbrot.»

Verwendung: Gschwellti, Salat oder Salzkartoffeln. Beim Braten in der Pfanne bräunt sie sehr viel rascher als andere Sorten – also die Pfanne gut im Auge behalten.

284

Parli

Die Berglerin

Ihr Ursprung geht rund 250 Jahre zurück. Die erste Illustration einer Kartoffel des französischen Botanikers Carolus Clusius aus dem Jahre 1589 hat viele Ähnlichkeiten mit der Parli-Familie aus Graubünden. Dort wurde sie früher überall im Berggebiet zwischen dem Prättigau und dem Safiental angebaut. Sie wird auch Pfavi, Volläugler oder Häuseler genannt, weil sie überall ums Haus herum angebaut wurde. Die längliche Knolle stammt entweder von der «Wiesener» (Graubünden) oder der «Yam» (England) ab. Zum Schälen kocht man sie zuerst.

mh «*Jedes Tal beansprucht die Urbündnerin für sich. Die Knolle sieht aus wie ein Tannenzapfen. Die Parli ist stur wie wir Bergler, mit allen Vor- und Nachteilen. Im Berggebiet erhält sie ihren außerordentlichen Geschmack. Sie war 2003 auf unserem Hof bei unseren ersten Kartoffelversuchen dabei; sie war wunderschön. Erst im Herbst entwickelt sie ihren Ertrag, nicht viel, aber er kann sich innerhalb von mehreren Tagen verdoppeln. Sie gibt der Ernte den Rhythmus vor, und ich könnte nicht mehr auf sie verzichten. Ich tendiere dazu, immer etwas mehr Parli anzubauen, als vom Handel nachgefragt wird. Sie muss von Hand geerntet werden und polarisiert die Bauern und die Köche, entweder man liebt sie oder man hasst sie. Die Parli ist unser Bergkartoffel-Logo; sie repräsentiert die Berge, die Eigenheit und die Innovation. Mit ihrer Form beugt sie gleich selbst der industriellen Massenproduktion vor.*»

Freddy: «*Beim Braten entwickelt sie den Geschmack und die Konsistenz einer Marroni, sie liebt Flüssigkeit und gutes Fett. Längs geviertelte Parli mit einem guten Braten in den Ofen schieben (Garzeit von Fleisch und Kartoffeln berücksichtigen), ein Gedicht, und falls man plötzlich nur noch die mitgeschmorten Kartoffeln essen möchte, kann man das Fleisch später zum Zvieri servieren. Die Parli ist inzwischen auch mein absoluter Liebling für Kartoffelteige. Es gibt kaum eine andere mit so hervorragenden Eigenschaften.*»

Verwendung: Für Gschwellti, Bratkartoffeln, Bündner Kartoffelklassiker wie Maluns und Kartoffel-Pizokel. Ein Geheimtipp für alle Kartoffelteige. Tipp: Kartoffeln gleich nach dem Kochen am besten heiß schälen.

Parli-Geschichten

Sehr geehrter Herr Bienerth

Sie haben mich nach unserer Begegnung in der Stizun da Latg gebeten, die zwei «Parli»-Anekdoten aufzuschreiben. Das mach ich doch gerne. Seien Sie gewarnt, Fakten und Sagen vermischen sich leicht bei solchen Geschichten. Meine Familie pflegt seit 100 Jahren eine enge Beziehung zum Schams (der Großvater fuhr schon 1910 zur Kur ins Hotel Fravi). Ich organisiere deswegen gerade ein Familientreffen im Capricorn in Wergenstein.

Das Parlihaus in Mathon
Nachdem mein Onkel Otto Hänni das alte Walserhaus (rechts vom Volg in Mathon) in den 50er-Jahren als Brandruine gekauft und renoviert hatte, war das mein geliebtes jährliches Feriendomizil während meiner Kindheit und Jugend. Parlihaus Mathon war die Postadresse. Man hatte mir damals erklärt, das Haus hätte dem Herrn Parli gehört und der habe die Kartoffel ins Bündnerland gebracht. Ich erinnere mich auch an eine Holztafel im Haus, auf der dieser Sachverhalt aufgeschrieben stand. Bei meinen aktuellen Erkundigungen bin ich noch auf eine andere (weniger nette) Version gestoßen, die lautet: Im Haus habe eine Frau gewohnt, die gerne viel und laut geredet hatte. Sie hatte deswegen den Übernamen «la Parla» erhalten und damit war der Schritt zum Parlihaus nicht mehr weit.

Die Mathoner und die Parli-Kartoffel
Die Mathoner begannen auf Initiative von Herrn Parli, Kartoffeln zu pflanzen, und behielten diese Errungenschaft eifersüchtig für sich und gaben ihren Nachbargemeinden nichts ab. Eines Tages braute sich dann aber ein ungeheures Unwetter am Beverin zusammen, und es regnete so stark, dass die Kartoffeläcker der Mathoner mit Erde und Kartoffeln in Richtung Farden und sogar Donath gespült wurden. Was von den Bewohnern in den tieferen Lagen mit Freude zur Kenntnis genommen wurde. Somit war es vorbei mit dem Monopol der Mathoner auf ihre Kartoffeln!

Die Amerikaner würden jetzt weiterschreiben: Und so hat die Parli-Kartoffel ihren Siegeszug in die Welt angetreten...

Mit freundlichen Grüßen
Christian Schaub

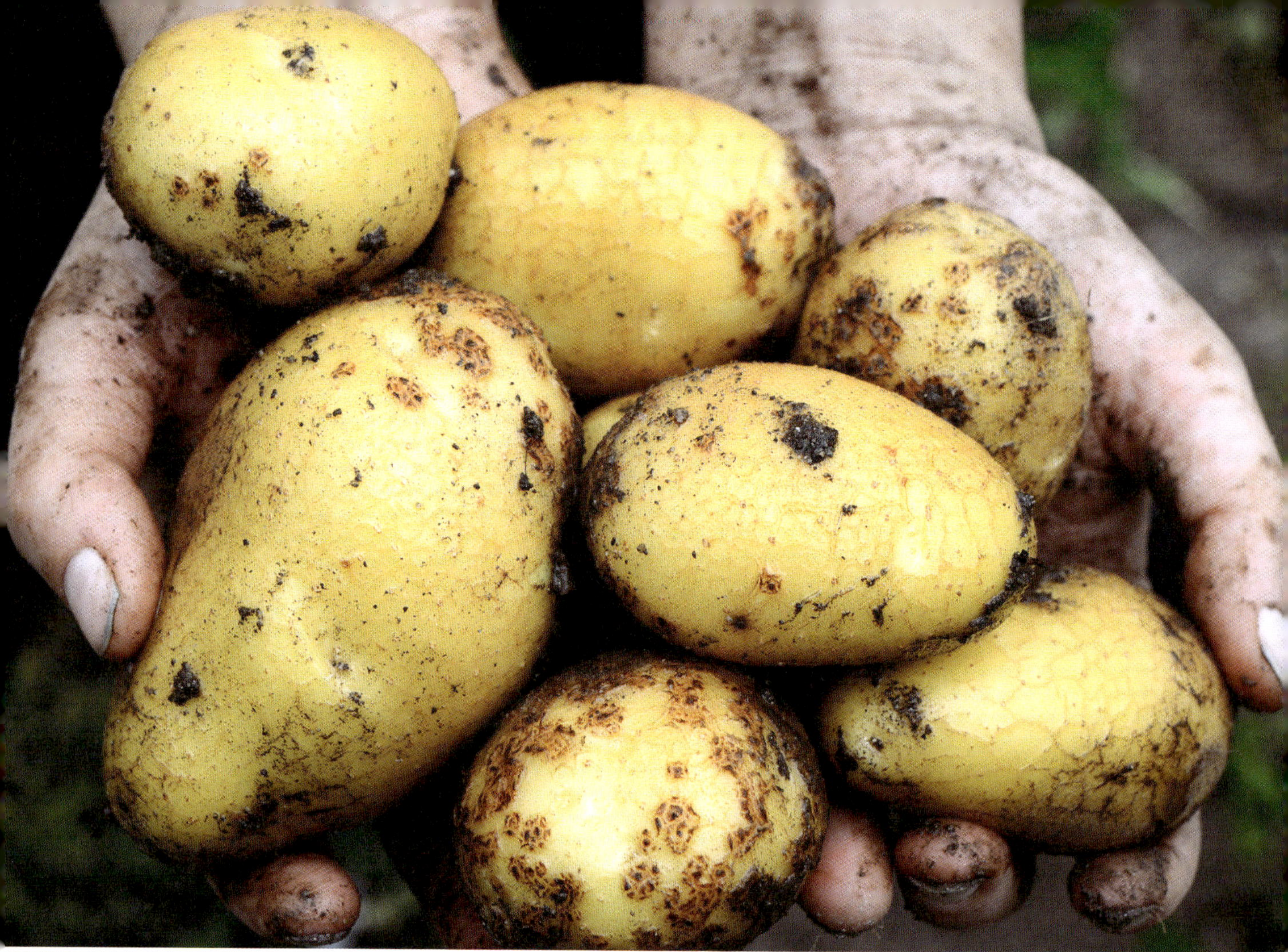

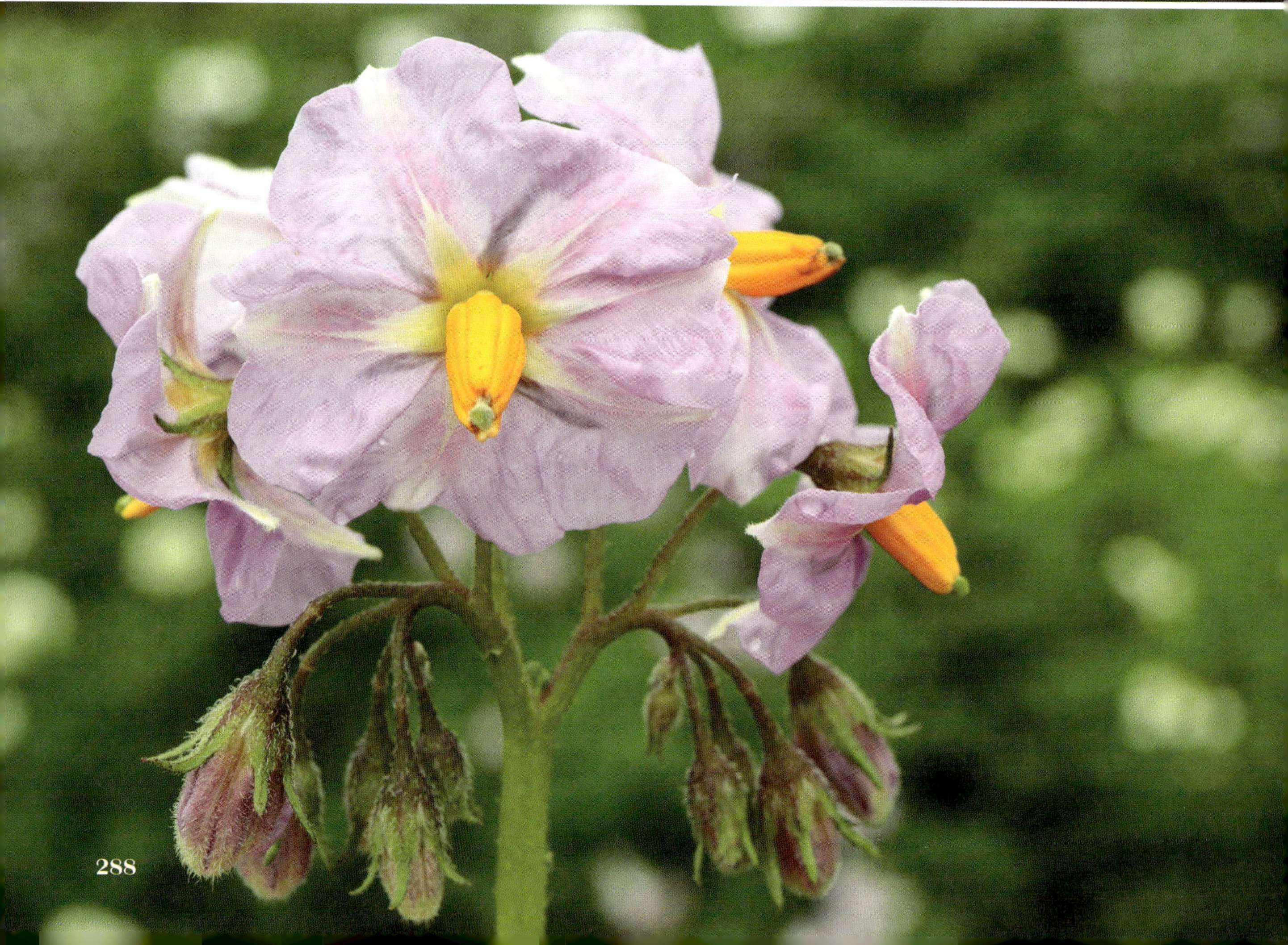

Granola

Die Traditionskartoffel, die Omakartoffel

Die kurzovale, gelbfleischige Knolle mit weißer, rauer Schale ist mittelgroß, nicht spektakulär, aber sehr beliebt. In der Schweiz ist sie leider fast verschwunden, ähnlich wie die Sorte Ostara. Sie hat eine robuste, dicke Schale, fast schildkrötenartig, und ist nicht lichtempfindlich. Sie bleibt beim Kochen anfangs fest, bei längerer Kochzeit wird sie mehlig. Sie ist eine Langzeitlager-Kartoffel.

mh «*Wenn ich an die Granola denke, kommen mir spontan folgende Eigenschaften in den Sinn: bodenständig, guter Ertrag, robust, unempfindlich, lagerfähig. Ich kann mir nicht erklären, warum diese Kartoffel von der Sortenliste gestrichen worden ist, obwohl sie für den Bioanbau sehr geeignet ist. Zum Glück gibt es Pro Specie Rara. Sie haben den Wert der Granola erkannt und die wertvollen Gene gerettet. Die Granola ist nicht verwöhnt, aber ihre Kunden sind verwöhnt. Wenn du einem Granola-Kunden eine falsche Kartoffel gibst, hast du ihn als Kunden verloren. Ältere, anspruchsvolle Kunden, die eher traditionelle Kartoffelgerichte machen, gehören zu den Granola-Anhängern.*»

Freddy: «*Die Granola aus dem Albulatal, ich kenne sie auch noch aus meiner alten Heimat, der Steiermark, ist für mich ein absolutes Aha-Erlebnis – extrem vielseitig einsetzbar und vor allem für Kartoffelstock ganz, ganz oben in meiner Hitliste – und auch jeder Spitzenkoch hat mich spätestens nach dem ersten Granola-Kartoffelstock begeistert angerufen.*»

Verwendung: Ein echter Allrounder, nach der Winterlagerung für fast alle Gerichte zu verwenden. Kräftiges Aroma und zartschmelzende Konsistenz. Im Frühling sind die kleinen Knollen eine besondere Delikatesse zu Schweizer Spargel.

King Edward

kurzovale, weissfleischige
Knollen mit weisser, glatter
Schale mit rötliche Flecken
mittelgross Kochtyp
in offiz. Sortenliste:
1936/37/39 -1951

King Edward
Die Modelkartoffel, die Damenkartoffel

Die historische britische Kartoffelsorte galt lange Zeit als die beliebteste Kartoffel im Lande. 1902 wurde sie erstmals vermarktet, im Jahr, als Edward VII zum König gekrönt wurde. Vermutlich bekam sie deshalb seinen Namen. Sie ist eine Kreuzung von Magnum Bonum und Beauty of Hebron. In England und Skandinavien ist sie auch heute noch sehr beliebt. Die kurzovale, mittelgroße, weißfleischige Knolle hat eine helle, glatte Schale mit rötlichen Flecken.

mh «*King Edward ist im Kartoffelanbau unser Model, very English. Bei der Ernte macht sie uns mit ihrer Farbe große Freude, man verwechselt sie aber auch leicht mit der Sorte Fläckler, die jedoch andere Kocheigenschaften hat. Auf unserem Kartoffeltaxi macht sie eine gute Figur. Ich freue mich immer wieder darüber. Sie ist die ideale Botschafterin für ein modernes, nachhaltiges Vertriebssystem. Sie ist bildschön, aber nicht eitel.*»

Freddy: «*King Edward hat auch in der Küche definitiv die positiven Eigenschaften eines Models – mit ihrer cremig-buttrigen Konsistenz ganz besonders als Salzkartoffel. Man muss sie nicht einmal schminken und verkleiden, selbst als Gschwellti verzaubert sie den Gaumen.*»

Verwendung: Allrounder. Eine königliche Salzkartoffel, zudem herrlich für Bratkartoffeln, Kartoffelchips, Kartoffelstock, Gratins und Gschwellti.

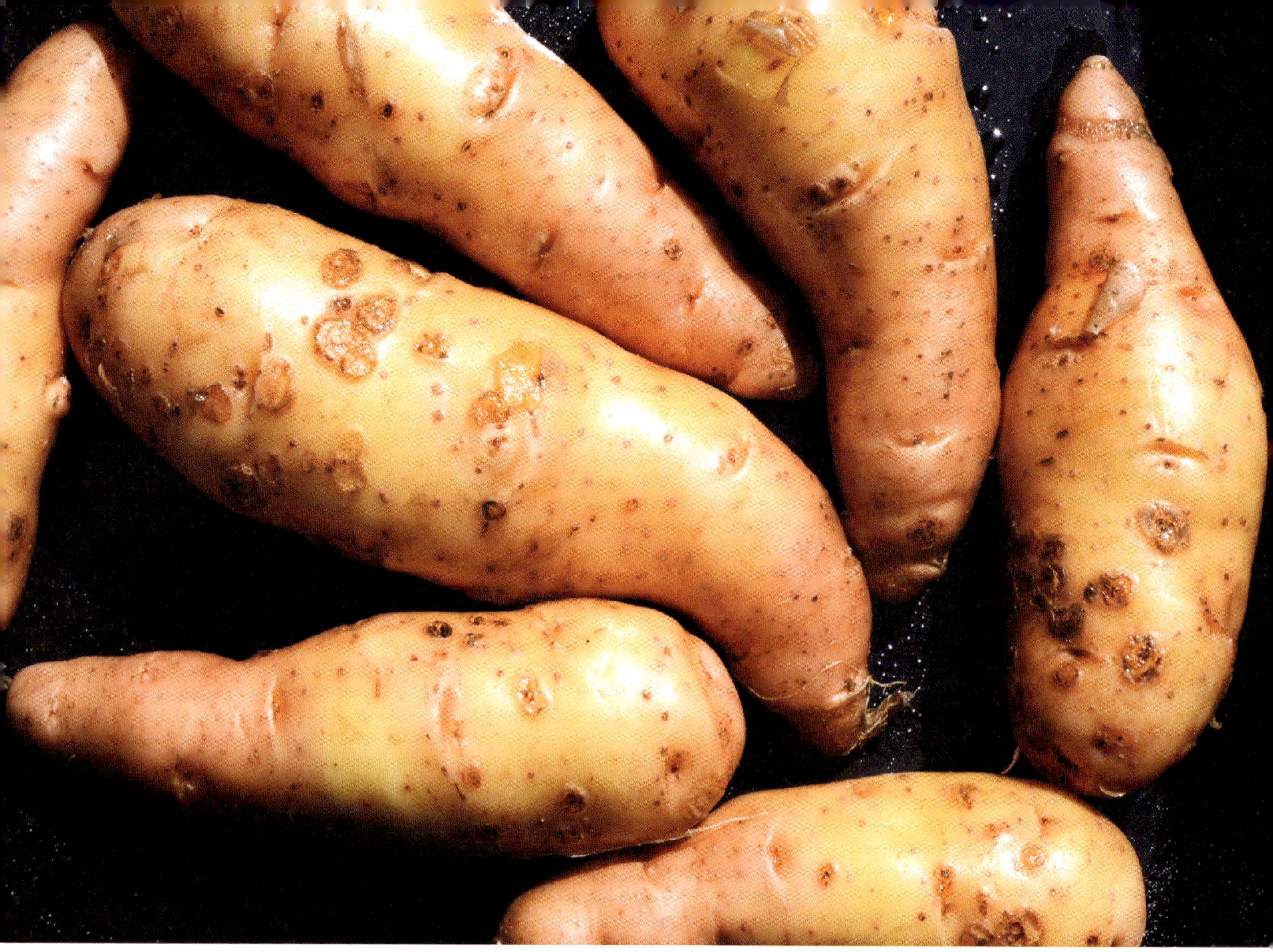

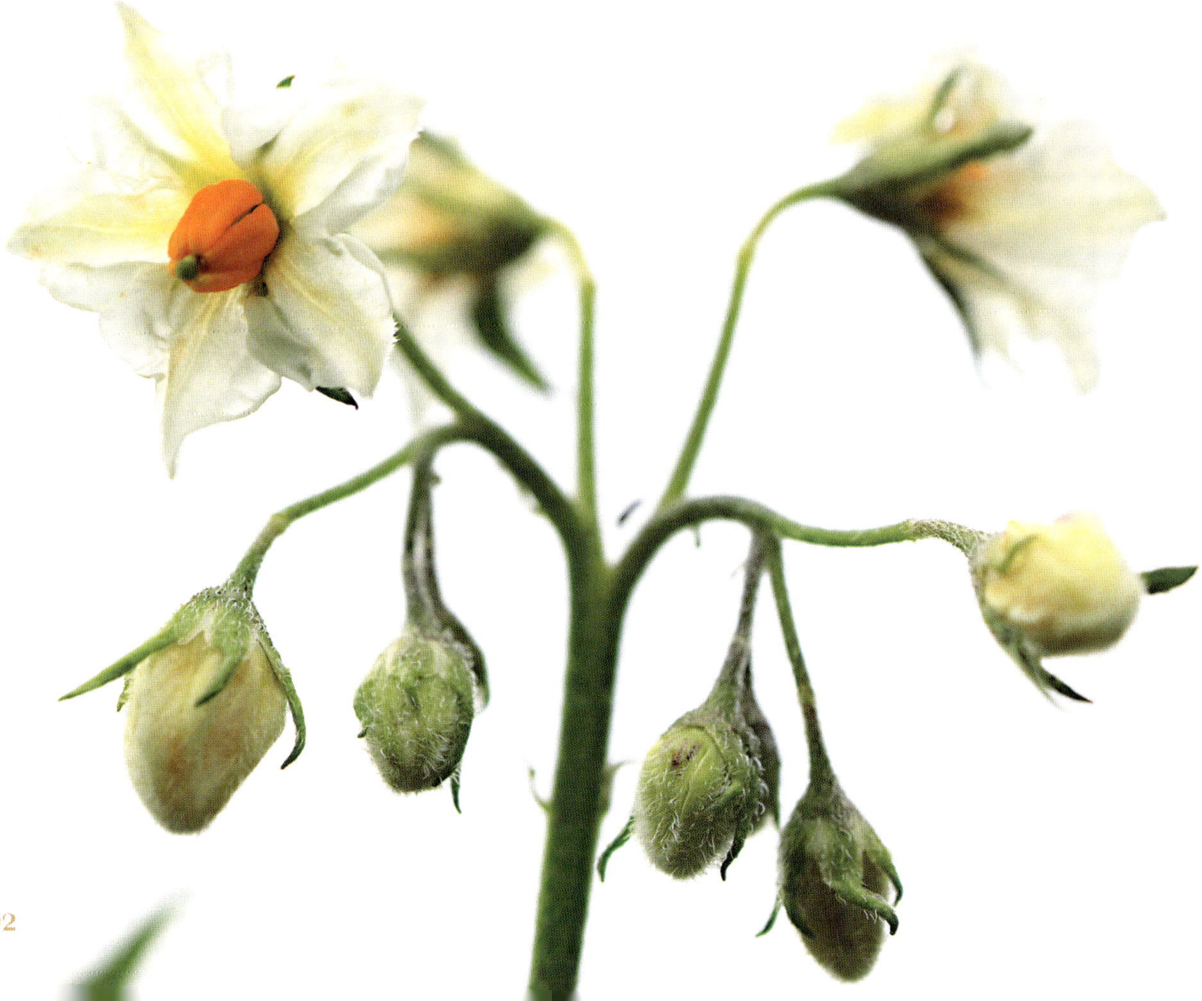

Corne de Gatte
Butterkartoffel, Glückskartoffel, Kaiserkartoffel

Sie ist eine absolute Rarität. Ursprünglich stammt sie aus Belgien, wo sie als Delikatesse gilt. Sie ist länglich bis hörnchenförmig, hat eine weiche, buttrige Textur und einen feinen, leicht herben Geschmack. Wegen ihrer dünnen Schale wird sie ungeschält gegessen. Sie dürfte verwandt sein mit der berühmten französischen Ratte. Mit ihrem nussigen, marroniartigen Aroma ist sie dieser mehr als ebenbürtig.

mh *«Die französische Kartoffel Ratte ist eine Mimose. Sie ist so empfindlich, dass man sie ohne Chemie nicht anbauen kann. Das ist sehr schade, weil sie so für den Bioanbau nicht infrage kommt, obwohl sie einen hervorragenden Geschmack hat. Nach langer Suche konnten wir die Corne de Gatte als Alternative finden. Im ersten Anbaujahr hatten wir einen großen Erfolg, im zweiten Jahr kam die Ernüchterung. Einige Spitzen waren leicht braun, sie faulten im Lager unter unseren Augen. Mittlerweile kennen wir sie und sie fühlt sich nun wohl bei uns im Albulatal und macht kaum Probleme. Wir sind Freunde geworden. Die Corne de Gatte mag keine Maschinen, passt in kein Schema, alles geht etwas langsamer, die Ernte, das Sortieren, der Verkauf. Wenn man sie richtig behandelt, belohnt sie den Aufwand mit guter Gesundheit und sehr vielen, aber meist kleinen, manchmal verzweigten Knollen. Sie muss von Hand geerntet werden. Auf unserem Hof Las Sorts ist sie eine der wichtigsten Kartoffeln.»*

Freddy: «Bei Bergkartoffel-Neulingen ist sie meist der Favorit, vielleicht auch, weil sie ein wenig an die Ratte erinnert. Mit ihren Kocheigenschaften taucht man in eine völlig andere Welt ein. Die Corne de Gatte ist wie ein guter Wein, je länger man sie lagert, umso besser wird sie, nicht nur im Geschmack, sondern auch in der Konsistenz. Im Sommer 2015 war ich bei der Corne-de-Gatte-Ernte auf Las Sorts. Dabei habe ich eine spannende Erfahrung gemacht. Bei jeder ungleichen Kartoffel, die ich aufgelesen habe, habe ich mir überlegt, welchen unserer Köche man mit dieser Größe glücklich machen könnte – und damit auch den Gast im Restaurant.»

Verwendung: Eine kaiserliche Brat- und Salatkartoffel. In Butter sanft gebraten oder im Ofen gebacken fast unübertroffen, als Gschwellti ein Leckerbissen.

294

Blauschalige Bristen
Die Wunderknolle, die Suchkartoffel

Wiederentdeckt hat man die Kartoffel beim Bergbauer A. Furger in Bristen, Kanton Uri, auf 1100 m ü. M. Die Blauschaligen Bristen haben dunkle Stängel, üppiges Kraut und tiefblaue Blüten. Furgers waren die Einzigen, die diese Sorte auf ihrem Hof noch anpflanzten. Man ist überrascht, dass diese Kartoffel innen so hell ist.

mh «*Entdeckt habe ich diese Sorte im Internet. Zuerst hatten wir nur wenige Knollen, aber es wurden immer mehr. Heute ist sie ein wichtiger Bestandteil unserer Kartoffelvielfalt. Sie ist kaum vergleichbar mit einer anderen Sorte, sie ist eigen, freundlich und erdfarben. In unseren Böden ist sie schwierig zu finden, man braucht bei der Ernte gute Augen.*»

Freddy: «*Die Kartoffel hat mich optisch ebenfalls von Anfang an fasziniert, doch die kulinarische Liebe ist erst mit dem Kochen gekommen. Es liegt vielleicht auch daran, dass am Anfang alle Sorten neu für mich waren. Die Blauschalige Bristen ist einfach aus der Reihe getanzt. Heute weiß ich, dass sie fast ein Unikat und mit ihren Eigenschaften auf Feld und Teller ein richtiger Charakterkopf ist.*»

Verwendung: Vielseitig verwendbar – eine wirklich grandiose Brat- und Salatkartoffel, ideal für Gschwellti oder als Zugabe in einen Eintopf. Frittiert oder als Rösti (mit der Schale roh gerieben) eine kulinarische Offenbarung.

296

Vitelotte Noir
Die Trüffelkartoffel, die Edelkartoffel

Diese alte französische Sorte stammt aus der Loire. Die sogenannte Urkartoffel ist bei Feinschmeckern als Trüffelkartoffel bekannt. Sie wurde schon vor 1850 angebaut. Leider sind die Erträge gering. Ihre Lagerfähigkeit ist sehr gut. Sie hat einen wunderbaren, leicht nussigen Geschmack. Der Biss erinnert an Marroni. Sie wird als die edelste der blauen Esskartoffeln gehandelt und bleibt beim Kochen nachtblau.

mh «*Die Vitelotte Noir ist mir lieb und teuer. Man kann sie im Boden fast nicht finden und ihr Ertrag ist sehr klein. Bei ihr müssen wir mehrmals nachgraben. Sie ist eigenartig und die dunkelste und farbintensivste unter unseren Sorten. Aufgrund des großen Aufwands und des geringen Ertrags müssen wir Helferinnen und Helfern bei der Ernte die Einzigartigkeit und den Wert der Knollen jedes Jahr von neuem erklären. Sie ist die edelste, die wertvollste Sorte, eine echte Rarität.*»

Freddy: «*Sie ist wirklich wie eine Trüffel, man könnte nie eine normale Portion von ihr essen. Sie ist nicht nur fast so schwer wie ein Stein aus der Albula, 1 bis 2 Kartoffeln sättigen wie eine Portion Pommes frites. Deshalb verwende ich sie wie eine Trüffel, als geschmackliches und farbliches Schlussbouquet auf dem Teller.*»

Verwendung: In Frankreich wird die gekochte, erkaltete Vitelotte Noir mit einer Vinaigrette serviert. Sie gibt wunderbare Bratkartoffeln, Gschwellti, bunte Kartoffelsalate und Chips und ist ein Farbtupfer in verschiedensten Kartoffelgerichten.

298

Highland Burgundy Red
Die Charakterkartoffel, die Urkartoffel

Die Highland Burgundy Red hat ein attraktives, marmoriertes rotweißgelbes Fruchtfleisch, aber nicht nur das, sie schmeckt auch außergewöhnlich gut. Kräftig und erdig ist ihr Geschmack und erinnert an Kohlrabi; sie lässt den Urgeschmack der Kartoffeln erahnen. Die Burgundy Red kommt aus den schottischen Highlands. Sie ist bei Sammlern und Liebhabern begehrt. Sie wächst vor allem in Bergregionen ausgezeichnet, im Unterland entwickelt sie gerne zähe Fasern. Ihr Kraut mit vielen kleinen Blättchen hebt sich ab von allen anderen Kartoffelsorten. Sie ist sehr widerstandsfähig. Die Schale wird sehr schnell rau und schorfig.

mh «*Für mich ist diese Knolle außergewöhnlich. Sie ist mehr eine Wurzel, sehr schwierig und eigenwillig. Ihr Charakter entspricht dem rauen Klima in Schottland. Viele Jahre hatte ich sie nicht im Griff, bis sie in einem nassen Sommer auf einem fast reinen Sandboden funktionierte. Ich liebe die Burgundy, weil sie polarisiert, weil sie so eigensinnig ist, weil sie immer wieder für Überraschungen gut ist. Sie ist schwer zu ernten, die Knollen hängen fest an den Wurzeln, an den Lebensadern.*»

Freddy: «*Die Burgundy Red polarisiert nicht nur auf dem Feld, sondern auch in der Küche und später im Gaumen. Wer sich einmal mit ihr angefreundet hat, kennt kein Zurück mehr. Sie verträgt sich mit ihren erdigen Aromen wunderbar mit vielen anderen Bergkartoffel-Varietäten, z. B. in Form von verschiedenfarbigen Gnocchi oder in einem herrlich duftenden, knusprigen Kartoffelbrot.*»

Verwendung: Grandios für Kartoffelstock, Kartoffelgnocchi und Kartoffelsuppe. Fantastisch für Kartoffelchips (mit Schale) und ein wunderbarer Farbtupfer und Aromageber im bunten Kartoffelsalat, im Kartoffelgratin oder in Stampfkartoffeln.

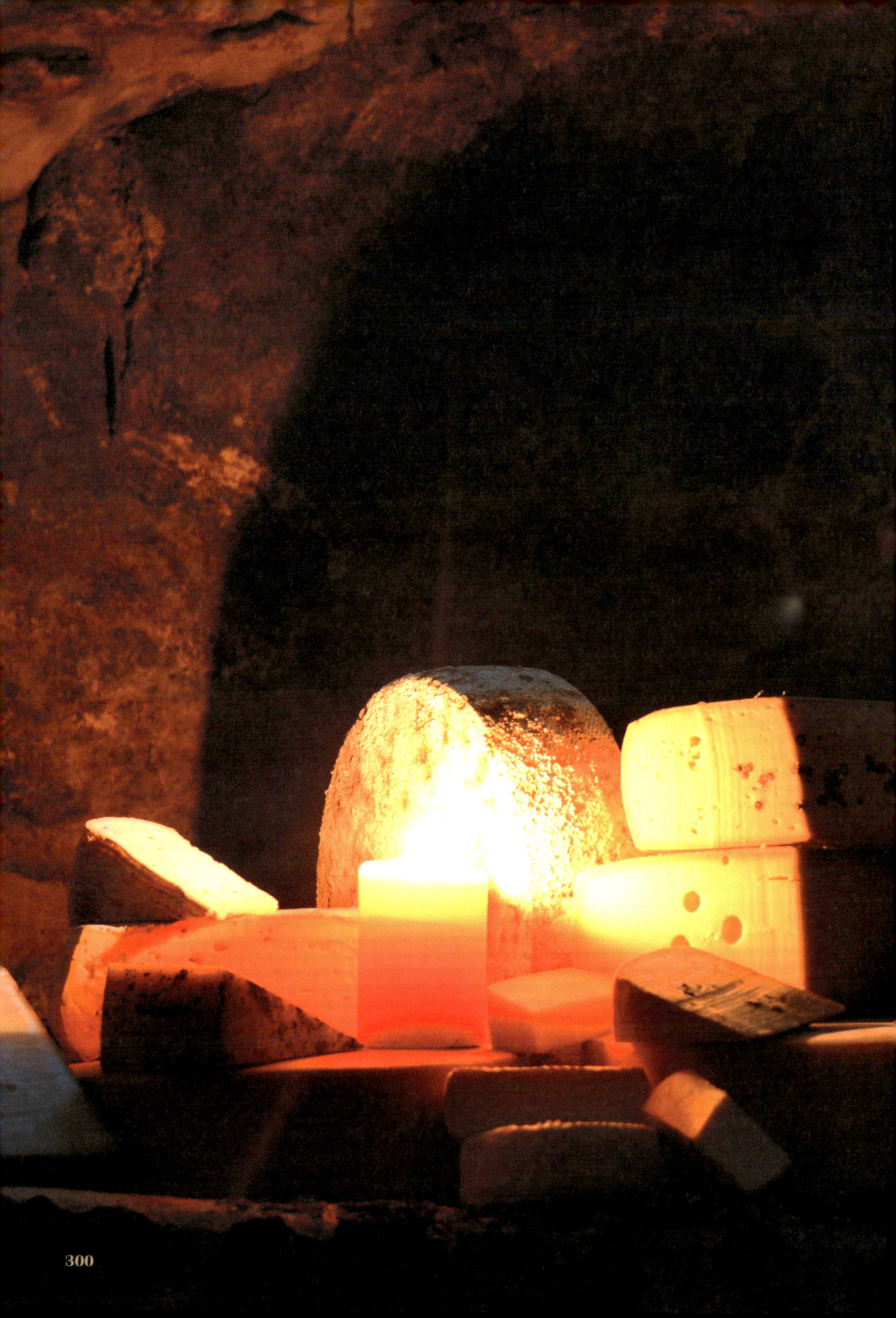

Käseporträts

Aus dem Vollen schöpfen

Jost auf der Maur: «Es ist kalt in Andeer, minus 10 °C. Die Nacht steht in den Gassen, die Menschen drehen sich nochmals in ihren Betten. Doch da vorn am ‹Großen Weg› fällt helles Licht aufs Pflaster. Es ist ein Viertel vor sechs Uhr, in der Stizun da Latg, der Milchstation, tut sich etwas. Durch das beschlagene Fenster lässt sich erspähen, wie bleiche Käselaibe aus ihrer Form befreit und zu dreien auf ein Holzbrett bugsiert werden. Verschwommen scheint ein Engel ganz in Weiß von Kopf bis Fuß nun mit dem Brett durch die Stizun schweben, schiebt die Laibe in einen Lift aus blinkendem Chromstahl. Später wird der Engel sagen, ihr Name sei Meike Oestreich und die Käselaibe, frisch geschlüpft, seien noch keine 24 Stunden alt. Der Lift führe geradewegs ins Allerheiligste, in den Käsekeller.

Als sie die Tür öffnet, wallt in einer Dampfschwade mollige Wärme aus der Stizun da Latg nach draußen. Die Maria, ihre Chefin, sagt Maike, komme heute erst nach sechs Uhr. Es riecht nach Leben hier, nach Milch und Sauberkeit. Das ist das Reich der Maria Meyer, Käsemeisterin. Sie hat einen Lehrabschluss als Gärtnerin, sie hat das Berufsabitur, sie hat ein Studium an der Uni Kassel in ökologischem Landbau mit Auszeichnung abgeschlossen, ja, und sie hat danach noch eine Käselehre absolviert. Und dann war es noch ihr Bedürfnis, die Meisterprüfung abzulegen. Mit diesem stattlichen Rucksack ist sie mit ihrem Mann Martin Bienerth nach Andeer gekommen. Vor 15 Jahren. Inzwischen ist Maria Meyer die am häufigsten prämierte Käserin der Schweiz.

Zaubern mit 1200 Liter Rohmilch

Jetzt erscheint Maria Meyer in ihrer blitzblanken Welt. Ganz in Weiß auch sie. Die kleine Frau ist sofort bei der Sache. 1200 Liter Rohmilch verlangen Geistesgegenwart. Milch lebt, wenn sie nicht zu Tode erhitzt wird und keine Probleme mehr machen soll. Aber die besten Käse sind eben aus Rohmilch, nicht thermisiert oder gar pasteurisiert. Und Maria möchte das Beste. Mit Rohmilch heißt das, jeden Tag neu damit beginnen.

Maria lobt die Andeerer Kühe, sie lobt die kräuterreichen Wiesen, sie lobt ihren Mann, ihre Lehrtochter Meike Oestreich, die tüchtigen Bakterienkulturen, sie lobt die praktische technische Einrichtung, die nach ihren Vorgaben angefertigt worden ist.

Glücklich ist sie über das kalte Bergwasser, das in rauen Mengen zur Verfügung steht. Eine Käserei ohne Wasser, das ginge nicht. Nur von sich macht Maria kein Aufhebens. Sie macht einfach wunderbaren Bergkäse. An der Bergkäse-Olympiade 2004 hat sie den ersten Preis gewonnen. Andeerer Gourmet, Andeerer Schmuggler, Andeerer Rustico. Aus vier Grundrezepten werden 16 Sorten. Und Rahm, Joghurt, Quark, Ziger, Butter, alles in Bioqualität, mit mehr Geschmack eben. 30 Tonnen Käse kommen aus der kleinen Käserei. Doch haben diese Käse längst auch den Weg in Fachgeschäfte im Unterland gefunden. Vorherschauende Bündner Hoteliers reservieren einen Teil der Produktion. Maria meint: Ein Drittel der Qualität macht die Milch aus, ein Drittel die Bakterienkultur und der Rest das Handwerk.»

Andeerer Bergrahmmutschli	Andeerer Cremant
Andeerer Schmuggler	Andeerer Christall
Andeerer Via Spluga	Andeerer Viamala

Andeerer Gourmet	**Andeerer Traum**
Andeerer Rustico	**Andeerer Granit**
Andeerer Birke	**Andeerer Ziger**

Andeerer Bergrahmmutschli
Rohmilchkäse aus silofreier Biomilch
Graubünden

Andeerer Bergrahmmutschli

Idee:	2003
Alter:	mindestens 4 Wochen alt
Sorte:	Halbhartkäse, 50% Fett i. Tr.
Milchart:	Rohmilch, Vollmilch
Gewicht:	ca. 1 kg

Mutschli bedeutet «kleiner Käse». Auf vielen Alpen werden die Käse noch heute mit Tüchern aus dem Kessi gefischt. Am Ende bleibt ein kleiner Rest auf dem Kessiboden, aus dem ein kleiner Käse, ein Mutschli, hergestellt wird. Sie waren früher oftmals ein kleiner Zusatzlohn für die Mitarbeiter.
Das Bergrahmmutschli wird während der Produktion von seinen großen Schwestern, dem Andeerer Cremant, dem Andeerer Rahm-Chäs, dem Andeerer Gourmet, dem Schamser Schmaus, dem Andeerer Traum und der Andeerer Synfonie, mit einem Handsieb aus dem großen Käsekessi gefischt und in kleine Käseformen gefüllt und nicht gepresst. Dadurch reift er schneller und bleibt etwas weicher.

Geschmack: Lieblich, mild-rahmig, etwas säuerlich-molkig. Fühlt sich an wie die weiche Wange eines Kindes.

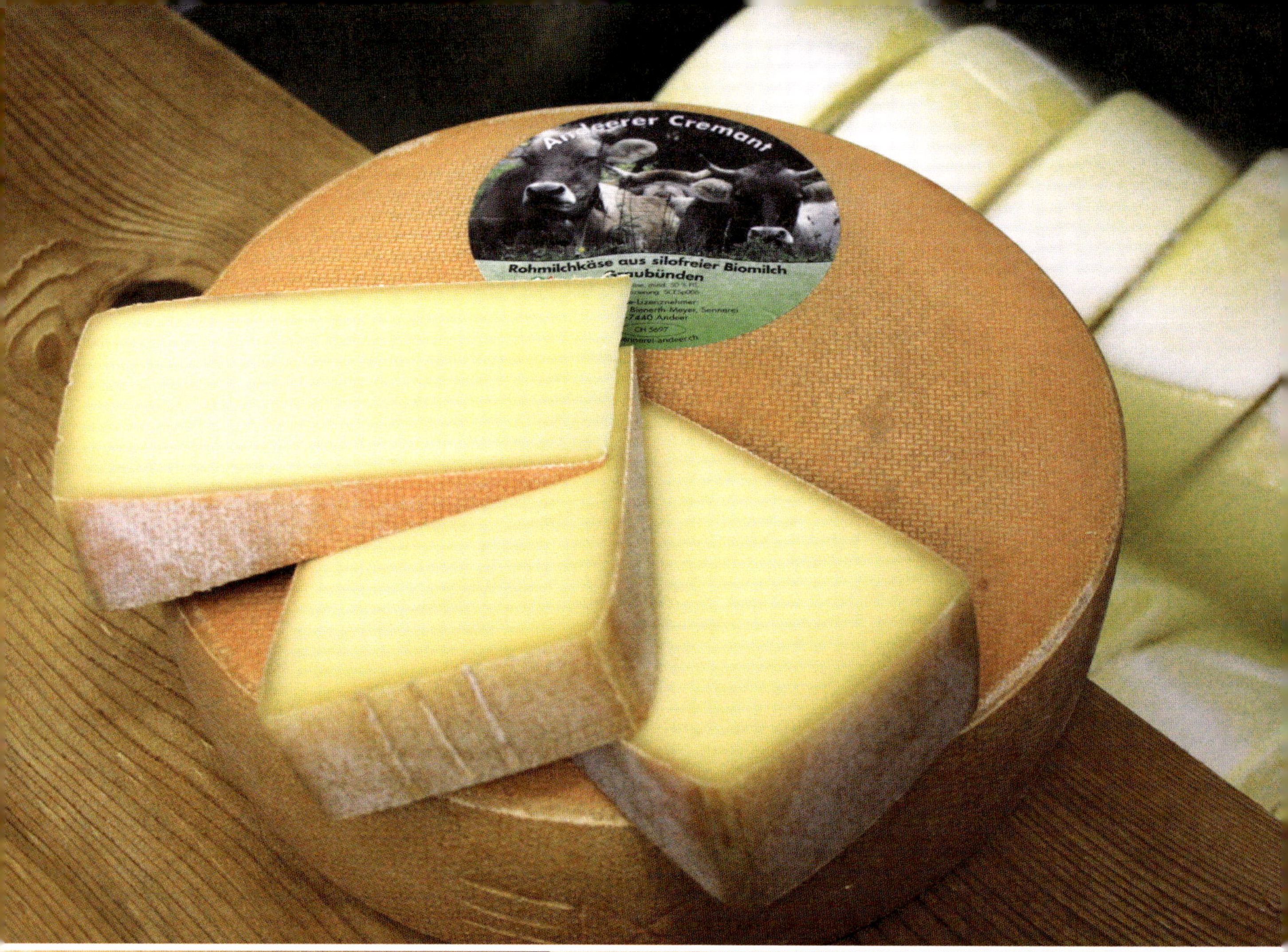
Cremant
Rohmilchkäse aus silofreier Biomilch

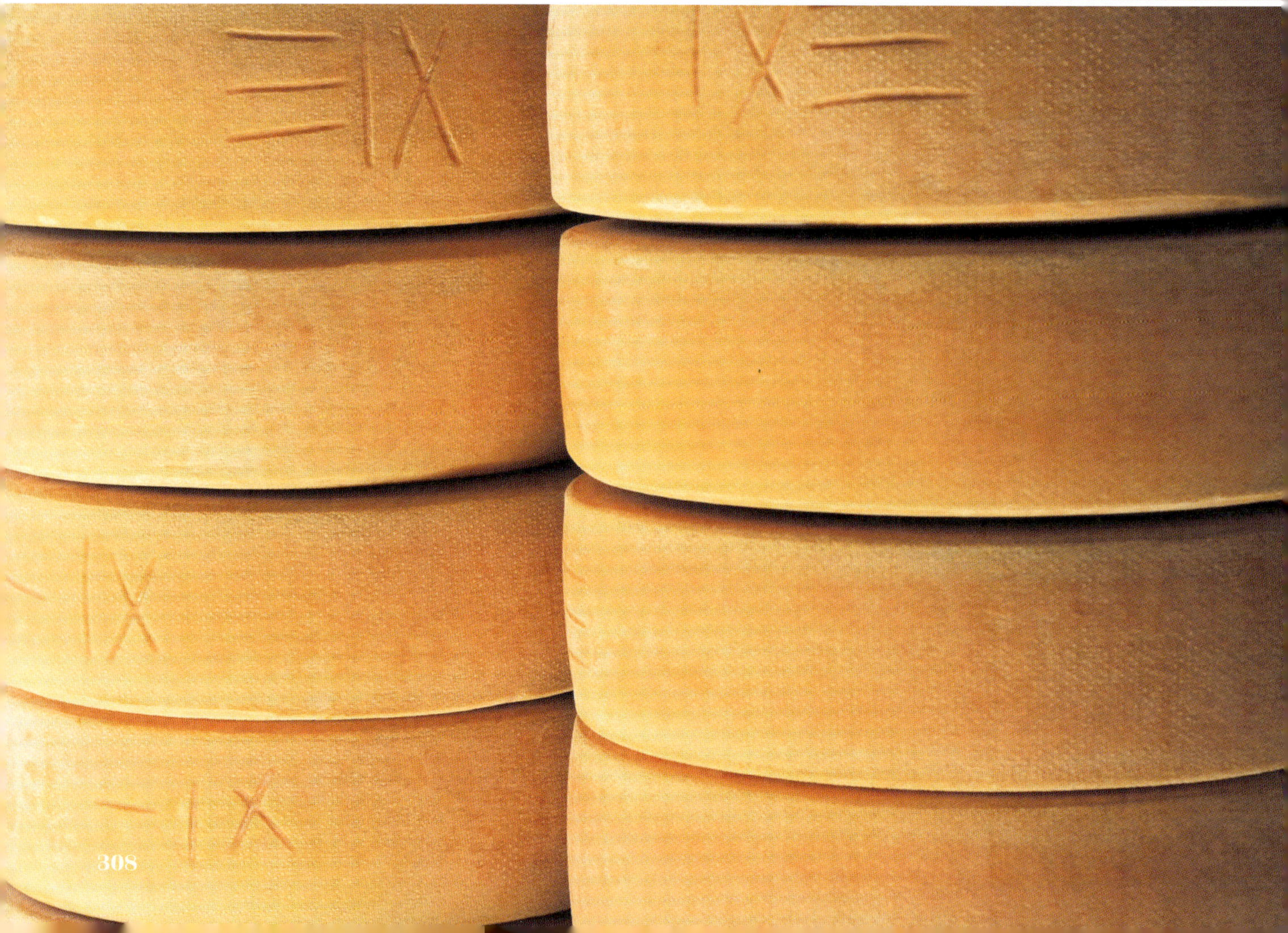

Andeerer Cremant

Idee:	Andeerer Cremo: 2003, seit 2005 Andeerer Cremant
Alter:	mindestens 2 Monate
Sorte:	Halbhartkäse, mind. 50% Fett i. Tr.
Milchart:	Rohmilch, Vollmilch, betriebseigene Kulturen
Gewicht:	ca. 5 kg

Der Andeerer Cremant wurde ursprünglich Cremo Grischun genannt. Sein Name steht für die cremige Konsistenz und den rahmigen Geschmack. Wir wollen mit ihm auch die italienische Kundschaft ansprechen, die in Andeer gerne einkauft. Der Andeerer Cremant ist auf einer Käseplatte eine willkommene Ergänzung von Gorgonzola und Parmesan und vor allem bei Kindern beliebt. Nachdem er an der Käse-Olympiade 2004 in Appenzell mit einem Diplom ausgezeichnet wurde, durfte er aus rechtlichen Gründen nicht mehr Cremo (Firmenname eines großen Milchverarbeiters) genannt werden. Seit 2005 nennt sich der junge, cremig-rahmige Halbhartkäse Andeerer Cremant. Eigentlich ist es schön, von den Großen in der Milchwirtschaft wahrgenommen zu werden.

Geschmack: Mild, cremig, schmilzt fast auf der Zunge.

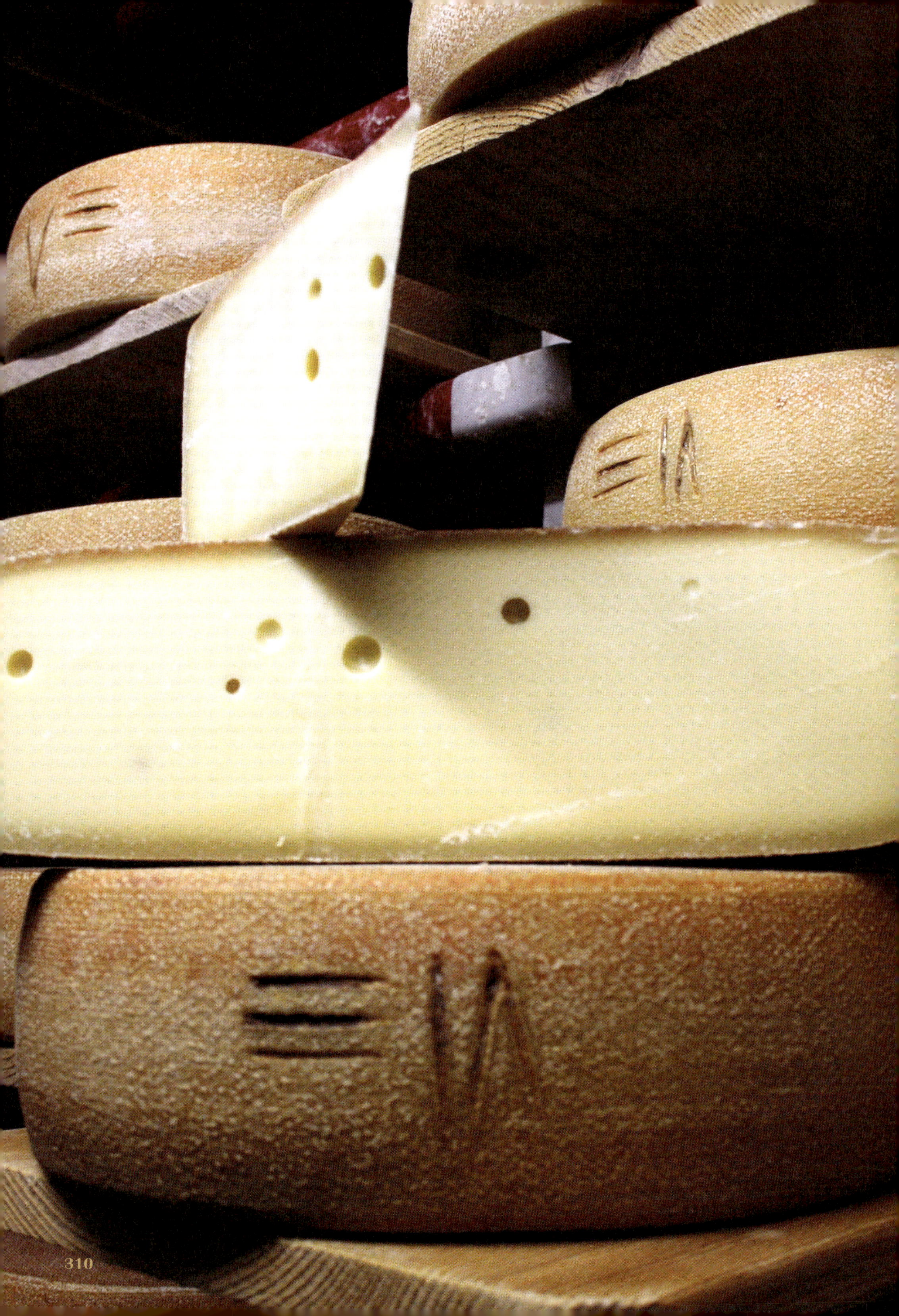

Andeerer Gourmet

Idee:	2002
Alter:	mindestens 4 Monate
Sorte:	Halbhartkäse, 50% Fett i. Tr.
Milchart:	Rohmilch, Vollmilch, betriebseigene Kulturen
Gewicht:	ca. 5 kg

Nachdem wir die Bauern und die Milch ein Jahr lang beobachtet hatten, wussten wir, dass die Milchqualität auf einem extrem hohen Niveau ist. Deshalb beschlossen wir 2002, einen Käse zu produzieren, für den die Milch so wenig wie möglich «fremder Gewalt» ausgesetzt wird. Die Bauern bringen die ungekühlte Milch morgens und abends in die Sennerei (keine Kältegewalt), wo sie als Rohmilch im angelieferten Zustand zu Käse verarbeitet wird (keine Hitzegewalt durch Thermisation). Weil wir Vollmilch verwenden, können wir auf das Zentrifugieren verzichten (keine Bewegungsgewalt). Der Andeerer Gourmet war geboren, unser wichtigster Käse im Sortiment, der heute in vielen Delikatessen- und Bioläden in der Schweiz verkauft und auch nach Deutschland, England, Frankreich und in die USA exportiert wird.

An der Käse-Olympiade in Appenzell hat der Andeerer Gourmet die höchste Punktzahl erreicht und damit die Goldmedaille gewonnen. 2012 bekam er an der Weltmeisterschaft in Wisconsin (USA) eine Bronzemedaille.

Geschmack: Mild-aromatisch mit leichter Würze. Erinnert an das verspielte Hüpfen in einer Blumenwiese im Mai.

Andeerer Traum
Graubünden

Andeerer Traum
Rohmilchkäse aus Graubünden

Andeerer Traum

Idee:	2007
Alter:	mindestens 6 Monate
Sorte:	Halbhartkäse, Hartkäse, 50% Fett i. Tr.
Milchart:	Rohmilch, Vollmilch, betriebseigene Kulturen
Gewicht:	ca. 5 kg

Der Andeerer Traum ist eine Weiterentwicklung des Andeerer Gourmets. Er hat seit 2007 verschiedene nationale und internationale Auszeichnungen bekommen. Ganz oben angekommen war er 2010, als er am World Championship Cheese Contest in Wisconsin (USA) die Goldmedaille in der Kategorie geschmierte Hartkäse und die Silbermedaille in der Gesamtwertung bekam.

Geschmack: Würzig, mittelrezent und vollmundig. Die rohe Biomilch mit natürlichem Fettgehalt kommt erstaunlich gut zum Tragen. Fast 60% der Milch kommt von Kühen mit Hörnern aus dem Schamsertal in Graubünden.

Mein Traum

In Graubünden gibt es immer noch eine funktionierende Alpwirtschaft mit vielen Alpsennereien. Dafür braucht es Bäuerinnen und Bauern im Tal, die Kühe haben und sie melken. In den Talschaften sollen kleine Talkäsereien entstehen, die angepasst an die kleinen Strukturen im Berggebiet die Milch zu den verschiedensten Produkten verarbeiten. Die Milch bleibt im Berggebiet, nur weiterverarbeitete Produkte verlassen den Kanton. Die Autobahn als der größte Lagerplatz der Milch soll zumindest in Graubünden der Vergangenheit angehören. Für diesen Traum und noch einige Träume mehr möchte ich da sein. Wir hier in Andeer versuchen, diesen Traum zu verwirklichen. Ein erster Schritt ist die Erhaltung der kleinen Dorfsennerei mit Hilfe unserer Aushängeschilder: Das sind unsere Käse mit ihren Geschichten und ihrer Qualität. In der Anfangszeit (2001) sind noch 5000 kg Rahm jedes Jahr ins Unterland geflossen. Seit 2008 verarbeiten wir den Rahm selbst, auch dank dem Andeerer Cremant, dem Andeerer Rahm-Chäs, dem Andeerer Gourmet und dem Schamser Schmaus. Die Selbstvermarktung der Milch zu verschiedenen Milchprodukten inklusive Käse ist auf über 90% gestiegen.

Sennerei
Bündner Käse aus Rohmilch

Bündner Käse aus Rohmilch

Andeerer Schmuggler

Idee:	2004
Alter:	mindestens 5 Monate alt
Sorte:	Halbhartkäse, 45% Fett i. Tr.
Milchart:	Rohmilch
Gewicht:	ca. 5 kg

1982 war ich das erste Mal in Graubünden auf der Alp. Jedes Jahr habe ich als Teil meines Lohnes Alpkäse nach Deutschland mitgenommen. Offiziell war das Schmuggelware, denn ich habe den Käse an der Grenze nie angemeldet. Ich fühlte mich ja in Europa zu Hause. Ich könnte viele Geschichten mit Grenzwächtern erzählen, nie durfte oder musste ich Zoll bezahlen. Am 5. Februar 2004 war dann folgende Meldung in verschiedenen Tageszeitungen: «Beamte des deutschen Autobahnzollamtes Weil am Rhein haben einen außergewöhnlichen Fund gemacht. Der Lenker eines Personenwagens versuchte, 22 Laibe Bündner Bergkäse über die Grenze nach Deutschland zu schmuggeln ...» Einige Tage später flatterte eine Strafanzeige ins Haus. «Leider» ohne Erfolg, denn die Beamten wussten noch nicht, dass Käse aus Graubünden zu diesem Zeitpunkt schon zollfrei war. Wegen dieser Geschichte entstand der Andeerer Schmuggler, der sogar bei der Käse-Olympiade in Appenzell die Bronzemedaille im Halbhartkäsewettbewerb holte. Der Andeerer Schmuggler ist der jüngste Bruder in der Reihe von Andeerer Christall, Andeerer Rustico und Andeerer Granit.

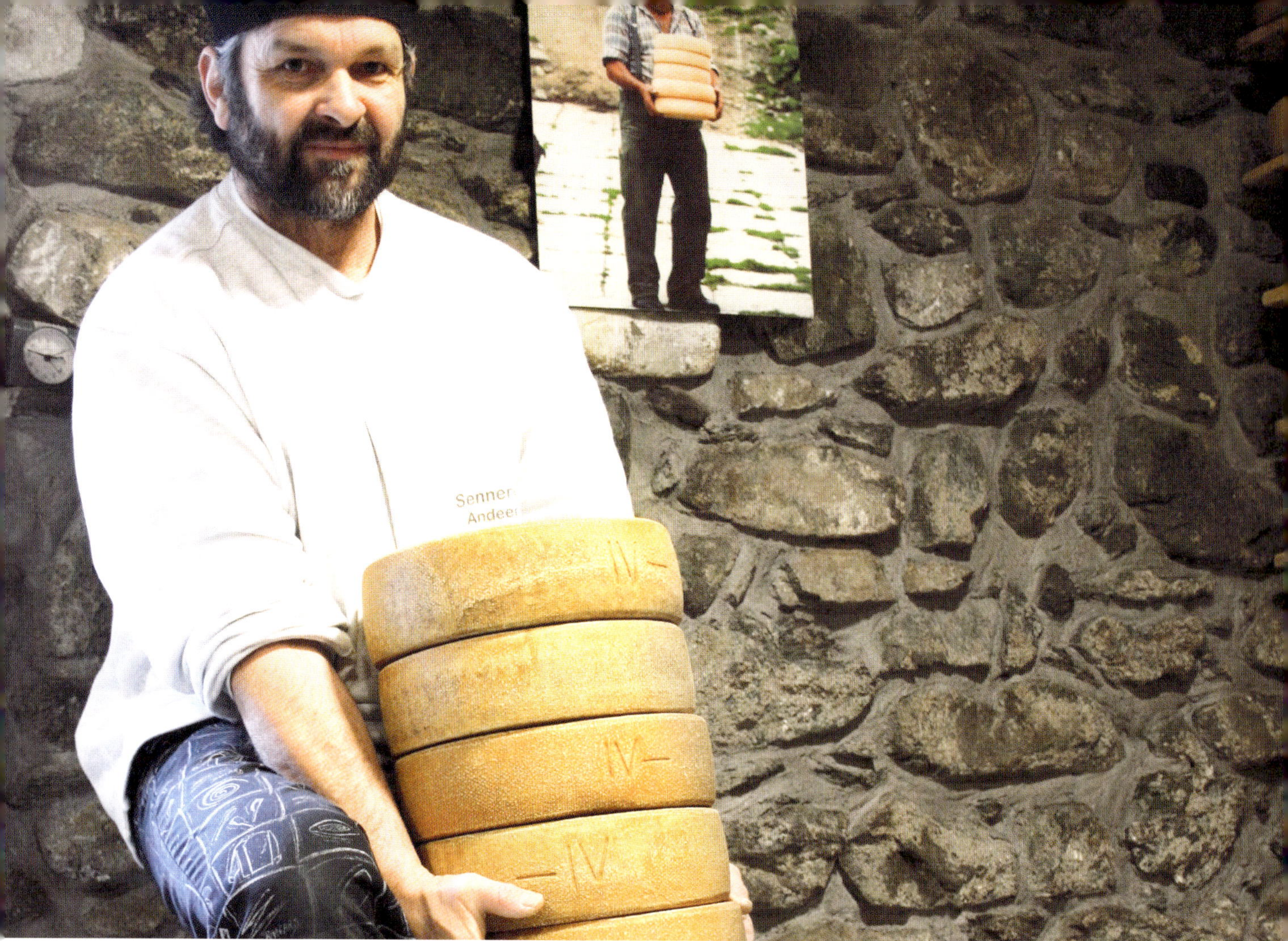

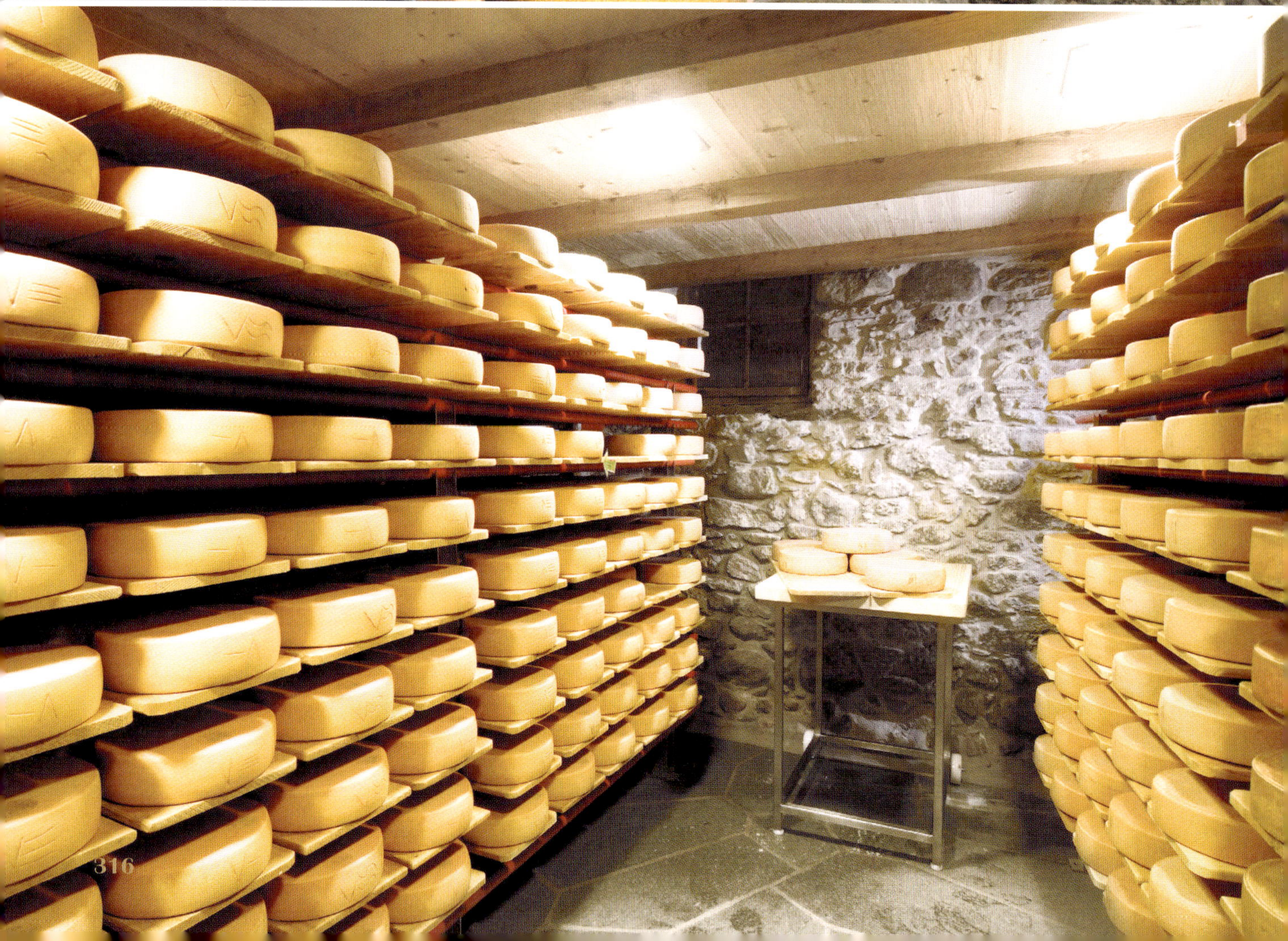

Andeerer Christall

Idee:	2005
Alter:	mindestens 9 Monate alt
Sorte:	Hartkäse, 45% Fett i. Tr.
Milchart:	Rohmilch
Gewicht:	ca. 5 kg

Wenn man im Hochgebirge wandert und im Fels etwas blitzen oder blinken sieht und wenn man dann kurz darauf einen kleinen Bergkristall in den Händen hält, den ersten überhaupt, den man selbst gefunden hat, dann beginnt einem das Herz zu pochen. Schönheit, Freude und Dankbarkeit vereinen sich zu einem besonderen Dreiklang. So ähnlich ergeht es mir jedes Mal, wenn ich einen neuen Laib Käse anschneide und ich kleine Kristalle in seinem Teig finde. Das ist ein Qualitätszeichen, sagen die alten Käsermeister, da stimmt sehr viel mit der Milch und der Verarbeitung. Leider findet man heute nur noch wenige dieser Käse, weil die Qualität der Milch nicht mehr so ist, wie sie sein sollte, und die Käse heute sehr jung verkauft werden. Kleine «Käsekristalle» im Andeerer Christall sind immer ein Zeichen, dass er ausgereift ist. Der Andeerer Christall hat bei der Biocaseus in Italien Silber und beim World Championship Cheese Award in Madison (USA) Bronze bekommen.

Geschmack: Kräftig, nussig aromatisch.

Andeerer Rustico
Rohmilchkäse aus Graubünden
Knospe-Lizenznehmer
CH-7440 Andeer

Andeerer Rustico

Idee:	2004
Alter:	mindestens 12 Monate
Sorte:	Hartkäse, 45% Fett i. Tr.
Milchart:	Rohmilch
Gewicht:	ca. 5 kg

Der Rustico wird ein Jahr lang in unserem Keller gehegt und gepflegt und bekommt in dieser Zeit eine lederig-braune rustikale Rinde. Wenn das Aroma eines 12 Monate alten Käses weder bitterlich noch salzig noch scharf ist, kann man davon ausgehen, dass vom Futter über die Milch und den Stall und die Milchverarbeitung alles optimal war. Der Andeerer Rustico verspricht ein Geschmackserlebnis, das es heute kaum mehr gibt und das Kenner zum Staunen bringt. So muss es auch den Käseprüfern an der Käse-Olympiade in Appenzell ergangen sein. Neben der Weltelite der Gruyère erhielt der kleine Bergkäse aus Andeer ebenfalls eine Goldmedaille. Er überzeugte die Jury und eroberte damit einen breiten Kundenkreis im In- und Ausland.

Geschmack: Kräftig, aromatisch, karamellig, erinnert an Marzipan.

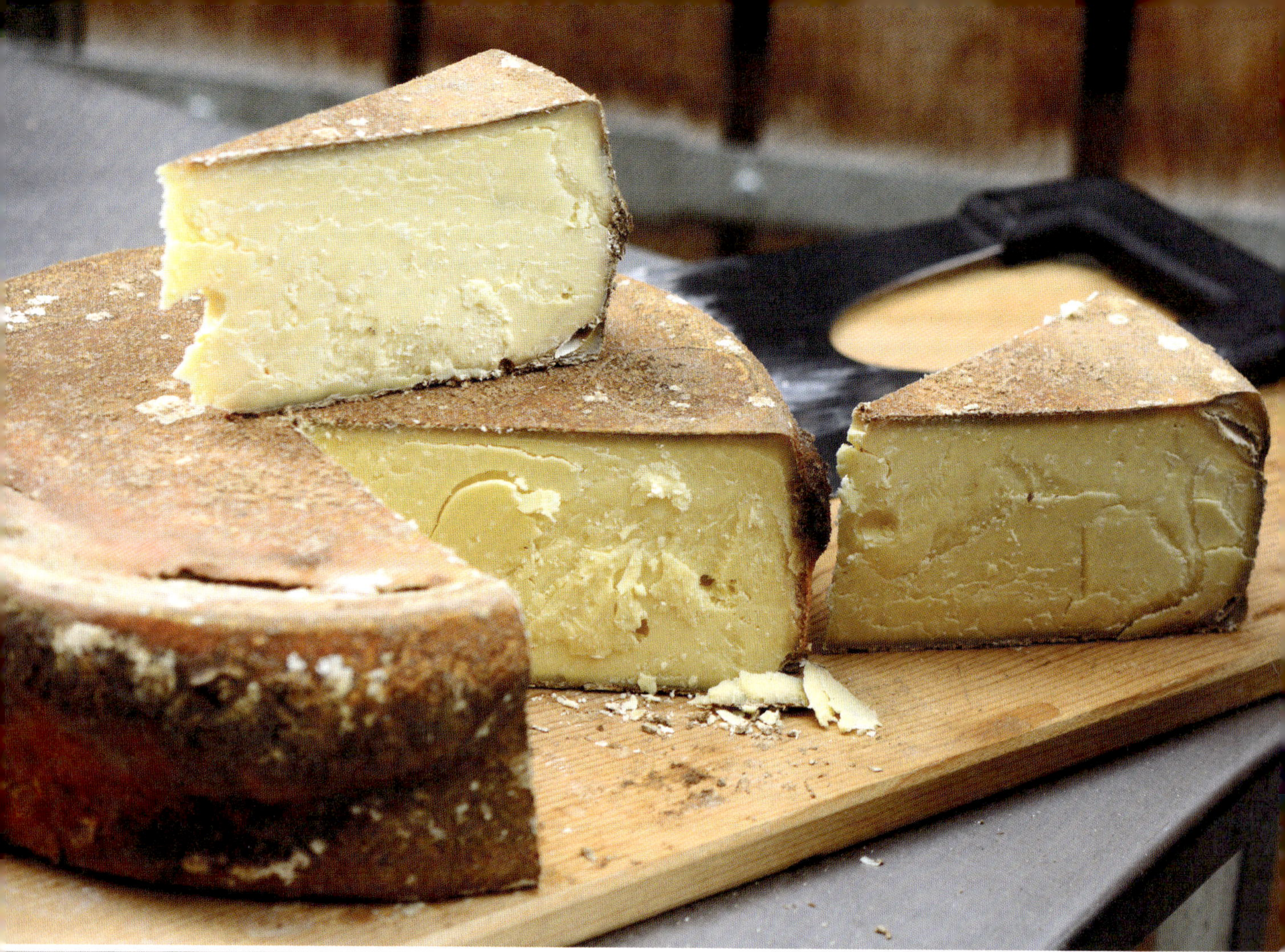
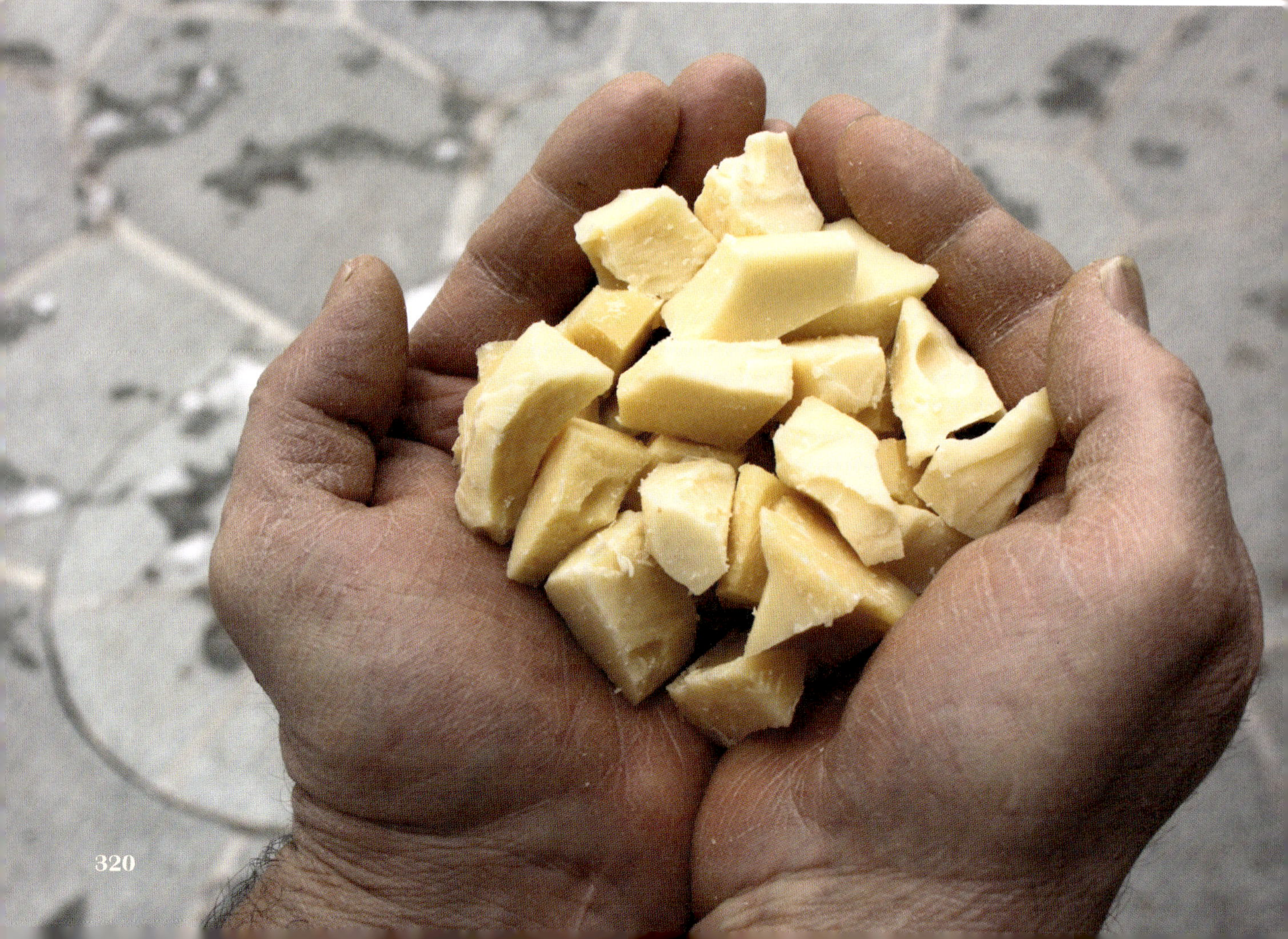

Andeerer Granit

Idee:	2005
Alter:	mindestens 15 Monate
Sorte:	Hartkäse, 45 % Fett i. Tr.
Milchart:	Rohmilch (ist nur im Laden in Andeer erhältlich)
Gewicht:	ca. 5 kg

Wird ein Käse alt und immer älter, wird er auch immer härter, er lässt sich dann nicht mehr gut schneiden, er bröckelt ähnlich wie ein Parmesan. Und wenn so ein alter Käse Freunde findet, die extra wegen dem Andeerer Granit nach Andeer reisen, dann ist das schon etwas Besonderes. Im Laden sage ich den Kunden, der Andeerer Granit ist kein Käse zum Essen, er ist ein Käse zum Genießen nach dem Essen. Kleine Stückchen in Weißwein tauchen und auf zum kulinarischen Erlebnis! Wenn ein Käse in einem so hohen Alter ein Aroma ausbildet, das die feinsten Geschmacksknospen anregt und den Speichel zum Fließen bringt, dann, ja dann … Wir müssen beim Futter beginnen, bei den Bauern, beim Melken, bei der Milch. Ein Käse kann nur so gut sein wie die Milch, aus der er hergestellt wurde. Eine gute Milch, eine fantastische Handwerkerin und eine gute Pflege machen es möglich, dass nach mehr als 15 Monaten ein Käse entstanden ist, der sich Andeerer Granit nennen darf. Er hat die Goldmedaille des Schweizer Wettbewerbs für Regionalprodukte bekommen.

Geschmack: Kräftig, würzig. Wenn man ihn ganz fein reibt, erinnert er einen immer wieder einmal an Ananas, warum auch immer.

ROHMILCH 55% F.i.T.
HALBHART
17
VIA SPLUGA
...MIT ROTWEIN + KRÄUTERN...
100g Fr. 2.70

5 Monate gereift

Andeerer Via Spluga

Idee:	2005
Alter:	3–6 Monate
Sorte:	Halbhartkäse, 50% Fett i. Tr.
Milchart:	Rohmilch, Vollmilch
Rinde:	mit Rotwein und Kräutern geschmiert
Gewicht:	ca. 5 kg

Die Geschichte der Transitwege über die Alpen ist älter als 2000 Jahre. Weitsichtige Touristiker haben erkannt, dass den Gästen historische, naturwissenschaftliche, volkskundliche und kulturelle Perlen begegnen können, wenn sie zum Beispiel auf der Via Spluga, einem 65 km langen Wanderweg von Thusis nach Chiavenna, wandern.
Andeer liegt an der Via Spluga. Ich möchte mit dem gleichnamigen Käse die Menschen anregen, über die Geschwindigkeit der Fortbewegung oder die Langsamkeit des Wanderns nachzudenken. Der Via Spluga wird mit Rotwein und Kräutern geschmiert, zwei der wichtigsten Handelsgüter der alten Säumerzeit. 2005 durfte der Via Spluga von der Käse-Olympiade im italienischen Verona eine Bronzemedaille mit nach Hause bringen, eine Auszeichnung von hohem Wert, denn gerade italienische Kunden schätzen die Andeerer Käse, weil sie doch eine andere «Blume» entfalten als die meisten naturgereiften Käse aus dem Süden. Zudem erhielt er ein Diplom beim Swiss Cheese Award im Toggenburg und Gold der Biocaseus in Italien.

Geschmack: Wenn ich ein Stück Andeerer Via Spluga zu Hause auspacke, kommt meine Nase mit feinen Düften von Kräutern aus der Provence in Kontakt. Ich bin verführt worden und sehne mich nach einem Glas Wein. Der Geschmack des Käses erinnert an den Andeerer Gourmet.

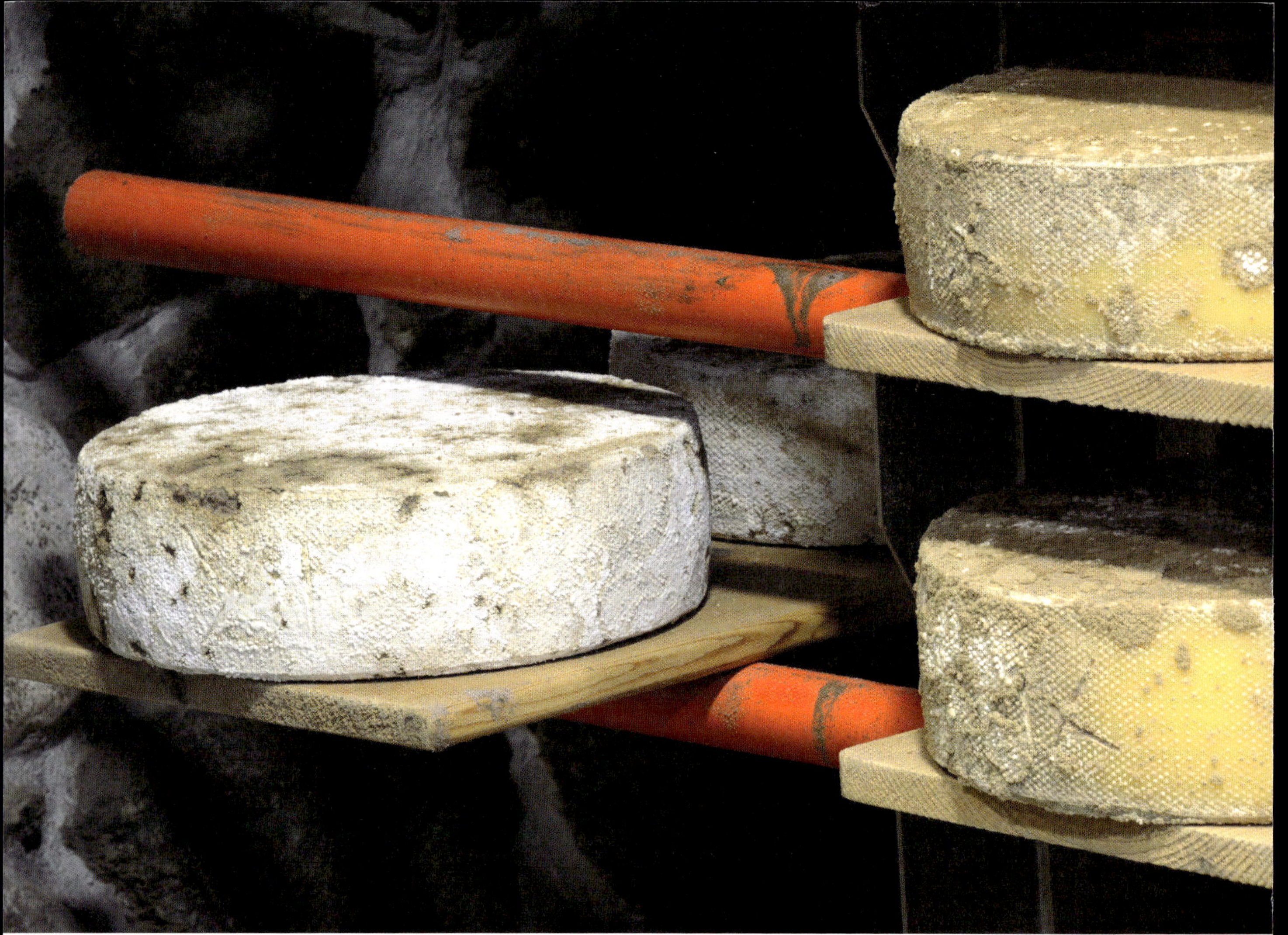

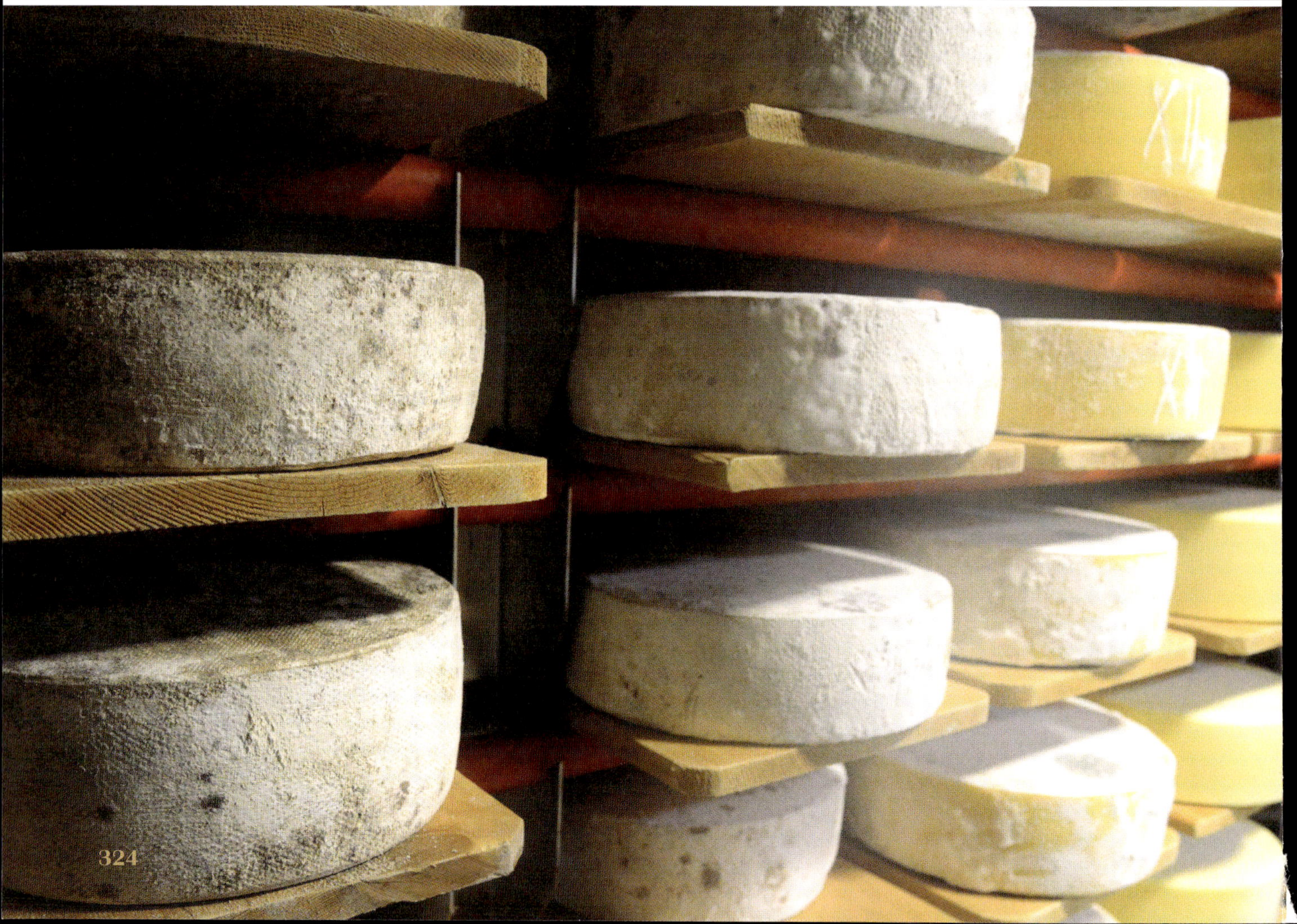

Andeerer Viamala

Idee:	2013
Alter:	mindestens 3 Monate
Sorte:	Halbhartkäse, mind. 50% Fett i. Tr.
Milchart:	Rohmilch, mit Zusatz von Weißschimmel ins Kessi
Rinde:	naturgereifte Rinde
Gewicht:	ca. 5 kg

Wenn Reisende vom Norden in den Süden unterwegs sind und durch die Viamala fahren, eine enge Felsenschlucht gleich hinter Thusis, kommen sie in ein offenes Hochtal, das Schams. Hier liegt Andeer, bekannt durch den Andeerer Granit und das Andeerer Mineralbad. 2007 konnten wir in einem etwa 400-jährigen Nachbarhaus einen Käsekeller einrichten. Die Wände sind aus Naturstein. Sie bestehen aus uralten Geschiebesteinen und angeschwemmten Felsen des Rheins von den Bergmassiven oberhalb des Flusses. Hier wird der Andeerer Viamala gelagert, ein Rohmilchkäse, welcher nicht geschmiert, aber immer wieder gewendet wird. So bekommt er seine typische Rinde, fast wie ein kleiner runder Fels in der Wand des Käsekellers. Nach 4 Monaten ist seine Rinde von Milben besiedelt, die verschmiert werden. Der Käse bekommt so seine typische braune bis dunkelbraune Farbe auf der Rinde.

Geschmack: Mittelkräftig, ein Hauch von Champignons, Erinnerungen an den Süden werden wach.

7.2

Andeerer Birke

Idee:	2015
Alter:	mindestens 4 Wochen
Sorte:	Halbhartkäse, 50 % Fett i. Tr.
Milchart:	Rohmilch, Vollmilch
Gewicht:	ca. 1,2 kg

Die Andeerer Birke wird am Anfang wie der Andeerer Weichkäse hergestellt, jedoch wird der Bruch 5 °C höher erwärmt und 5 Minuten länger ausgerührt. Die Andeerer Birke darf auch ein wenig Edelschimmel ansetzen, was ihr das typische Aussehen einer Birkenrinde verleiht, daher der Name.

Geschmack: Erinnert an einen weichen Moosboden im Wald, riecht und schmeckt nach Pilzen.

Gromma latg caschial tschigrun
dattan forza gli Grischun

Andeerer Ziger

Idee:	2001
Alter:	frisch, 2 Stunden bis 7 Tage
Sorte:	Ziger, 50% Fett i. Tr.
Milchart:	Vollmilch, gekocht
Gewicht:	ca. 1 kg

Woher der Name Ziger stammt, ist bis heute immer noch nicht eindeutig geklärt. In Lothringen wird er «Schigré» genannt, in Frankreich «Séret», im Wallis «Sérac» und in der romanischen Sprache heißt Ziger «Tschigrun» oder «Tschagrun». Über der Tür unserer Sennerei in Andeer steht in romanischer Sprache: Gromma latg caschial tschigrun dattan forza gli Grischun. Auf Deutsch bedeutet das: Rahm, Milch, Käse, Ziger geben dem Bündner Kraft.

Geschmack: Milchig-rahmig, sehr fein blumig-aromatisch, vor allem frisch, also noch warm in den ersten ein bis zwei Stunden.

Köche

Werner vom Berg
Bergrestaurant Piz Platta, Alp Flix, 7456 Sur, Telefon 081 659 19 29, www.flix.ch

Andreas Caminada
Schloss Schauenstein, Schlossgass 77, 7414 Fürstenau, Telefon 081 632 10 80, www.schauenstein.ch

Freddy Christandl
Birrenstrasse 41, 8834 Schindellegi, Telefon 044 786 41 72, www.christandl.ch

Dominik Flammer
Telefon 044 261 89 66, www.publichistory.ch

Sabina Heinrich-Tschalèr
Biohof Las Sorts, 7477 Filisur, Telefon 081 404 16 15, www.lasorts.ch

Benedikt Joos
Hotel Post, Veia Granda 46, 7440 Andeer, Telefon 081 661 11 26, www.postandeer.com

Hansjörg Ladurner
Voa Principala 29, 7078 Lenzerheide, Telefon 081 384 21 48, www.schweizerhof-lenzerheide.ch

Torsten Rönisch
Capricorns, Dorfstrasse 15, 7433 Wergenstein, Telefon 081 630 71 72, www.capricorns.ch

Kurt Röösli
Hotel Waldhaus, Via da Fex 3, 7514 Sils-Maria, Telefon 081 838 51 00, www.waldhaus-sils.ch

Florian Schnurrer
Hotel Fidazerhof, Via da Fidaz 34, 7019 Fidaz, Telefon 081 920 90 10, www.fidazerhof.ch

Andreetta Schwarz
Gasthaus Alte Post, 7432 Zillis, Telefon 081 661 12 35, www.alte-post.ch

Amanda Theiler
Landhus Almens, Dorfstrasse 12, 7416 Almens, Telefon 081 655 11 05, www.landhus-almens.ch

Martin Bienerth

Dipl. Ingenieur-Agronom, Autor und freier Journalist zu den Themen Alp-, Milch- und Berglandwirtschaft. Zwanzig Alpsommer verbrachte er auf Schweizer Alpen, wo die Milch noch am ursprünglichsten gewonnen und verarbeitet wird. Im eigenen Alpsichtverlag erscheinen seine Postkarten mit seinem ganz eigenen Blickwinkel. Seit 2001 ist er zusammen mit seiner Frau Maria Meyer Pächter der Sennerei in Andeer. www.alpsicht.ch

Marcel Heinrich

Dipl. Forstwart und Meisterlandwirt, seit über 15 Jahren überzeugter Biobauer auf einem Hof im Albulatal, den er mit seiner Frau Sabina und den drei Töchtern Ladina, Laura und Andrina bewirtschaftet. Ein Schlüsselerlebnis führte 2003 zu einem Experiment mit «neuen» Kartoffelsorten, die in Vergessenheit geraten sind. Das war der Anfang der Lancierung von Bergkartoffeln. 2016 wurde der Biohof Las Sorts mit dem Bio-Grischun-Preis ausgezeichnet. www.lasorts.ch

© 2016 Fona Verlag AG, 5600 Lenzburg
www.fona.ch

Lektorat Léonie Schmid
Gestaltung und Konzept FonaGrafik, Melanie Graser
Bilder Martin Bienerth
 ausser Seiten 10–11 (Vanessa Püntener), 244–246 (Ulla Lohmann)
Druck Druckerei Uhl, Radolfzell
Kartoffelporträts Freddy Christandl und Marcel Heinrich (Seiten 275–285)

ISBN 978-3-03781-092-7